5G赋能 百业互联 智领未来

——中国5G+工业互联网应用示范案例集（2021）

工业和信息化部新闻宣传中心◎主编

人 民 邮 电 出 版 社
北 京

图书在版编目（CIP）数据

5G赋能 百业互联 智领未来 : 中国5G+工业互联网应用示范案例集. 2021 / 工业和信息化部新闻宣传中心主编. -- 北京 : 人民邮电出版社, 2022.7
ISBN 978-7-115-59011-4

Ⅰ. ①5… Ⅱ. ①工… Ⅲ. ①互联网络－应用－工业发展－案例－中国－2021 Ⅳ. ①F424-39

中国版本图书馆CIP数据核字(2022)第052977号

内容提要

本书聚集“5G +工业互联网”领域前沿技术发展、典型实践案例等重要成果，从智慧工厂、智慧矿山&智慧钢铁、智慧港口&智慧物流、智慧电力、智慧城市&智慧安全、智慧平台赋能六大领域，全方位、多层次、立体化地展现“5G +工业互联网”融合创新发展的最新成效以及赋能千行百业的强劲动力。本书力求为更多行业、更多企业把握转型升级需求，发挥标杆示范带动作用，加快数字化转型步伐，实现高质量发展提供有益的借鉴与参考，进而有效促进“5G +工业互联网”在更广范围、更深程度、更高水平上融合创新。本书适合工业和信息化各级主管部门、工业行业协会、工业企业、工业互联网研发机构等单位的从业人员阅读。

◆ 主　　编　工业和信息化部新闻宣传中心
责任编辑　张　迪
责任印制　马振武
◆ 人民邮电出版社出版发行　　北京市丰台区成寿寺路 11 号
邮编　100164　　电子邮件　315@ptpress.com.cn
网址　https://www.ptpress.com.cn
雅迪云印（天津）科技有限公司印刷
◆ 开本：700×1000　1/16
印张：17.5　　2022 年 7 月第 1 版
字数：296 千字　　2022 年 7 月天津第 1 次印刷

定价：99.00 元

读者服务热线：(010)81055493　印装质量热线：(010)81055316
反盗版热线：(010)81055315
广告经营许可证：京东市监广登字 20170147 号

前言

当前，新一轮科技革命和产业变革突飞猛进，信息技术发展日新月异。“5G + 工业互联网”既是 5G 商用的重点领域，也是数字化转型的重要切入口。工业互联网发展和 5G 技术产业突破，为二者的融合应用、创新发展打下了坚实的基础。5G 与工业互联网的融合将进一步实现全要素、全产业链、全价值链的全面连接，加速产业数字化、网络化、智能化转型，加速数字中国、网络强国、智慧社会建设，加速中国新型工业化进程，为中国经济发展注入新动能。

在“2020 中国 5G + 工业互联网大会”上，中共中央总书记、国家主席、中央军委主席习近平发来贺信，指出，5G 与工业互联网的融合将加速数字中国、智慧社会建设，加速中国新型工业化进程，为中国经济发展注入新动能，为疫情阴霾笼罩下的世界经济创造新的发展机遇。

在党中央、国务院的决策部署下，各部门、各地方、“产、学、研、用”各界深入学习贯彻落实贺信的重要指示精神，在政策体系完善、基础设施建设、技术发展创新、融合应用普及、产业生态培育等方面积极探索、主动作为，“5G + 工业互联网”数字新基建发展速度不断加快，行业覆盖面不断扩大，典型应用不断丰富，企业积极性不断提升，融合新模式不断涌现，呈现出巨大的市场空间和强劲的发展动能，已经成为产业热情最高涨、创新最活跃、成效最显著的领域之一。

截至 2022 年 3 月，我国 5G 基站总数已经超过 142.5 万座，工业 5G 切片虚拟专网、混合虚拟专网等新型网络部署模式快速推广，大数据、云计算中心等新型基础设施建设快速发展，大型工业互联网平台超过 100 家，这些进一步筑牢的数字经济底座，承载起超过 1800 个“5G + 工业互联网”项目，广泛服务于采矿、电力、电子设备制造等 22 个国民经济重要行业，促进传统产业加快数字化转型和经济社会高质量发展，提质、降本、增效、绿色、安全发展的成效明显。

丰硕成果的背后是产业各方聚焦关键核心技术的携手创新、跨越行业专业壁垒的深入融合，以及政府部门的系统施策、有序引导。2021年，工业和信息化部发布了《工业互联网创新发展行动计划（2021—2023年）》《5G应用“扬帆”行动计划（2021—2023年）》《新型数据中心发展三年行动计划（2021—2023年）》系列文件，系统推进新型基础设施建设、应用、安全一体化发展。地方政府支持力度不断加大，各具特色的地方政策有效覆盖31个省（自治区、直辖市），形成一批标志性成果。

2021年5月，工业和信息化部信息通信管理局从丰富的产业实践中筛选并发布了“5G+工业互联网”第一批重点行业和应用场景，涉及10个通用型典型应用场景和5个领先行业应用实践；10个通用型典型应用场景包括协同研发设计、远程设备操控、设备协同作业、柔性生产制造、现场辅助装配、机器视觉质检、设备故障诊断、厂区智能物流、无人智能巡检和生产现场监测；5个领先行业应用实践包括电子设备制造业、装备制造业、钢铁行业、采矿行业和电力行业。

2021年11月，工业和信息化部信息通信管理局发布了《“5G+工业互联网”典型应用场景和重点行业实践（第二批）》。该文件包含生产单元模拟、精准动态作业、生产能效管控、工艺合规校验、生产过程溯源、设备预测维护、厂区智能理货、全域物流监测、虚拟现场服务和企业协同合作十大典型应用场景，以及石化化工行业、建材行业、港口行业、纺织行业、家电行业五大重点行业实践。

“5G+工业互联网”优秀实践成果的发布，在社会各界取得良好反响，“5G+工业互联网”发展进程明显提速，更多、更好的新成果不断涌现。为充分发挥典型示范作用，推动“5G+工业互联网”应用加速成熟、生态圈进一步完善，工业和信息化部新闻宣传中心协同工业企业、信息通信企业、高校、科研院所等，组织开展“2021中国5G+工业互联网优秀案例”征集工作，并邀请行业专家从项目优越性、经济和社会效益、对企业发展的意义、相关成果和评价等维度遴选出“2021中国5G+工业互联网典型应用”。这些典型应用涉及智慧工厂、智慧矿山、智慧钢铁、智慧港口、智慧物流、智慧电力、智慧城市、智慧安全、智慧平台赋能多个领域，将为更多行业、更多企业把握转型升级需求，发挥标杆示范带动作用，加快数字化转型步伐，实现高质量发展提供有益的借鉴与参考。

序

夯实数字经济发展底座　赋能千行百业智能升级

工业互联网是我国抢抓“第四次工业革命”先机的重要基石，是我国制造业数字化转型升级实现高质量发展的基本路径，是加快中国特色新型工业化历史进程的关键驱动。习近平总书记多次对工业互联网发展做出重要指示，强调“深入实施工业互联网创新发展战略”“持续提升工业互联网创新能力”。工业和信息化部印发《“十四五”信息化和工业化深度融合发展规划》（简称“《规划》”），提出“推动工业互联网创新发展”“加快重点行业领域数字化转型”。加快工业互联网创新发展对于打造数字经济新优势，推动工业化与信息化在更广范围、更深程度、更高水平上实现融合发展具有重要意义。

“5G＋工业互联网”是传统产业跨越式发展的历史性机遇，为工业乃至实体经济数字化、网络化、智能化发展提供了新的实现途径。“5G＋工业互联网”是指利用以5G为代表的新一代信息通信技术，构建与工业经济深度融合的新型基础设施、应用模式和工业生态。通过5G技术与人、机、物、系统等全面连接，构建起覆盖全产业链、全价值链的全新制造和服务体系，为工业乃至产业数字化、网络化、智能化发展提供新的实现途径，助力企业实现降本、提质、增效、绿色、安全的发展。“5G＋工业互联网”成为赋能各行业数字化、网络化、智能化转型升级的重要驱动力量，在网络强国、制造强国、数字中国建设中发挥重要作用，并在政策体系、优势构筑、应用场景等方面取得积极进展，正成为国民经济增长的发力点，为经济社会高质量发展注入新动能。

自习近平总书记提出“深入实施工业互联网创新发展战略”以来，我国工业互联网创新发展迈出坚实步伐，加速落地深耕，发展成效显著，网络、平台、安全三大功能体系初具规模，“5G＋工业互联网”叠加赋能效应凸显，应用深入20余个国民经济重要行业。各地聚焦重点特色行业，推动工业互联网服务地方产业转型升级，形成中央统筹布局、地方加速发展的新格局。工业互联网创新发展逐步走深向实，全国“一盘棋”格局加速构建，取得了一系列阶段性、标志性、引领性成果，展现出勃勃生机和广阔前景。

一是政策体系逐步形成。近年来，在党中央、国务院的决策部署下，我国“5G + 工业互联网”顶层设计已经明确，国务院于 2017 年印发《国务院关于深化“互联网 + 先进制造业”发展工业互联网的指导意见》，明确了到 2025 年、2035 年、21 世纪中叶的发展目标。2018 年，在专项工作组的大力推动下，《工业互联网发展行动计划（2018—2020 年）》《工业互联网创新发展行动计划（2021—2023 年）》陆续出台，成为推进工业互联网创新发展的顶层设计。2019 年 11 月，工业和信息化部印发《“5G + 工业互联网”512 工程推进方案》，为 5G 与工业互联网融合创新发展提供指引，推动制造业从单点、局部的信息技术应用向数字化、网络化和智能化转变。各地方支持力度不断加大，中央和地方的协同政策体系正在逐步形成。目前，全国已有 30 余个省（自治区、直辖市）明确支持“5G + 工业互联网”方向的政策，并通过设立专项、建立专班等方式加大投入力度，因地制宜地推动“5G + 工业互联网”的发展，初步形成系统推进、梯次发展、优势互补的产业发展格局。

二是基础设施持续夯实。在政策的加持下，工业互联网以网络、平台、安全三大体系为基础，加速与各行业深度融合，成为支撑经济高质量发展的重要力量。网络体系建设迈上新台阶。工业互联网网络建设成果颇丰，高质量外网建设覆盖全国 300 多个地市，连接工业企业 18 万家。时间敏感网络（Time Sensitive Networking，TSN）、5G 等新型网络技术推动企业内网改造力度不断加大。工业互联网标识解析实现从 0 到 1 的跨越，五大顶级节点建成并稳定运行，标识注册总量近 600 亿个，二级节点数量达 158 个，覆盖全国 25 个省（自治区、直辖市）。平台体系建设取得新成效。综合型、特色型、专业型平台体系加速构建，15 个“双跨”平台引领示范作用日益显著；特色型行业和区域平台快速发展，全国具有行业和区域影响力的特色平台超过 100 家，服务企业超过 160 万家，连接重要工业设备超过 7600 万台（套），已成为行业转型赋能及区域经济增长的重要驱动力。安全体系建设迎来新进展。工业互联网安全威胁监测和信息通报的处置不断强化，企业安全的主体责任意识逐步增强，国家、省、企业三级协同联动的工业互联网安全态势感知体系初步构建，动态监测应急处置能力显著增强。

三是互补效应快速显现。一方面，5G 是工业互联网发展的关键使能技术并具有领先优势。5G 可有效解决工业有线技术移动性差、组网不灵活、特殊环境铺设困难等问题；可突破现有工业无线技术在可靠性、连接密度、传输能力等方面的局限；可满足大规模数据采集和感知、精准操控、远程控制等工业生产需要。5G 具备 3 个领先优势：一是网络领先，中国电信与中国联通、中国移动与中国广电共建 5G 网络，初步形成“2+2”网络发展格局，共建共享基站超 70 万座，节约建设成本超千亿元；二是产业领先，2021 年国内市场 5G 手机出货量约为 2.66 亿部，出货量占比为 75.9%，在 2000 元以上的中高端手机市场，5G 手机销量占比超过 90%；三是融合领先，“5G + 大数据 + 人工智能 + 增强现实 / 虚拟现实”等技术组合在游戏娱乐、赛事直播、居家服务、文化旅游等消费市场加快探索，出现新的消费模式。另一方面，工业互联网将为 5G 应用开辟广阔空间。5G 的真正价值在于迫切需要与实体经济融合应用创新。我国工业具有完整的产业链、多元的行业生态、广阔的市场纵深，尤其是大量仍处于“工业 2.0”“工业 3.0”阶段的传统产业企业加快数字化、网络化、智能化改造进程，将为 5G 提供丰富的应用场景，开辟广阔的发展空间，支撑 5G 不断发挥商用价值、释放发展红利，向更高质量、更高水平加快迈进。

四是应用场景不断丰富。“5G + 工业互联网”已成为工业互联网和 5G 发展进程中，产业热情度最高、创新最活跃、成效最显著的领域之一。一方面，5G 赋能构筑全球领先优势。截至 2022 年 3 月，全国累计建成 5G 基站超过 142.5 万座，端到端网络切片等新型关键网络技术加快落地，建成全球规模最大的 5G 独立组网网络。依托网络切片、边缘计算等新技术，5G 应用逐步由外网公网向工业专网下沉。5G 工业模组价格已下探至千元以下，千万级工业模组价格接近 400 元，低成本促使工业模组销量快速增长，有效推动了应用范围的不断扩大。另一方面，“5G + 工业互联网”融合应用取得突破。5G 应用创新案例超过 1 万个，在工业、医疗、教育等行业领先发展，呈现百花齐放、千帆并进的良好局面。全国建设“5G + 工业互联网”项目超过 1800 个，平台化设计、智能化制造、网络化协同、个性化定制、服务化延伸、数字化管理等新模式、新业态加速向 40 个国民经济大类延伸，加速传统产业数字化转型，支撑实体经济降本、提质和增效，绿色发展的重要作用不断显现。

如今，5G在工业等领域的应用范围不断扩大，与工业互联网的深度融合正展现出变革性的赋能意义。“十四五”规划时期，推动我国制造业发展转型升级是建设制造强国的必经之路，我国工业互联网创新发展新格局将加速构建，展现出新型工业化进程的强劲动力和广阔前景。面向未来，“5G+工业互联网”要从现有发展的宝贵经验中收获有益启示、汲取奋斗力量，在实践中丰富、拓展、发扬光大，走具有中国特色的工业互联网创新发展之路，为实现第二个百年奋斗目标提供强劲动能。

第一，加快推进基础设施建设。一是加速5G全连接工厂建设，加快推进企业内网升级进程，不断深化设备网络化改造，支撑一批5G全连接工厂建设，打造示范标杆。二是探索IT（信息技术）和OT（运营技术）网络融合部署方案，进一步推动5G应用从外围辅助环节向核心生产环节渗透，为深化“5G+工业互联网”发展，加快应用创新打下坚实基础，也将开辟“5G+工业互联网”发展的全新赛道。

第二，持续拓展融合应用范围。一是打造行业优秀解决方案，加速向机械、装备、汽车、能源、化工等实体经济重点领域渗透应用，形成一批可复制、可推广的典型案例和应用场景。二是探索区域特色发展路径，鼓励各地建设“5G+工业互联网”融合应用先导区，探索具有地区及产业特色的发展模式，加快赋能各地行业的数字化转型。

第三，不断提升技术创新能力。一是加强5G增强技术和工业互联网基础理论研究。二是制定行业关键标准，形成一批基础共性、关键技术、典型应用标准，成为工业互联网基础支撑技术攻关、新型关键技术与产品研发的有力支撑。

第四，健全优化产业发展生态。一是打造示范区、示范基地、先导区，持续深化国家工业互联网示范区、工业互联网产业示范基地、“5G+工业互联网”融合应用先导区建设，推动差异化产业发展模式不断涌现。二是优化行业、人才政策体系，进一步优化工业互联网政策环境，支持大中小企业加速构建融通发展的产业体系，逐步健全涵盖科技领军型、应用创新型、复合型和技能型人才的工业互联网人才体系。

目录

目录

目录

目录

第一章

5G+智慧工厂

从原料车远程控制到无人天车自动驾驶，再到高清视频回传……借助大带宽、低时延的特性，“5G+工业互联网”对制造行业持续赋能，推动传统制造企业不断实现创新升级和降本增效，成为制造变“智造”的密码。随着5G“智造”新模式不断解锁、标杆项目落地普及，我们脑海中想象的场景成为现实。“5G+工业互联网”给企业带来了实实在在的效益，带动千行百业数字化转型，“中国制造”正高速转型为“中国智造”。

开启5G+外高桥智能造船时代

参与企业：中国联合网络通信有限公司上海分公司（简称“上海联通”）、郑州辰维科技股份有限公司

案例简介：该项目是针对现有生产方式和关联系统的升级，通过“5G+工业互联网”技术研究，以薄板智能生产车间为对象，融合信息化和网络化技术，通过开展5G专网、5G视觉分析、设备智能监控、薄板增强现实（Augmented Reality，AR）辅助装配和5G装配精度检测等应用建设，提升薄板车间生产的智能化水平，并在行业内展开示范应用。

应用成效：该项目的成功建设和在实体车间内的投入使用，成为船舶行业的标杆。5G专网确保企业的生产及管理数据不出园区，保证了数据安全，其大带宽、低时延的特性可有效支撑5G智慧场景的落地应用。AR技术在大型的复杂产品装配场景中得到了验证。5G精度测量结合自动化检测分析技术，相较于传统的测量方式，效率得到了大幅提升。

上海外高桥造船有限公司（简称“外高桥造船”）是中国船舶集团的核心船舶建造企业。大型邮轮的生产建造流程不同于常规船舶的建造流程，为了能够在薄板加工工艺和舱室单元制作上提升效率和保证质量，需要建设专门的薄板加工车间来满足建造需求。外高桥造船与上海联通于2019年开展深入合作，将5G结合物联网、大数据、人工智能等先进技术深度融合于船舶制造，为其整合生产资源、升级改造传统工艺及流程提供了创新解决方案，进一步助力外高桥造船开启智能造船时代。外高桥造船与上海联通合作签约如图1所示。

图 1　外高桥造船与上海联通合作签约

5G 赋能超高精度测量

外高桥造船是国产首制大型邮轮的主体设计建造单位。豪华邮轮分段钢结构尺寸巨大、板装配范围广、板材薄，装配难度及精度要求极高，检测环节实施困难，耗时冗长，常常成为影响大型钢结构总体建造周期的重要因素。

传统的测量方式主要借助全站仪完成对钢结构的单点尺寸空间点位检测。测量过程中各空间点位无法并行测量，每处点位检测结束后，工作人员都需要停工等待检测结果，以确定下一步作业方案（是检测通过，还是需要返工修复）。

上海联通联合外高桥造船研发的基于 5G 的精度测量方案，采用“工业智能相机 + 磁性靶点”的检测模式，可移动拍摄需要测量的点位，突破了原有测量场地的限制；同时使用高精度相机将检测精度误差降至 1mm 以内，以满足船舶制造的工艺需求。

检测人员手持相机在大型钢结构周围拍摄一圈即可收集所有测量信息，通过 5G 网络自动上传测量信息至云端软件，分析、拟合、解算、生成所有测量点位的空间坐标数据，并与精度系统无缝对接，即时生成精度报告，快速指导后续的生产工作。

该检测方式与原来的全站仪多人配合检测方式相比，检测时间从原来的 3 ～ 4

小时缩短至 30 分钟内，检测效率提升了 400%，检测结果以数字化形式呈现，做到后期质量追溯有据可依。现场摄影测量如图 2 所示。

图 2　现场摄影测量

该项目被工业和信息化部收录在 2021 年 5 月正式发布的《“5G＋工业互联网”十个典型应用场景和五个重点行业实践》中。

5G AR创新制造流程

除了 5G 赋能精度测量场景，上海联通还携手外高桥造船不断创新实践，目前已实现多项基于 5G 的系统应用，其中 5G AR 分段结构辅助装配解决了困扰船企多年的问题。

传统的分段装配模式是现场安装人员根据设计图纸进行施工，但分段结构尺寸巨大，安装人员无法全面理解装配方案的顺序及要点，从而影响装配效率，出错概率较高。如何帮助现场安装人员又快又好地进行装配，成为上海联通工程师首要解决的问题。

通过不断的现场调研，上海联通工程师选定了 5G AR 技术，通过虚拟现实的方式，指导安装人员进行模拟装配，提前熟悉整个装配流程。现场安装人员通过 AR 眼镜可以看到被安装的片体的信息，例如名称、大小、重量、顺序、装配方式等。

现场安装人员不仅熟悉了装配流程，还了解了重要的装配信息。为了减轻 AR 眼镜的重量和本体计算负荷，上海联通工程师采用“5G + 云”的方式与 AR 眼镜进行交互。AR 眼镜凭借 5G 专网的低时延特性，将视频数据交互时延控制在 20ms 以内，极大地提升了安装人员的体验感。5G AR 辅助装配应用场景如图 3 所示。

图 3　5G AR 辅助装配应用场景

5G AR 的另一个应用场景是 AR 远程协作。2020 年，新冠肺炎疫情打乱了薄板生产线的整体调试计划，部分国外设备厂商的技术人员无法前往现场进行调试，薄板线正式投产受到影响。上海联通利用 5G AR 远程协作技术，通过已部署的高速率和低时延 5G 网络，将现场画面传送至国外设备厂商面前，指导车间安装人员进行安装和调试。

上海联通与外高桥造船将凭借 5G 广覆盖、大连接和高安全性能上的优势，继续探索更多的创新应用和合作模式，以 5G 网络为支撑、以造船过程数字化为基础、以制造环节智能化为场景，进行工业互联网的创新应用研究，利用 5G 及其相关技术攻克一批工业技术应用的共性关键技术瓶颈，突破造船全过程“人、机、料、法、环”的数据连接与共享，实现设计生产协同、供应链管理、现场生产安全、质量检验、精度管理及大数据等应用，为推进行业数字化转型升级贡献力量。

5G 助力岚图汽车打造“世界级 4.0 数字化工厂”

参与企业：中国联合网络通信有限公司湖北分公司（简称“湖北联通”）、东风汽车集团股份有限公司岚图汽车科技分公司（简称“岚图汽车”）

案例简介：该项目以5G专网及多接入边缘计算（Multi-access Edge Computing，MEC）等技术为基础，结合物联网、大数据、人工智能等先进技术，通过中国联通自主研发的智慧园区管理平台对园区内的人、车、物进行统一管理，提升园区的综合治理水平，通过设备监控平台对设备运行状态、产能、能耗、物流转运等全要素的生产运行状态进行监控。在智慧园区及全连接工厂应用场景中，充分利用中国联通5G MEC的高速率、低时延、大带宽的特性，确保数据不出园区，保证了数据的安全。

应用成效：该项目将5G专网与物联网、大数据、人工智能等先进技术相结合，通过中国联通自主研发的5G全连接工厂平台，提升了岚图汽车的整体管理水平及智能制造水平，为实现岚图汽车“世界级4.0数字化工厂”打下良好的基础，岚图汽车未来将在所有车间进行复制推广，提升制造智能化水平。

2021 年 6 月 30 日，岚图汽车 FREE 首台量产车下线，并于当年第三季度正式开启交付。湖北联通 5G 专网助力岚图汽车打造出“世界级 4.0 数字化工厂”。

老园区期待新变革

岚图汽车是世界 500 强东风汽车集团股份有限公司（简称“东风汽车集团”）

的分公司，从事高端智能电动汽车的研发制造。作为中国“造车新势力”，岚图汽车充分整合东风汽车集团超过 50 年的造车技术和优势资源，以用户为中心构建新的商业模式，致力于成为“高端新能源乘用车领先者”。

岚图汽车是在东风汽车集团原有的汽车园区的基础上改造而来的，该园区于 2013 年开始建设，使用时间较久，信息化程度较低。岚图汽车亟须通过建设园区综合管理平台，实现综合管理平台智慧化，提升园区综合管理服务水平。此外，岚图汽车的产线由汽油车改为电动车，迫切需要改造升级，以适应新的制造工艺和流水线，采用 5G、物联网、AI 等技术，提升企业生产能力，打造先进汽车制造企业的示范工厂。

湖北联通与东风汽车集团强强联手，利用中国联通在 5G 方面的技术优势，以及东风汽车集团在汽车制造领域的技术积累，共同打造岚图汽车“5G + 智慧园区”及全连接工厂，解决岚图汽车在园区管理及产线改造升级的痛点。

打造“5G + 全连接工厂”

“5G + 全连接工厂”项目在岚图汽车建设了 5G 专网、专用 MEC 平台，实现了园区及工厂的 5G 全方位覆盖。

构建企业 5G 专网。岚图汽车 5G 专网利用 5G 组网和 MEC 等技术，为客户提供专属覆盖、网络定制、数据隔离、质量保证的基础连接网络，实现大带宽、低时延、安全可靠的数据传输，满足岚图汽车生产、办公、管理等应用的通信服务需求。

建设“5G + 智慧园区”。“5G + 智慧园区”的建设主要以物联网（Internet of Things，IoT）、大数据、边缘云及人工智能（Artificial Intelligence，AI）为技术基础，结合环境、安防、井盖、烟感、地磁、机器人、智能会议室等基础物联数据，围绕 5G 构建具有特色的智慧园区标准化体系，提高园区的综合管理水平，打造出“1+1+N”的智慧园区新生态，即 1 套园区新型基础设施，实现全面感知、互联互通；1 个园区综合平台，实现数据深度融合、共享协同；N 项智慧应用，实现业务主动服务、洞察响应。

岚图汽车园区综合平台是可视化指挥管理大屏，在统一园区泛感知场景、智能集成监控的基础上，建立完备的服务支撑体系，为各类智慧应用提供管理服务，构造园区智慧运营大平台，汇聚园区状态数据，实现整个园区的运行监测、分析预警和指挥控制，实现全局化统筹应用和管控，使决策高效化、精确化和科学化。

N 项智慧应用主要从智慧安全、智慧道闸、智慧停车、智慧环境、智慧井盖、智能烟感、智能会议、机器人服务 8 个方面展开，以智慧安防、智慧访客、智慧办公、园区综合管理等应用为基础，向上延伸产业服务应用、机器人应用，以及各类特色行业应用，实现更高的管理效率、更低的运营成本、更人性化的园区服务。

构建“5G + 智慧工厂”。湖北联通自主研发的 5G 智慧生产一屏统览平台，实现对工厂生产、管理全要素的管理，实时监控工厂车间内设备、物流转运等的运行状态，从而提高生产效率。

建设设备监控系统，提升设备综合效率。生产一辆汽车工艺复杂，如何将 3 万多个零部件分毫不差地组装在一起，交付给客户，考验的是车企整体的生产水平。岚图汽车通过 IoT 传感器对生产线可编程逻辑控制器（Programmable Logic Controller，PLC）数据进行采集，通过中国联通 5G 网络将生产数据导入一体化生产管理信息化平台，使生产透明化、数字化、可视化，高品质、高效率地将汽车交付到客户手上。岚图汽车生产车间如图 1 所示。

图 1　岚图汽车生产车间

5G 云化自动导引车（Automated Guided Vehicle，AGV）提升了物流效率。在岚图汽车总装车间部署的基于中国联通 5G MEC 的 AGV 云化管理系统，采用中国联通 5G 技术对传统 AGV 进行改造升级。5G网络的使用，大大降低了通信时延，提高了系统的稳定性，5G 网络的全覆盖，打破了传统 Wi-Fi 网络的距离限制，实现了物流全自动化高效管理。

“5G +AR”数字化系统助力生产作业。专为工厂打造的“5G +AR”眼镜套件，在工业噪声环境下提供精准的语音识别，同时，AR 眼镜与机器视觉、语音识别、人机交互等 AI 技术相结合，提供智慧巡检、智慧作业、远程指导，助力生产制造，提高生产效率。

“5G + 涂胶机器”视觉质检提高了质检效率。焊装车间涂胶采用机器视觉技术对涂胶结果进行实时监测，产生了大量的图片和数据，采用“5G +MEC”企业专网，将数据和图片“上云”，减少人工拷贝数据的工作量，提高了工作效率，同时对数据进行综合分析，涂胶合格率、问题类型一目了然，便于生产管理，提高了生产效率。

“5G +AI”生产现场监测，提升了管理效率。生产车间通过5G高清摄像头，实现生产现场高清视频采集；通过AI算法自动分析视频，进行禁行区入侵检测、人脸识别、火灾烟雾告警、人员着装规范检测等5G AI实时监控，实现安全合规分析；同时管理人员实时监控激光焊接工位的视频，可以远程查看生产现场的实时状态，追踪生产过程，提高人员的管理效率，降低生产安全隐患。

未来，湖北联通将与岚图汽车进一步探讨如何基于自身在车联网领域的有效实践，为岚图汽车的发展注入更多势能，助力岚图汽车创新车联网服务产品和打造多元化的车联网服务生态，整合核心资源与优势，提出独到且有差异化的新能源汽车解决方案，为广大客户带来真正“零焦虑”的智慧电动体验，创造具有现代格调的美好生活，助力岚图汽车成为高端新能源乘用车的领先者。

老板电器 +5G：从千人工厂到无人工厂

参与企业：中国移动通信集团浙江有限公司杭州分公司（简称“杭州移动”）、杭州老板电器股份有限公司（简称“老板电器”）

案例简介：该项目以5G化、数字化、网络化、智能化改造为主线，充分发挥5G、云计算、AI等技术在制造业的应用，融合制造新基建，打造适用于厨房电器行业的新型能力，建成行业首个5G无人工厂；形成“人员与数据的融合、虚拟与现实的融合、业务与管理的融合”的数据驱动管理工作方式，实现无人化作业。

应用成效：该项目使老板电器的生产效率提升了45%，产品制造周期缩短了48%，生产成本降低了21%，运营成本下降了15%，年产量提升至302万台，年节约成本1330万元，车间人员从134人缩减至0人；贯通了企业生产场景应用，完成了生态融合，对行业具有价值引导的作用。

在数字化浪潮的推动下，老板电器从自身内部需求出发，以数字化、网络化、智能化改造为主线，于 2020 年联合杭州移动对老板电器智能制造基地进行了全面的改造升级。通过 5G 改造，老板电器对厂区 16 条产线、150 台设备进行 5G 赋能，实现以数据为核心、5G 专网覆盖、智能驱动业务的全价值链管理，创新性地将现场实景监控 + 设备运行参数监控 + 系统数据三合一集成，通过边缘计算模型、算法打造业务驱动和线体协同的无人化作业工厂，共计部署“5G +AGV 配送系统”“5G + 智能映射平台”“5G + 数字孪生”“5G + 视觉检测”“5G +AR 监控”“5G + 远程辅助”“5G +UR[1]”，

注：1. UR（Universal Robots，通用机器人）。

以及“5G＋智能物流”8 项 5G 应用。该项目使老板电器的生产效率提升了 45%，产品质量提升至 99%，生产成本降低了 21%，实现了可观的降本增效，年产量提升至 302 万台，车间人员从 134 人缩减至 0 人。无人化车间如图 1 所示。

图 1　无人化车间

网络部署全覆盖，应用场景更丰富

目前，杭州移动在整个园区共部署了 2 个宏站和 2 套室分系统，并引入 5G 动态上行容量增强技术，即利用高低频协同技术，使全时段均有上行数传，达到上行大带宽、高速率的效果（可达 581Mbit/s），满足老板电器未来工厂内视觉检测、监控等应用场景对上行的带宽要求。园区网络部署如图 2 所示。

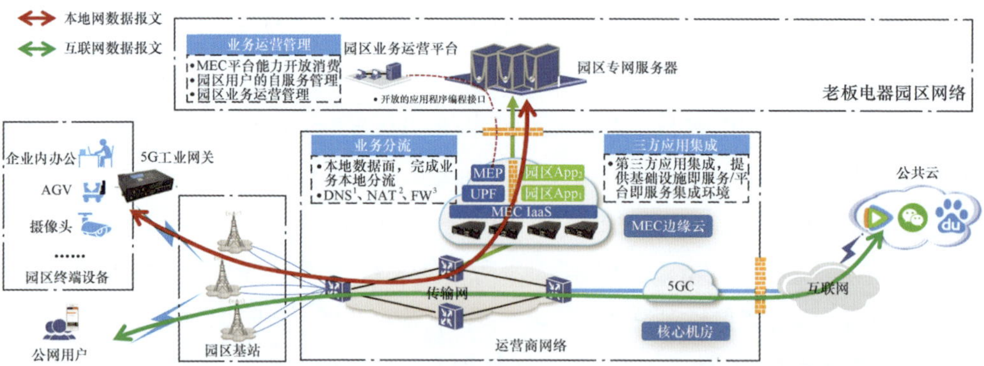

注：1. DNS（Domain Name System，域名系统）。
2. NAT（Network Address Translation，网络地址转换）。
3. FW（Firewall，防火墙）。

图 2　园区网络部署

老板电器的无人工厂内共部署12台5G工业网关，网关采用开放式软件定义终端（Open Software Define Terminal，OSDT）架构，因此大数据采集能力强，网关间的无线网格网络组网保证终端设备在运动状态下信号不会中断。工厂内设备、监控系统、声光报警系统、制造执行系统、企业资源计划系统、供应商关系管理（Supplier Relationship Management，SRM）、分销系统等9类硬件设备、10类信息系统的线上、线下、实时、离线数据通过5G网络实时采集并进行标准化管理。

“5G +AGV配送系统”。AGV、机器人和PLC等超可靠低时延通信（Ultra Reliable and Low Latency Communication，uRLLC）业务对5G网络的时延和稳定性有严苛要求，通过5G工厂切片技术，为低时延类业务提供uRLLC切片，可实现5Mbit/s速率和20ms低时延业务承载。通过5G网络，配送系统可实时监控各辆AGV的位置与配送状态。AGV控制系统可根据各AGV呼叫控制终端下达的物料运输任务，自动选择最近的AGV，同时配送系统也实现了与制造执行系统、各自动冲压设备的互联，真正实现物料无人化与智能化运送。

“5G+智能映射平台”。利用5G网络对无人工厂16条产线及2个上下料点进行现场实景监控＋设备运行参数监控＋系统数据三合一集成，整体形成一张智慧化的视频实景地图，自动定位现场异常点位，自动弹出报警实景画面与异常信息，为无人工厂管理提供决策依据。

“5G+数字孪生”。数字孪生是指对厂房内总体设计、工艺流程及布局采用数字化建模进行仿真优化；利用5G超低时延特性在数字化车间设计阶段模拟生产全流程，对生产过程的各个环节进行设计、仿真、分析和优化；通过三维仿真，管理者可预先了解与设计结果相对应的物流效率、设备负荷、瓶颈节点等关键信息，有效避免车间布局设计不合理造成后续工厂运作过程中生产效率低下、设备负荷不均衡、资源协同水平不高等一系列问题。

“5G+视觉检测”。在传统制造过程中，钣金部件外观的瑕疵检测一般采用人工检测，而人工检测存在较大误差且对检测人员工作经验要求较高，无人工厂通过在下料检测点位部署视觉检测装置，利用5G超大带宽和边缘计算性能，通过云端算法对钣金物料进行不间断检验，产品质量提升至99%。同时也为老板电器优化产品设计和工艺过程提供了大数据支撑，助力老板电器向智能制造转型。

“5G+AR监控”。为对生产车间人员身份和安全进行有效识别和管控，老板电器在车间内部署5G AR摄像头和AR门禁识别，利用5G大带宽的特点，实现对无人区域人员轨迹秒级定位，做到实时监测、实时预警、实时决策。

"5G+ 远程辅助"。利用 5G 远程头盔视频回传现场情况，"随时随地"进行远程视频维修指导，提升现场服务能力，快速响应车间内异常变化。

"5G+UR"。在集烟罩下线和拉升三线视觉检测工作中，老板电器针对新检测任务使用机器人（UR）完成引导，利用 5G 大带宽、低时延的特性，进行机器学习形成程序，并快速形成自动检测指令，不需要专业工程师现场调试，大大提高了工作效率。

"5G + 智能物流"。利用 5G 网络替代传统 Wi-Fi 网络，实现车间内的网络无缝连接，PDA[1] 将助力产线相关数据采集，并将工业数据快速回传。

依托 5G 技术，切实为企业创造价值

运用"5G + 数字孪生"技术，实现物理与虚拟的交互。5G 网络满足物理车间与虚拟车间双向实时映射。通过虚拟现实、增强现实、建模与仿真等技术，虚拟车间对物理车间中的要素、行为、规则等多维元素进行建模，得到对应的几何模型、行为模型和规则模型等，从而真实还原物理车间，并真实记录物理车间的进化过程。物理车间与虚拟车间的实时交互能让二者及时掌握彼此的动态变化并做出响应，从而不断优化生产过程。

基于"5G + 工业互联网"平台，实现制造过程无人化。该项目通过打造"老板工业指挥大脑"，利用 5G 专网将自动化设备、物流设备、仓库、人员、物料等生产要素有机地结合在一起，以终端需求作为驱动，以生产工单作为核心，各业务模型在"老板工业指挥大脑"中自动计算，生成工作任务并自动指派给各生产要素，全过程数据自动流转，实现制造过程的无人化。

围绕生产运营，通过 4 个融合，实现管理模式创新。老板电器围绕生产运营，在原有业务在线化、数据化的基础上，进一步提升创新能力，思考如何为企业创造价值，通过人员与数据融合、虚拟与现实融合、业务与管理融合、人员与空间融合，实现数据监控、人员管控、上级与下级协作、业务智能化管控，让企业数字化真正为企业带来运营层面的价值。

注：1. PDA（Personal Digital Assistant，个人数字助手）。

5G 开启美的工厂“蝶变”之路

参与企业：中国电信股份有限公司佛山分公司（简称“佛山电信”）、美的集团股份有限公司（简称“美的集团”）、华为技术有限公司（简称“华为”）

案例简介：根据美的集团的业务需求，该项目在美的工厂安装部署了一套“5G＋MEC”无线智能生产系统，使园区生产数据在本地处理计算，降低时延。MEC通过交换机汇聚IP化无线接入网（Internet Protocol-Radio Access Network，IP-RAN）传送过来的生产数据，与美的数据中心之间进行专线连接，打通MEC和美的数据中心的数据通道。该智能生产系统完成了对美的工厂的生产覆盖及数据采集、机器人控制、视觉质检等应用赋能。

应用成效：该项目的实施，降低了本地端设备例如本地PLC、库卡机器人控制器、AI/定位本地服务器等的硬件成本和维护成本；帮助企业减少有线网络建设和扩容建设的投入，同时也降低了人力成本，提升了运维效率、调度效率、物料和资产周转率。

随着数字化浪潮全面兴起，越来越多的传统企业拥抱数字化转型。作为制造业的头部企业，美的集团携手中国电信，基于先进的“5G＋工业互联网”技术，打造业界领先的智能工厂，大幅提升生产效率，降低生产成本，打造行业标杆，走出一条特色鲜明的数字化转型之路。

“5G＋MEC”助力传统工厂“变身”

数字化转型已经成为摆在传统制造企业面前的“必选题”。如何充分利用 5G、大数据、人工智能等新一代信息通信技术，建设智慧工厂，是传统制造企业迫切需要解决的难题。

作为知名家电企业，广东美的厨房电器制造有限公司（简称“美的厨房电器公司”）主要经营消费电器、暖通空调、机器人与自动化系统，拥有总装线59条，年产能超过4000万台，现有的产线亟须智能化改进来满足日益提升的生产需求。由于家电生产线属于离散型、制造型产线，美的工厂“5G＋工业互联网”车间的打造需要解决多工位、多协作带来的一系列挑战。

“我们希望借助‘5G＋MEC’技术，打造领先的智能车间、智能工厂，但是在实际的建设中，需要解决一系列的技术难题。”美的厨房电器公司的相关负责人介绍，美的厨房电器产线的柔性较大，需要根据营销的淡旺季、设备技改及生产能力等因素，频繁调整生产线、设备、物流布局，这意味着车间的网络也需要相对“灵活”，能够随生产线的改变而改变。

与此同时，美的厨房电器公司的车间环境比较复杂，部署了大量的设备，之前使用工业Wi-Fi进行网络部署时，经常出现掉线的情况。美的厨房电器公司的相关负责人介绍：“我们的生产对网络的时延、稳定性、安全性提出了非常高的要求，传统有线方式以及部署工业Wi-Fi的方式，都难以满足我们的需求。”

5G技术超高速率、超低时延、超大带宽的特性，妥善解决了上述问题，能够全面支撑智能工厂的网络建设。为此，美的集团、中国电信、华为三方成立了专项工作组，针对美的生产基地的实际生产需求，制定了完善的5G智能工厂解决方案，历时16个月，投入100多人次，成功打造了业界领先的5G智能工厂。5G应用场景如图1所示。

图1 5G应用场景

之所以将美的5G智能工厂项目定义为行业领先，是因为它进行了诸多技术创新，树立了业界标杆。例如，美的工厂内部署了超2万个数据收集点，融合多种先进技术打造了“5G +UPF[1]+MEC”网络方案，落地了11个“5G + 工业互联网”应用场景等。目前，美的5G智能工厂已成为中国电信在家电制造行业的5G创新型应用孵化基地。

提质增效，树立家电数字化转型标杆

提质增效是企业数字化转型的核心目的。美的厨房电器公司的相关负责人介绍，美的5G智能工厂落地后，预计每年可节省投入300万元，占企业总投入的13%，每年节省企业运营成本800万元，约占总运营成本的21%，提质增效成果显著。

值得一提的是，美的5G智能工厂实现了11个“5G + 工业互联网”典型场景，最大限度地将5G融入生产、运营的各个环节。这11个典型场景包括基于5G的AGV智能仓储、基于5G的叉车调度信息、基于5G的安防智能监控、基于5G的AI质检、“5G + 生产数据采集管理”、基于5G的MES[2]生产看板管理、“5G +AR”远程辅助维修、“5G +AR”产线设备点检、“5G + 扫码枪”管理等。佛山电信的负责人介绍：“这些应用场景的落地，证明了‘5G +MEC’在效率提高、质量提升、成本降低、运维简化、人力缩减等方面能够发挥重要的作用。”

得益于一系列突出的技术创新，美的5G智能工厂荣获诸多荣誉，例如荣获2020全球5G应用大赛“优秀场景奖”，2020年ICT行业优秀解决方案奖，2021年第四届“绽放杯”5G应用征集大赛工业互联网专题赛全国一等奖，工业和信息化部“绽放杯”5G应用征集大赛标杆赛金奖等，并成为广受认可的行业数字化转型标杆。

注：1. UPF（User Port Function，用户端口功能）。
2. MES（Manufacturing Execution System，制造执行系统）。

5G 赋能：化工让生活更美好

参与企业： 中国电信有限公司九江分公司（简称“九江电信”）、江西蓝星星火有机硅有限公司（简称“星火有机硅”）

案例简介： 该项目通过建立5G基站，实现人员的三维立体高精度定位（亚米级），解决全球定位系统（Global Positioning System，GPS）、蓝牙等技术存在的定位精度、室内定位，以及有源信标部署等问题。

应用成效： 该项目通过对人员、设备和作业可视化防控，实现安全隐患排查的全面性、实时性和预见性，有效降低安全事故的发生率。

星火有机硅是中国化工集团有限公司的核心企业，是世界前三、亚太地区最大的有机硅生产商，市场占有率达 30%。

随着 5G 时代的来临，5G 与云计算、物联网、人工智能等技术相融合，为星火有机硅智能制造赋能，推动星火有机硅向绿色制造、柔性制造、智能制造和先进制造发展。

九江电信的相关负责人介绍，该项目的先进性和创新性在于：通过 5G 基站，实现人员的三维立体高精度定位（亚米级），解决 GPS、蓝牙等技术存在的定位精度、室内定位，以及有源信标部署等问题；AR、热成像、趋势算法等技术在设备巡检中的应用，有效提高了数据的准确性和安全性；图像识别技术和视频分析技术在重点区域防控的应用有效地规范了人员的作业行为，并有助于产品质量的提升。

针对工厂的现实需求，九江电信专门设计了对应的解决方案。其中，“5G + 智能化工”解决方案，可实现对人员、化工装量、作业流程、产品质量与工作区域的实时监测与管理，并致力于提升产品质量，提高企业运营效率；“5G + 精准定位”解决方案，可在企业中部署定位引擎，每 5 秒对终端信号进行一次采集，可及时判断员工是否安全，若遇到危险，系统可在第一时间采取相应措施；“5G + 智能巡检”解决方案，可通过防爆手机进行数据采集并将数据上传至智能安监平台，由智能安监平台进行数据分析和危险状态识别；“5G + 机器视觉”解决方案，主要在智能安监平台上部署图像识别和行为识别服务，通过摄像头、AR 眼镜等采集视频并将其上传至智能安监平台进行危险行为识别，并将生产线高清图片回传，通过 AI 分析及时发现瑕疵产品。星火有机硅 5G 智能解决方案如图 1 所示。

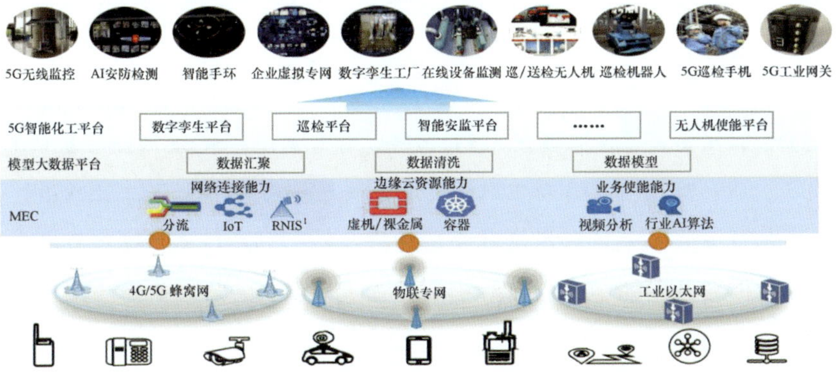

注：1. RNIS（Radio Network Information Service，无线网络信息服务）。

图 1 星火有机硅 5G 智能解决方案

该项目的成功实现了多方共赢。对企业来讲，通过对人员、设备和作业可视化防控，实现了安全隐患排查的全面性、实时性和预见性，有效降低了安全事故的发生率。对行业发展而言，星火有机硅的典型试点示范应用输出了智能化工的行业标准和规范，可助推行业可持续性发展。此外，该项目也创造了很好的社会效益，通过实现化工企业的安全生产和绿色生产，可有效降低化工生产过程对社会的影响，实现“化工让生活更美好”。

“5G +工业互联网”助力汽车产业活力迸发

参与企业：浪潮通信技术有限公司（简称“浪潮”）

案例简介：该项目是基于互联网+协同制造、智慧制造的5G虚拟企业专网建设工程。通过打造自动化配件运送系统，推动5G技术与工业网络、工业软件、控制系统深度融合，加快自动化配件运送系统及解决方案的推广，利用“5G+自行小车”应用场景，解决传统制造业的生产难点问题。

应用成效：自行小车的5G改造升级可有效解决工业制造企业的网络问题和产能提升问题，大幅降低工人的劳动强度，提升产品装配自动化和智能化水平。

5G、AI、云计算、边缘计算等技术正在对 5G 智能制造进程带来革命性影响。近期，浪潮 5G 产品成功应用于汽车制造领域的核心生产环节，支撑东风商用车集团有限公司（简称“东风商用车”）实现整车生产线自动化配件运送系统的 5G 智能化升级，进一步提升了东风商用车的整体产能，打造了东风商用车首个 5G 汽车制造智能工厂。

5G 专网 +Wi-Fi

该项目落地于东风商用车工厂总装车间，浪潮自研的 5G 行业专网和边缘计算产品，帮助东风商用车实现了运营技术（Operational Technology，OT）域与信息技术（Internet Technology，IT）域的数据打通。

在东风商用车工厂总装车间内，浪潮通过建设 5G 专网替代原有 Wi-Fi 网络，通过部署5G端计算网关实现自行小车接入。该项目采用5G专用频段，构建独立5G专网，有效避免内外部信号干扰；通过5G双频组网实现主备倒换，确保网络高可用；通过浪潮5G端计算网关实现双链路接入5G专网，确保自行小车通信不掉线。东风商用车的车辆装配线如图1所示。

图1　东风商用车的车辆装配线

浪潮项目经理表示，“我们通过将‘5G专网+Wi-Fi’接入的方式实现现有Wi-Fi网络和新增5G专网混合组网，为东风商用车构建独立的‘5G专网 + Wi-Fi’。”浪潮灵活支撑了东风商用车多元、泛在的全连接需求，解决了Wi-Fi网络公共频段干扰严重、信道重复影响、跨访问接入点（Access Point，AP）卡顿等问题。

作为新一代云网融合5G产品和服务提供商，浪潮将持续做强平台、专注研发，推动5G汽车产业发展。

产线整体产能提升26%

车辆装配线是东风商用车的核心生产线，通过配备自行小车输送系统进行发动机等大重量配件的自动配送。

东风商用车负责人表示，“自行小车之前主要通过Wi-Fi网络进行通信，由于Wi-Fi网络公共频段干扰严重、跨AP卡顿频发，所以自行小车时常通信中断从而引发产线停产。同时，由于Wi-Fi网络信道数量受限，无法接入更多的自行小车，所以这也严重限制了车辆装配线产能的进一步提升”。

“通过5G改造升级，车辆装配线因通信中断导致的停产时间减少了15%，产线整体产能提升了26%。”“5G + 工业互联网”项目有效解决了东风商用车的网络问题和产能提升问题，建成“高效、柔性、敏捷制造，快速满足客户大批量个性化定制需求”的未来制造模式，为东风商用车的持续发展注入新动能。

5G 赋能，海螺水泥实现智慧化作业

参与企业： 安徽海螺集团有限责任公司（简称“海螺集团”）、中国电信股份有限公司安徽分公司（简称“安徽电信”）、华为技术有限公司

案例简介： 该项目结合5G网络实现矿山远程驾控、无人巡逻、人员精准定位、高清视频监控等创新业务，满足了传统制造企业智能制造转型对无线网络的应用需求，满足了工业环境下设备互联和远程交互的应用需求。5G无线网络提供低时延、高可靠连接，使能柔性制造，同时节省成本，将人从各种严酷的工业操作环境中解放出来。5G网络具有低时延、高可靠、海量连接的特点，使大带宽终端通过无线网络连接成为可能。

应用成效： 该项目的实施，在提升安徽的工业自动化水平的同时，也为国内工业行业的5G应用提供了经验，促进5G在行业内的规模化应用。同时，该项目也为5G技术在其他行业内的应用提供示范样板，有效支撑安徽工业信息化水平的提升。

一些特定场景借助 5G 网络的设备到设备（Device-to-Device，D2D）技术，物体与物体之间的直接通信进一步降低了业务端到端的时延，在网络负荷实现分流的同时，系统反应更为敏捷，生产制造各环节的时间变得更短，解决方案更快更优，生产制造效率得到提升。

海螺集团是我国的大型建材企业集团，下属 360 多家子公司，分布在我国 24 个省（自治区、直辖市），以及 20 个国家。安徽电信、华为技术有限公司、海螺集团三方充分发挥各自优势，致力于 5G 业务的开发应用，结合 5G 网络实现矿山远程驾控、无人巡逻、人员精准定位、高清视频监控等创新业务，提升企业运营效

率，同时为推动工业技术进步做出有益探索。

5G 使智慧连接成为可能

生产制造环节是 5G 应用的重点与难点，其中远程工业控制对实时性要求较高，对网络的时延也有更高的要求。5G 网络具有低时延、高可靠、海量连接的特点，使闭环控制应用通过无线网络连接成为可能。

海螺集团积极贯彻安徽省政府“关于应用 5G 技术改造传统产业”的要求，与安徽电信、华为技术有限公司联手，在海螺水泥厂开展“5G + 工业互联网”创新应用合作项目，通过 5G 网络提升水泥矿山开采、运输、水泥生产各环节的运作效率，满足客户业务安全化、业务远程化、业务 AI 化、业务数据云化的需求，打造了“5G + 虚拟现实”园区参观及设备诊断、矿区无人机巡检（爆破区域 AI 警戒）、5G 视频监控（厂区监控设备升级为 4K）、堆料口阻塞（翻斗阀、人员行为管理、传送带）等多场景 AI 分析检测、水泵远程控制、工业数据采集等业务，实现从智能工厂 1.0 向智能工厂 2.0 的升级。应用场景需求对比如图 1 所示。

	运动控制	C2C[1] 机器间控制	移动面板 （带安全控制）	移动机器人	大规模连接	工业AR及监控
工厂自动化	√	√		√	√	
过程自动化				√	√	
HMI[2]和IT系统			√			√
物流和仓储		√		√		
监控与维护					√	

USE CASE 特性	• 包括移动和旋转组成部分 • 减少磨损、降低部署成本和维护成本	• 多控制器/多台独立机器相互协助完成一个功能 • 高效率和零停机，低时延、高稳定、高可靠	• 带安全按键的控制面板是人机交互的关键设备，现有部署成本高 • 可移动性	• 自动导引车 • 远程监控机器人 • 移动性、低时延、高可靠与确定性传输	• 基于云技术的应用创新使连接终端数量和密度大幅增加 • 长距离、恶劣传播环境、工业安全	• 不断增加的工业可穿戴设备应用，需要广域、大带宽、低时延
对 5G 的诉求	uRLLC	uRLLC	uRLLC	uRLLC	mMTC[3]	eMBB[4]

注：1. C2C（Customer to Customer，用户对用户）。
2. HMI（Human Machine Interface，人机界面）。
3. mMTC（massive Machine Type Communication，海量机器类通信）。
4. eMBB（enhance Mobile Broadband，增强型移动宽带）。

图 1　应用场景需求对比

海螺集团的相关负责人介绍，本项目的实施可实现三大功能：一是自动巡检，对危险区域、偏远矿山进行无人巡检，提高巡检效率，降低人力成本；二是高清视频回传，4k 摄像头可实现高清图像回传，并自动记录，有效提升巡检精准度；三是无人驾驶，探索矿区无人驾驶应用，包括车辆远程操控、车路融合定位、精准停靠、自主避障，提高矿区生产的安全性、开采效率、资源利用率，降低生产成本。

多个创新应用使传统水泥生产更时尚

海螺集团首创矿区无人机爆破巡检和地形更新分析应用，首次在地表矿爆破中进行了应用，此项创新不仅可以应用于水泥非金属地上矿场，还可以应用到所有地上矿爆破场景。

无人机通过 5G 网络将监控到的矿场高清视频传送到天翼云上的 AI 平台进行分析，当分析到爆破范围内有人或者设备时，AI 平台会进行报警，爆破完成后，无人机会采集矿场地形变化，更新 3D 模型，指导后续爆破和开采工作。

技术人员介绍，此应用通过 5G 超级上行技术保证了在多变的地形中 5G 的覆盖与带宽，将原来 AI 只能识别 500m 的范围扩大到了 2km，通过无死角、大范围的监控，减少了爆破警戒人员数量，避免人员安全事故的发生，提高了爆破后地形数据的采集效率，为实现无人矿山一体化管理打下基础。

在水泵及港口装船机远控及数据采集方面，5G 与工业互联网的融合应用，可实现对 10km 外的水泵进行远程控制和数据采集，可把 PLC 控制信息、现场视频、水泵转数、出水量等相关数据传送到分散控制系统（Distributed Control System，DCS）中，还可远程对水泵进行关停。基于长江货物运输，海螺集团对河港系统中的装船机进行了 5G 远程控制改造，将装船机控制端后移，同时引入 AI 辅助料筒与船舶对齐，提高装船效率。

基于 5G 大带宽、高可靠性的特点，海螺集团开发了 AI 智能预警监控平台，针对堆料口阻塞检测、传动带崩裂检测、冒灰污染检测、翻斗阀检测等水泥制造和园区安全、生产过程中的相关环节，进行了机器视觉应用开发，同时针对园区人员的行为，也增加了 AI 安全检测，这使巡检和监控效率提升了 3 ～ 4 倍，同时避免了人为机械事故的发生。

数字化转型永远在路上

海螺水泥“5G + 智慧厂区”项目通过在安徽海螺水泥股份有限公司引入 5G 网络，改变了传统生产运营方式，推动产业升级和数字化转型。接下来，5G 与云计算、大数据、人工智能、虚拟增强现实等技术的深入融合，将成为水泥行业升级转型的基础，促使工厂网络架构不断优化，有效提升网络协同制造与管理水平，促进工厂提质增效。

该项目借助5G大带宽、低时延、高可靠的通信特点，融合AR、图像识别等技术，推动 5G 智慧工厂在智能安防、产品质检、机械臂等领域的智能化改造，与制造业携手共创“5G + 智慧厂区”新时代。“5G + 智慧厂区”解决方案如图 2 所示。

注：1. CPE（Customer Premise Equipment，客户终端设备）。

图 2 “5G+ 智慧厂区”解决方案

作为典型的 5G 企业网整体解决方案，该项目的应用可为大中型企业提供通用的、可复制的解决方案，具备高创新性、高可推广性、高影响力。

该项目整合央企、新型研究机构等，打造 5G 切片共性技术研发创新平台，开展标准研究，关键技术和产业研发，业务和应用实验性验证等，推进 5G 时代“技术—标准—产业”的整体性突破，建设重大共性技术研发创新平台，打造全球领先的技术创新高地，进一步推动 5G 产业链的发展变革，对行业发展产生深远影响。

借力 5G 云化 PLC 技术，三一重工打造柔性生产线

参与企业：三一重工股份有限公司（简称“三一重工”）、中国联合网络通信有限公司、北京东土科技股份有限公司、中国联合网络通信有限公司研究院

案例简介：三一重工基于5G云化PLC技术打造的柔性生产线，是全国特种装备制造领域首个基于5G云化PLC、国产自主工控能力建设的柔性生产线。该项目实现了生产线的智能化、柔性化、可移动化，实现了5G网络云化中间件及创新应用，解决了传统PLC工艺升级依赖国外自动化设备的问题，为工业企业提高了运营效率，达到了降本增效的目的。

应用成效：基于5G云化PLC技术打造的柔性生产线，解决了三一重工桩机工厂组装效率低、成本高的问题，未来几年将为工厂缩减64%的人工量；可实现5分钟装配一台挖掘机，提高24%的人均产值，节约成本约1亿元；产品品质上减少生产误操作40%，不良率下降14%；易损件、备件呆滞库存降低40%。

PLC 领域亟待突破

三一重工作为注重科技创新的世界一流工程装备制造企业，面对桩机、起重机、专汽等重型工程装备定制化的市场需求，以及柔性生产线升级需求，走出了一条我国自主可控的工控技术路线。

基于 5G 云化 PLC 技术打造的柔性生产线，是全国特种装备制造领域首个基于 5G 云化 PLC、国产自主工控能力建设的柔性生产线。该项目实现了生产线的智

能化、柔性化、可移动化，实现了5G网络云化中间件及创新应用，替代了现场的国外工业控制器，不绑定供应商，打破了行业硬件封锁的闭环，解决了传统PLC工艺升级依赖国外自动化设备等问题，为工业企业提高了运营效率，达到了降本增效的目的。

工业控制痛点不断

挑战一：设备移动困难

典型场景：移动机器人、AGV，高速率、低时延网络。

工控挑战：传统工业总线不具备使移动化场景高可靠、低时延、无线化的工控能力。

挑战二：智能化算力不足

典型场景：AI机器视觉、AR/VR、“黑灯”工厂（智慧工厂）。

工控挑战：工控体系算力不足，人工智能、大数据等创新技术难以赋能生产；缺乏高度集成手段，难以实现对于设备的云化、群体控制。

挑战三：生产线调整成本高

典型场景：多品种、小批量的离散制造，单条生产线只能装配1～2种车型。

工控挑战：需要具备工控程序柔性、工控设备柔性、生产工位柔性、生产计划柔性等诸多条件；需要实时控制多个系统，完成分系统的控制和整体调度管理，实现单条生产线可以生产5～10种车型，多条生产线可同时组装多种产品。

5G支撑高实时方案

该项目通过在企业现场设备上加装5G模组/网关，利用5G网络将设备直接接入靠近企业的MEC服务器。MEC服务器上部署工业操作系统（Operating System，OS）平台，集成云化PLC、云化网关等远程自动化控制应用。工业OS平台充分发挥5G网络特性，实现毫秒级实时性控制，由MEC服务器在靠近企业现场侧进行集中设备管理、数据分析应用。同时，工业OS平台与用户的生产管理平台和数据中台对接，为进一步打造5G全连接工厂奠定了扎实的基础。

高实时控制方案在保留企业现场总线、工业以太网的场景下，通过5G网络将云化PLC采集的实时数据传输到MEC服务器，并分析应用，实现微秒级高实时性，具有很高的可行性。

该项目在工业设备上加装 5G 模组 / 工业网关，替代传统的工业走线，实现设备的自由部署，满足用户对于工业制造的移动需求。目前，5G 模组 / 工业网关已在三一重工桩机 1 号厂房空压机机房实装。

该项目在靠近企业的 MEC 服务器侧的边缘云上部署工业 OS 平台，集成云化 PLC、云化网关等远程自动化控制应用，替代了现场 PLC 控制器，目前工业 OS 平台已在空压机上实现了云化 PLC 的控制应用。

云化 PLC 模式可以替代现场的国外工业控制器，集成多种工控协议，不绑定供应商，打破了行业硬件封锁的闭环，解决了空压机设备工控环节封闭、工艺升级依赖国外自动化设备等问题，实现了工控技术的国产自主可控。

该项目通过工业制造的 5G 通信模式改造和工控系统的云化部署，满足了工控程序柔性、工控设备柔性、生产工位柔性、生产计划柔性等诸多条件，为三一重工实现柔性化生产提供了重要的技术保障。

应用成效影响深远

该项目是首个国产全自主可控的云化工控技术项目，全球首个“5G +MEC”的制造业云化 PLC 商用案例，全球首个“5G +MEC”异地多园区的云化 PLC 隔离测试验证，全球首个混凝土工程机械领域柔性生产线，全球首个基于“5G +MEC+ 云化 PLC”的制造业样板。基于 5G 云化 PLC 技术打造的柔性生产线，解决了三一重工桩机工厂组装效率低、成本高的问题，8 年内为工厂缩减人工量达 64%；实现 5 分钟装配一台挖掘机，提高 24% 的人均产值，节约成本约 1 亿元；产品品质上减少 40% 的生产误操作，不良率下降 14%；易损件、备件呆滞库存降低 40%。

该项目基于软件定义控制的云化技术将在智能工厂、电力、交通领域应用，未来将替代行业内传统的工业控制设备。该项目的联合研发团队已对广东华微、晋南钢铁、长安汽车等全国范围内多个行业的企业场景进行部署。该项目的“5G +MEC+ 控制能力”由于低时延、大带宽、位置认知的特性，可应用于工业制造、港口运输、能源开采、交通管控、车联网、自动驾驶、校园管理、大型商场等终端密集场所的边缘计算场景，适合多行业快速发展。中心云服务系统架构如图 1 所示。MEC 服务器架构如图 2 所示。

该项目形成“边缘硬件 + 操作系统 + 工业应用软件 + 服务 + 工业终端”的生态商业模式，培养工业软硬件合作厂商，创造工业软件生态的产业价值。在此基础上广泛吸纳生态合作伙伴，以全国重点头部企业为标杆辐射全产业链，建立完整的“联合研发 + 落地推广”的商业模式，构建省、市、县三级专家服务体系，在全国范围积极拓展市场。

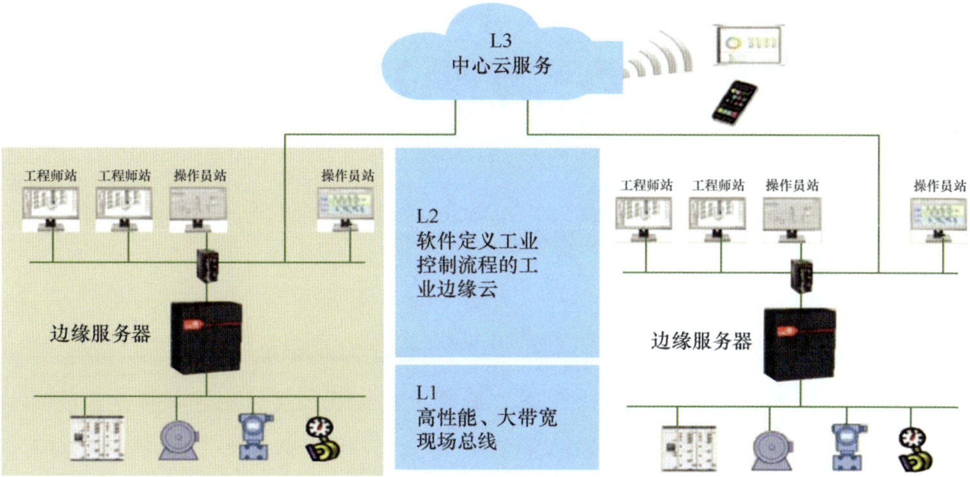

图 1　中心云服务系统架构

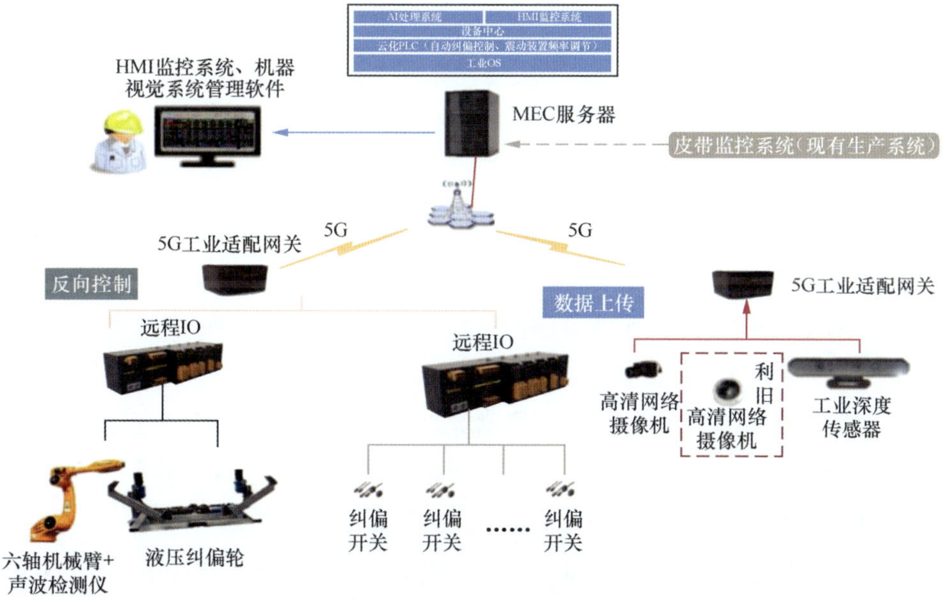

图 2　MEC 服务器架构

“5G+VR+数字孪生”新一代热处理“智慧工厂”来了

参与企业：重庆工业大数据创新中心有限公司（简称“重庆工业大数据创新中心”）、重庆新兴通用传动有限公司

案例简介：该项目基于5G传输大带宽、低时延的特性，实时地将数字孪生技术模拟生成的三维模型传输至VR眼镜，达到模拟生产现场真实环境的效果。

应用成效：该项目有效地缩短了人员的作业时间，提高了25%的设备运维效率；让作业人员能够精准控制热处理过程的工艺，产品一次检验合格率提升至98%；通过实时监控、远程异常处理，避免炉膛异常爆裂，极大地降低了安全隐患，降低了95%的安全事故发生率；降低了报废率和返修率，达到降低能耗的目的。

在5G时代，VR画面更为清晰流畅，卡顿延迟等问题也得到了解决。最为关键的是，网速的提升在一定程度上解决了部分用户戴上VR设备后产生的眩晕、不适感，改善了用户体验。未来，VR设备发展空间很大。

事实上，不少传统制造业已在实际生产中应用了“5G＋VR”融合技术：生产车间的技术人员不需要前往车间现场，通过戴上无线VR设备便可对车间环境、设备运行状态进行远程、实时的安全巡检，提高了巡检的便捷性、安全性。

重庆工业大数据创新中心基于“5G+VR”技术加以开发，推出了“5G＋VR＋数字孪生”的热处理远程运维解决方案。新兴通用传动智慧监管实战平台如图1所示。

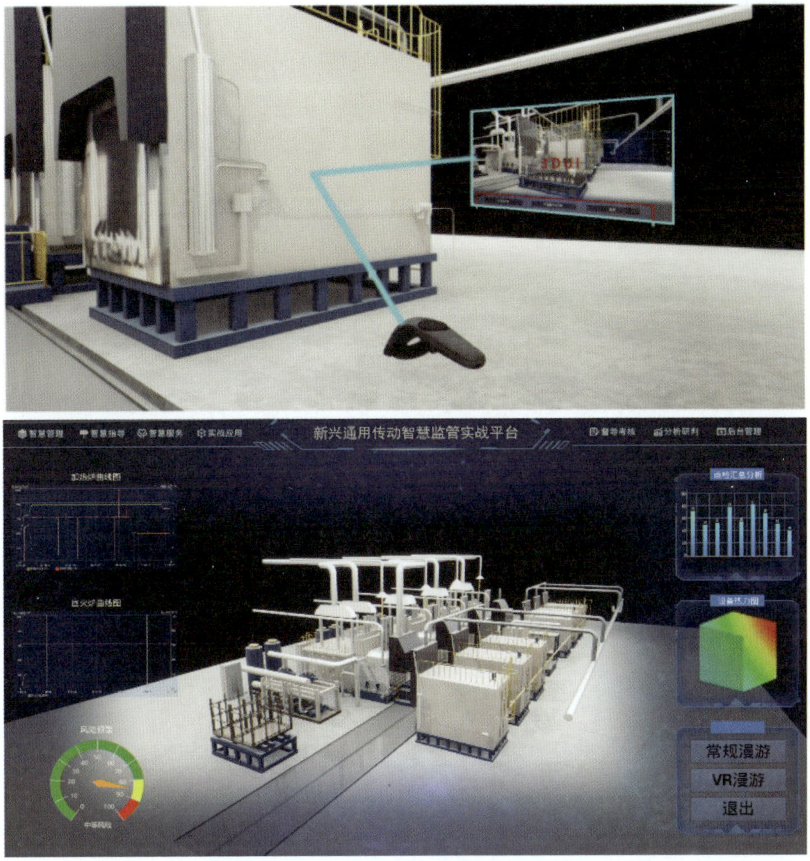

图 1　新兴通用传动智慧监管实战平台

重庆工业大数据创新中心的负责人介绍，“5G +VR+ 数字孪生”的热处理远程运维解决方案主要针对高温密闭热处理设备的远程运维，解决生产过程中数据不可控及设备安全运维问题，实现设备运维专家诊断系统、生产环境可视化、质量可追溯。一方面，重庆工业大数据创新中心搭建 5G 虚拟专网，将工厂内海量的生产设备及关键部件通过大连接、低时延的 5G 网络进行互联，提升生产数据采集的实时性与 AI 感知能力，为生产流程优化、能耗管理提供数据、网络支撑；利用数字孪生技术建立工厂设备数字模型，并结合大数据分析算法，高效识别异常数据，建立远程运维专家系统，对采集到的设备互联数据进行分析、计算和模拟操作，将工厂设备生产工艺流程等数据进行 3D 模型可视化呈现，方便技术人员根据观察结果进行产品质量预测和工艺精准调控，实现设备运维智能化和工艺控制精准化，提高设备运行效率和产品合格率。另一方面，基于 5G 的 Cloud VR 技术利用了眼球跟踪渲染、图形处理单元（Graphics Processing Unit，GPU）定点渲染、LED[1]高PPD[2]屏幕技术，技术人员不需要到达现场，仅通过戴上无线VR设备就可清晰地对工厂设备的运行状态进行远程、实时地可视化巡检，大大提高了作业安全规范性，降低了人员安全事故发生率。

重庆工业大数据创新中心负责人表示，以建设重庆新兴通用传动有限公司的智能工厂为例，该公司通过建设“5G＋VR＋数字孪生”的热处理工厂，设备运维效率提高25%，产品检验合格率提升5%，安全事故发生率降低95%。他认为，“5G＋VR＋数字孪生”的热处理远程运维解决方案创造性地解决了齿轮制造行业的共性难题，可将本解决方案复制推广至行业内其他企业，提高行业的整体工艺水平，并实现工厂环境、设备状态、生产全过程的实时性远程巡检监控和管理。

注：1. LED（Light Emitting Diode，发光二极管）。
2. PPD（Pixels Per Degree，像素密度）。

中兴通讯“用 5G 制造 5G”

参与企业：中兴通讯（南京）有限责任公司、中兴通讯股份有限公司（简称“中兴通讯”）、中国电信股份有限公司南京分公司

案例简介：电子制造工厂面临的问题日益凸显，例如，5G设备单板集成度极高，加工难度极大，在转产初期单板直通率较低，产能提升困难，外部环境不确定，所面临的设备体量大，企业信息化系统林立，用工难等。中兴通讯创造性地将5G网络的大带宽、低时延与实际生产场景相结合，针对周转、提质、提效三大关键痛点，规划了16个大类60余项5G工业互联网应用。

应用成效：中兴通讯在“5G+工业互联网”领域摸索出真正提质降本增效的应用场景，以推动5G应用业务的落地，使“5G+工业互联网”发挥出真正的价值。中兴通讯通过探索企业内5G网络的部署架构及网络建设、运维、管理等模式，衡量5G与工业需求匹配度，指导5G协议、设备层级优化和实际网络部署，增强工业客户对5G的信心，鼓励工业客户将其传统应用迁移至5G环境，加快融合应用的研发进度。而在运营商方面，其从单纯提供网络连接，向平台、应用、解决方案领域延伸，把握5G带来的数字化商机，使能工业互联网垂直行业，从而重构新的商业价值。

系统思考 构建“精准云网 + 积木化能力组件”模式

该项目充分整合中兴通讯和中国电信各自的优势，共建 1 张 5G 2B 精品专网，基于天翼云部署两大企业级核心云平台，通过云边协同实现集团 – 工厂两级管理，基于 MEC 部署五大轻量化能力组件（包括定位、视频、AI、物联网、安全），向企业和第三方应用开放网络能力接口，助力工业 App 的敏捷开发和快速部署。精准云网 + 积木化能力组件，实现云随需生、网随云动，可以根据企业应用的规模平滑扩充，降低初期应用开发门槛，并减少后期迭代的二次投入。“精准云网 + 积木化能力组件”模式如图 1 所示。

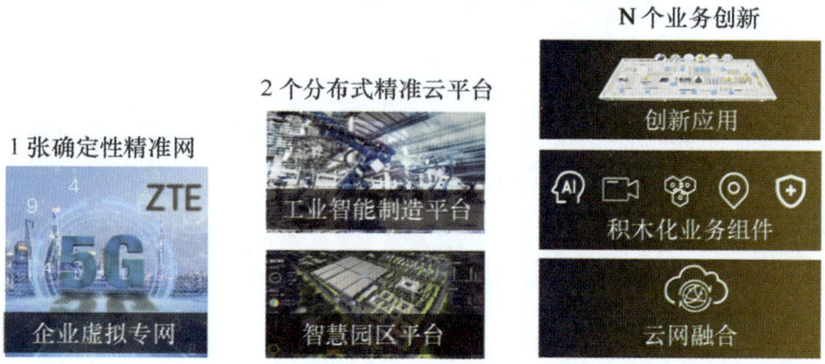

图 1 “精准云网 + 积木化能力组件”模式

场景驱动 探索“5G + 全连接”更多可能

通过开发 16 个大类 60 余种“5G + 工业互联网”应用场景，中兴通讯将 5G 全场景应用和全要素连接，并探索“5G + 全连接”的更多可能。“5G + 全连接”应用场景如图 2 所示。5G 全连接智能工厂如图 3 所示。

序号	应用类别	典型应用
1	5G智能工厂数据采集类	SMT数据采集、装配线数据采集、自动化装备数据采集等
2	5G的云化AGV应用类	视觉SLAM云化AGV、云化叉车
3	基于5G的云化机器人控制类	云化PLC现场控制，机械臂控制
4	基于5G的移动生产管理类	5G PDA任务分配与生产监控、非接触式红外测温筛查、工业可穿戴看板设备等
5	360度沉浸式全景监控类	长颈鹿机器人生产现场巡查、生产现场监控等
6	基于5G的工业AR类	远程单板维修操作指导、XR培训
7	5G云化机器视觉类	AAU导热衬垫、导热泥、导热硅脂、螺钉质量检测，SMT机器视觉引导机械臂叠板
8	5G视频监控类	园区5G视频监控、5G车间视频监控
9	5G物流追踪类	货物全流程追踪
10	5G室内定位类	生产工具的精准定位、人员定位
11	XR多人协作类	产品设计会商、产品展示讲解等
12	能效管理类	节能管理、需求预测、能效计量、配电监测等
13	环境监测类	水质、噪声、空气、车间粉尘等监测；园区数字孪生
14	5G机器人类	5G搬运机器人、5G园区巡逻机器人等
15	基于5G的生产线数字孪生类	数字孪生协同制造
16	无人驾驶类	无人通勤小巴、无人扫地车、车路协同厂房间搬运

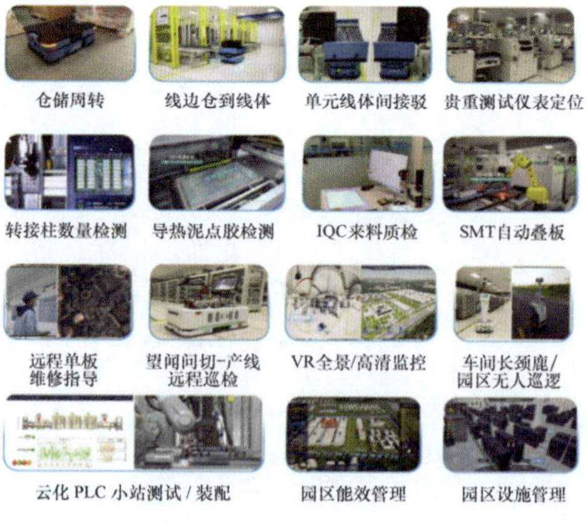

图 2 “5G + 全连接”应用场景

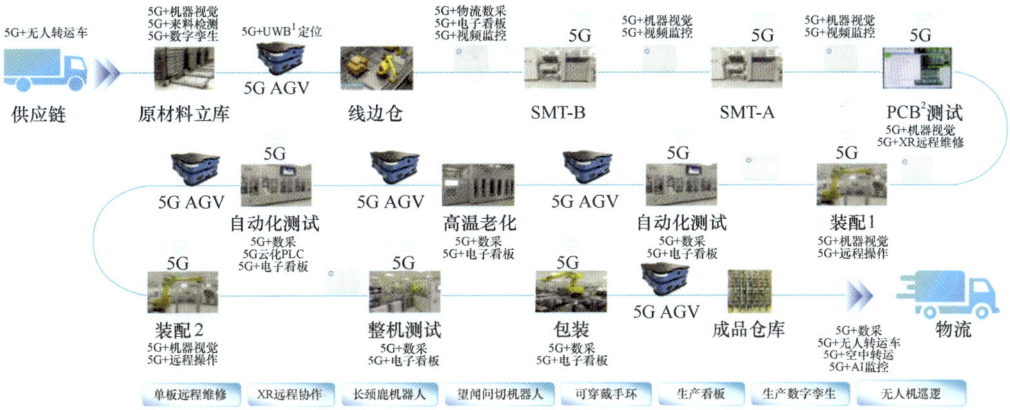

注：1. UWB（Ultra WideBand，超宽带）。
　　2. PCB（Printed Circuit Board，印制电路板）。

图 3　5G 全连接智能工厂

中兴通讯充分发挥 5G 在连接和架构上的特性，在企业核心生产流程、辅助生产环节、企业物流全流程和企业管理进行“5G + 全连接”的探索，分析每个环节融合的必要性和可行性，并结合技术成熟度和投入产出比，将 5G 应用的“样板间”引入“商品房”，持续迭代。通过前期 30 余项 5G 应用场景的落地，产能快速提升至单月 5 万站，体现 5G 与工业应用相结合所产生的价值。

截至 2021 年 10 月底，滨江 5G 工厂已实现 30 多种 5G 融合应用场景，5G 行业终端数超过 400 个且还在持续增加，2B 实时分流峰值达到 4Gbit/s。经过一年多的探索，应用呈现出 3 个趋势：①多种应用灵活组合，多维度提升生产效率，降低人力成本的同时提升产品品质；②应用由点到线及面，例如，AGV 的应用场景更加丰富，打通生产环节上的所有配送和周转的断点，实现工厂级端到端的无人工传输；③应用由核心流程向外辐射，降低应用边际成本，同时创新应用的部署更加灵活快捷。

持续创新 让 5G 网络更好用

应用场景的不断丰富和终端数量的增多，对 5G 网络，尤其是对 2B 应用特点的各种增强型 5G 技术提出了更高的要求。工业应用需求如图 4 所示。中兴通讯发挥在 5G 技术领域的创新能力，不断提升和完善 5G 2B 网络服务与原子能力，优化 5G 2B 网络运营和维护的平台工具，为自身服务的同时，也将成熟的原子能力对外输出，在全国加快复制推广。

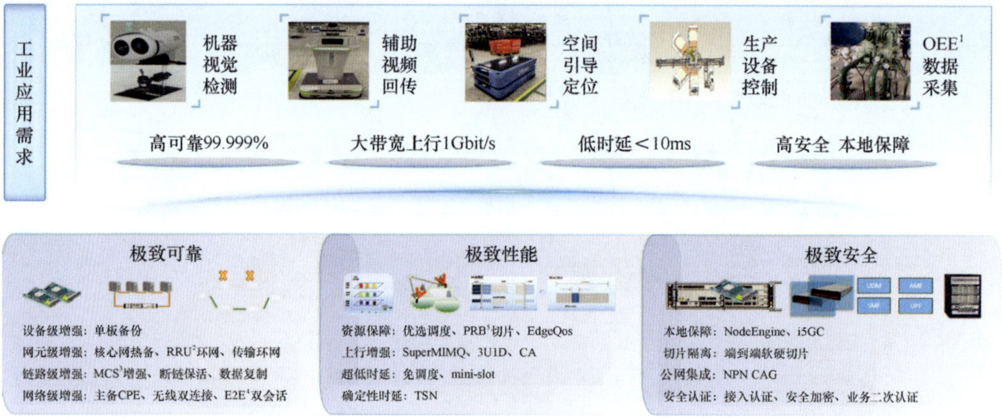

注：1. OEE（Overall Equipment Effectiveness，设备综合效率）。
2. RRU（Remote Radio Unit，射频拉远单元）。
3. MCS（Modulation and Coding Scheme，调制与编码策略）。
4. E2E（End to End，端到端）。
5. PRB（Physical Resource Block，物理资源块）。

图4　工业应用需求

5G 助力骏亚抢占智能制造高地

参与企业： 龙南骏亚精密电路有限公司（简称“骏亚”）、中国联合网络通信有限公司（简称“中国联通”）

案例简介： 该项目以建设基于“5G+工业互联网”的电路板智能制造工厂为目标，依托江西联通和中国联通研究院共同打造中国联通“5G+电子行业智能工厂”解决方案，采用5G、无源光网络（Passive Optical Network，PON）、标识解析、边缘计算等新型技术改造内网，将云计算、大数据、人工智能等信息技术与制造技术相融合，对工厂进行数字化、智能化升级，采用数据采集+数据管理+数据应用的整体系统架构，端管云一体协同，实现企业数据的采集、汇聚、管理及应用。

应用成效： 该项目形成面向电路板制造行业的“5G+工业互联网”智能工厂的典型做法。针对企业现状及实际需求，融合了信息通信技术、先进制造技术、自动化技术、人工智能、标识解析技术对工厂进行智能化规划。自“5G+工业互联网”的电路板智能制造管理系统各功能模块陆续上线以来，企业管理水平显著提升，生产成本不断降低，经济效益显著提升。

走进骏亚的智能车间总控调度室，一面由 18 块分屏组成的屏幕墙映入眼帘，整个车间的设备运行数据一览无余，这正是中国联通在骏亚打造的“5G + 工业互联网”智能工厂示范样板，也是中国联通助力工业企业抢占数字经济发展新高地的有力证明。

问题导向，5G 解决智能制造行业技术难题

坐落于江西省赣州市龙南经济技术开发区的骏亚是骏亚集团的制造基地，也是一家集研发、生产及销售印制电路板（PCB）为一体的现代化高新技术头部企业，主要服务于长虹、创维、小米、比亚迪、华为、伟创力、亚马逊等国内外知名企业，产品远销国内外市场。但是随着精密电子加工精度、难度、复杂性不断增加，原有各工序间衔接效率低、过程不透明、流程不受控、数据不协同的局面愈加明显，骏亚希望通过建设一个高效协同的“智慧大脑”来提升企业竞争力。为此，中国联通主动协助骏亚共同探索 PCB 行业数字化转型之路，力求实现产品价值与企业利润双增长。

2018 年 10 月，中国联通对骏亚开展了为期 2 个月的全面“把脉问诊”，最终针对骏亚生产转型升级实际需求，为其量身定制了一系列智能工厂实施方案：采用 5G、PON、第 6 版互联网协议（Internet Protocol Version 6，IPv6）及边缘计算等新技术改造内网，将大数据、云计算、人工智能等信息技术与制造技术相融合，搭建骏亚“智能工厂”企业级工业云平台；通过设备上云、信息系统上云、数据上云，实现生产订单管理与进度跟踪、生产排程与生产派工、车间物流配送、设备实时监控与预警、生产全流程追溯、质量管控、工厂可视化管理等功能；在骏亚的产品设计、生产制造、运营维护和经营管理等环节实现了透明化生产和精益化制造，中国联通（江西）工业互联网研究院及中国联通研究院经过一年的匠心打磨，解决了 PCB 行业智能制造的一系列技术难题，最终打造出骏亚智能工厂精品工程。

效率优先，5G 专网夯实企业数字转型基座

该项目通过 5G、工业 PON 及 IPv6 等新型技术，对钻房、干菲林和电镀等多场景实现内网改造，实现复杂环境下海量数据上行、多源数据传输等，有效支撑了工厂数字化、智能化升级；针对生产车间物流效率慢、人员负荷高的情况，借助中国联通“5G + 云化 AGV”实现物流自动转运及无人仓储，解决 Wi-Fi 方案引起的接入受限、切换失败、小车停驶等难题，节约了人力成本。中国联通为骏亚所建设的高品质 5G 专网，为其数字化转型夯实了数字基座。

目前，骏亚钻孔稼动率从原来的 64.5% 提升到 83.5%，能源利用率节约了 28.9%，产品量产周期缩短至原来的 60%，钻孔生产车间 1 个工人可以管理 8 ～ 10

台钻机，人工成本降至原来的 50%，超过业界平均水平，智能工厂极大地提升了企业的经营和产品研制效率，完成了企业的数字化、智能化升级。

勤耕厚积，春华秋实。骏亚不仅成为江西省首批“5G + 工业互联网”应用示范企业，还作为江西省唯一企业入选 2019 年工业和信息化部企业上云典型案例。为进一步促进 PCB 行业融通发展，中国联通更是发布了全国首个《PCB 智能工厂技术要求白皮书》，并制定了《PCB 行业数字化转型需求及场景要求》标准，梳理 PCB 行业数字化标准规范，提供“5G + 工业互联网”在电子信息产业的典型应用示范，为“5G + 工业互联网”在垂直细分领域深度融合提供智力支持。

造车工厂用上黑科技 华晨宝马实现数字化升级

参与企业： 华晨宝马汽车有限公司（简称“华晨宝马”）、中国联合网络通信有限公司、华为技术有限公司、沈阳新松机器人自动化股份有限公司

案例简介： 华晨宝马作为全球重要整车生产企业，率先建成全球首个5G工厂，5G融合应用深入冲压、车身、涂装、总装、路试全生产流程，实现整车生产智能化，提升生产效率及产品质量。本项目建设包含“5G+AGV”“5G+焊接点检测”“5G+测试数据回传”等14个场景。

应用成效： 基于5G的全连接数字工厂赋能华晨宝马整车生产，可发挥企业的最大生产效能，一是5G专网一网多用，减少多套网络投资，降低网络复杂度；二是5G应用场景融入汽车生产环节，提高生产的效能和灵活性；三是5G专网兼容性好，贯通各个环节，助力打造企业工业互联网平台；四是通过“5G+融合应用”赋能物料管理、机器视觉、移动设备管理、车辆测试等业务，实现单厂区的高收益。

在机械化、电气化、信息化后，“工业 4.0”正在成为制造业革命的新阶段，其中最重要的是实现数字化转型，并且达到智能制造的目标。同时，百年汽车工业也迎来了“新四化”浪潮，即电动化、智能化、网联化、共享化，它们正成为汽车制造业的最新发展方向。面临制造端、产品端的共同变革，华晨宝马无论是在制造上还是在产品上，都给全球市场带来不少惊喜。

华晨宝马依托 5G 专网，规划推进汽车制造全场景 5G 应用，从生产辅助场景到核心生产场景逐步实现规模商用，目前已完成 5G 视觉监控、5G 云化 AGV、5G

巡检机器人、5G AI 质检等 14 个生产应用场景的验证和试商用。在网络建设方面，通过线性扩容的网络设计，可满足未来至少 3 ～ 5 年网络的迭代升级和平滑过渡；通过 UPF 设备下沉至厂区机房内，可保证数据不出厂。中国联通 5G 混合专网架构如图 1 所示。

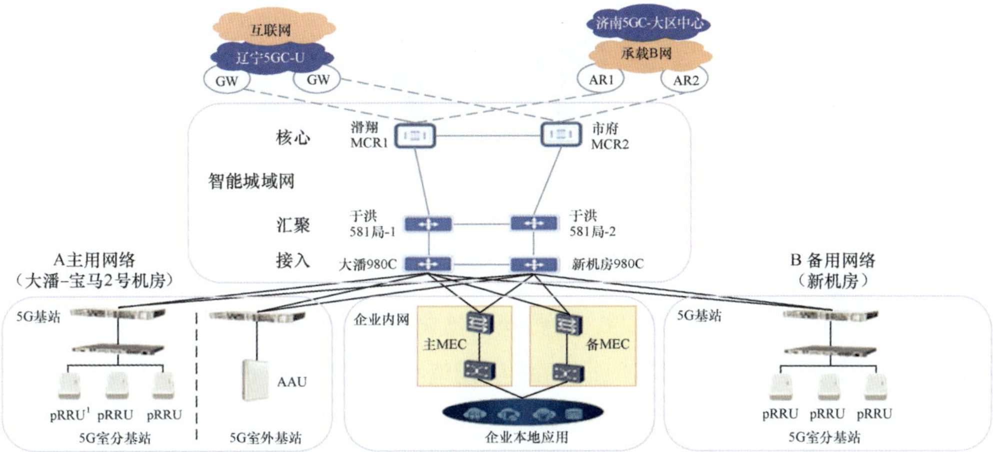

注：1. pRRU（pico Remote Radio Unit，射频拉远单元）。

图 1　中国联通 5G 混合专网架构

5G 高精度定位技术应用

华晨宝马完成 5G 定制室分网络建设，结合多种定位算法，实现 5G 高精度定位，支持多个终端同时接入，瞬时网络切换，满足 AGV、叉车、配件等定位需求，并逐步实现米级、亚米级 5G 室内定位功能。

2021 年 7 月，华晨宝马在 5G 应用产业方阵（5G AIA）参与立项了 5G 无线定位技术标准，同时向 3GPP 提交相关标准提案。

目前，5G 室内高精度定位功能已经满足物流运输车导航需求，未来可满足 500 辆以上的叉车、物流运输车、AGV 定位的需求，还可应用于移动性设备管理，与分布式射频识别等低定位标签技术融合，以解决海量物料管理工作。

5G 智能巡检机器人

5G 智能巡检机器人应用于复杂的工业环境，其具备自主运动、智能识别与告警等功能，可靠性高、效率高。5G 智能巡检机器人如图 2 所示。

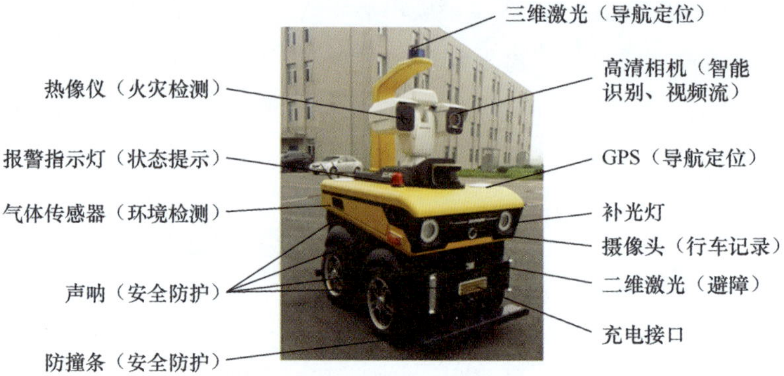

图 2　5G 智能巡检机器人

华晨宝马针对室外园区环境，利用巡检机器人，辅助传统安防系统，开展机动的安防巡检工作。5G 智能巡检机器人的主要应用功能包括自主导航、自主充电、状态监控、外来人员 / 车辆检测、周界入侵检测、异常告警、远程操控等，5G 专网还可以保证数据的安全可靠传输。5G 智能巡检机器人目前已经在华晨宝马铁西厂区投入试用，应用效果良好。

5G 云化 AGV

5G 云化 AGV 通过 5G 网络实现下发任务、启停控制、信息汇总，以及同步逻辑处理与控制。5G 网络可以瞬时切换，解决 Wi-Fi AP 间切换时的 AGV 宕机问题。5G 移动性管理可实现 AGV 零宕机、连续工作无故障的目标。5G 云化 AGV 应用场景如图 3 所示。

图 3　5G 云化 AGV 应用场景

5G 物流扫码枪

华晨宝马利用 5G 超大连接、高精度定位的特性，大量部署 5G 扫描枪，通过终端定位 + 射频识别标签，可以快速识别物料信息和位置信息，结合原有的物资管理系统和物流运输系统的大数据分析能力，可以有效延伸系统功能至生产一线，进一步提升物资、物流管理效率。支持扫描及定位的 5G 智能终端如图 4 所示。

图 4　支持扫描及定位的 5G 智能终端

工业机器视觉抓取

华晨宝马利用 5G 低时延（20ms 以内）的特性，回传零件的三维成像，然后传送到 AI 云端，云端与机械手臂控制器连接，控制机器人夹具变换角度，从而抓住零件。机械臂展示如图 5 所示。

（a）被抓取零件

（b）机器人

（c）工业相机

图 5　机械臂展示

5G 独立组网场景时延满足业务需求，生产效率提升 17%。华晨宝马通过 5G 取代数据线，摄像头的加装更加灵活，机械臂更加智能。

新车模拟场云化测试

新车测试设计的区域广、数据量大，整个过程耗时长，测试车辆利用率低。华晨宝马基于 5G 将测试数据实时传输到数据中心，优化静态传输时间，使数据的收集和分析更加高效，从而提升测试车辆的使用效率。新车模拟场云化测试如图 6 所示。

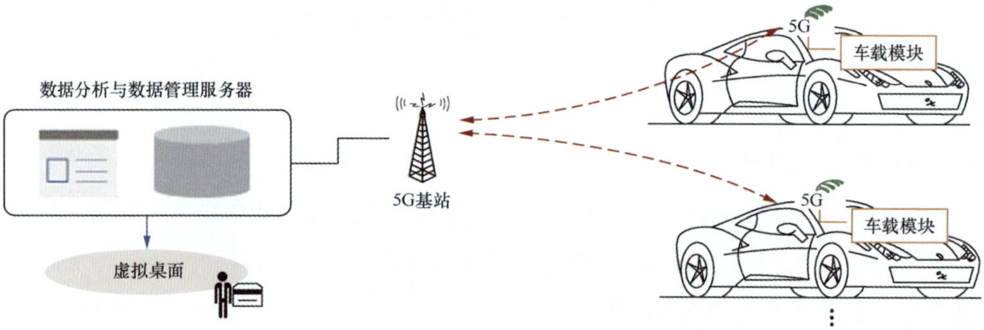

图 6　新车模拟场云化测试

第二章

5G+智慧矿山&智慧钢铁

5G、人工智能、物联网和大数据等新兴关键技术的发展，为打造智慧矿山 & 智慧钢铁创新型应用、助力行业转型升级奠定了坚实的基础。产业链各方利用“5G + 工业互联网”技术，积极探索实践远程设备操控、设备协同作业、无人智能巡检、机器视觉质检、设备故障诊断、生产现场监测等典型应用场景，覆盖全场景、全流程、全环节，有效提升了企业的生产效率，提高了安全管控能力，取得了提质降本增效、绿色发展的显著效果，助推经济社会高质量发展。

窝兔沟煤矿“5G+ 智慧矿山”开启工业行业新篇章

参与企业： 伊金霍洛旗蒙泰煤炭有限责任公司窝兔沟煤矿、中移（上海）信息通信科技有限公司、华为技术服务有限公司、上海山源电子科技有限公司、西安利雅得电气股份有限公司、北京枚源科技发展有限公司、煤炭科学技术研究有限公司、北京恒图佳视科技发展有限公司

案例简介： 窝兔沟5G智慧矿山项目为矿方打造了一个全方位、全生态的智慧化矿山，全方位解决通信、数据回传等核心需求，实现对井下煤流运行、人员车辆位置、机电硐室设备运行情况、井下监控、矿方运行情况等高度集中掌控，通过综合展示大屏可视化展示数据，为客户提供辅助决策。

应用成效： 窝兔沟5G智慧矿山项目成功打通了从通信到设备、从设备到生产的全部环节，使5G技术能够全方位参与煤炭行业安全生产。该项目帮助企业节省人力岗位30余个，降低成本675万元/年，增加产能120万吨/年，增加效益3.6亿元/年，为整个煤炭行业提供了一个可复制的优秀案例。

5G 时代，窝兔沟煤矿智能化发展还处于初级阶段，井下仍然面临泛在感知难、多类型数据同步传输不可靠、远程控制实时性差、融合大数据的智能决策效率低、“信息孤岛”严重等问题。随着以集成平台为核心的智慧数据中心的发展，窝兔沟煤矿的数据中心也需要不断升级。

为了提高生产质量，中国移动提出了基于 5G 高速管道 + 智能平台 + 云计算平台+ 5G 应用的理念和技术解决方案，将该方案引入窝兔沟煤矿数据中心的规划和建设，解决了煤炭行业和窝兔沟煤矿传统数据感知度低、数据中心运维管理成本

高、资源利用率低、业务部署上线周期长等难点。该项目在第四届“绽放杯”5G应用征集大赛中获得智慧能源专题赛一等奖、智慧矿山专题赛二等奖，为煤矿智能化改造提供了行业标杆案例。

全方位解决核心需求

该项目集合了5G专网、移动边缘云平台、OnePower[1]—智慧矿山子平台、物联网应用、多项5G应用，是典型的“网+云+平台+应用”案例，全方位解决了窝兔沟煤矿的信息化需求。该项目是全国范围内基于5G最大的智慧矿山项目，也是内蒙古移动首个5G多应用项目，为内蒙古移动智慧矿山树立了行业标杆，快速促进内蒙古移动智慧矿山发展。该项目具有很高的可复制性。

在地理信息系统（Geographic Information System，GIS）平台方面，自有平台与人员车辆定位、视频调用、逃生指示、机电硐室无人值守实时联动，展示位置、告警、数据等。在人员车辆定位方面，该项目使用基于超宽带（UWB）技术的井下人员定位系统，精确定位精度可达0.3m以内，并采用智慧矿灯实现基于5G网络的视频回传和语言通话。在机电硐室无人值守方面，该项目实现了机电设备的远程一键启停，工作人员坐在集控室即可控制井下设备。在智慧园区方面，该项目应用基于5G的人员检测和视频监控，远程实现访客登记、闸门启停。在内网改造方面，该项目提供一套办公自动化（Office Automation，OA）系统，从底层实现人、财、物的综合管理。

同时，井下矿工还配备了10台矿用本安型手机，在井下4G+5G覆盖的区域，通过矿用5G手机、智慧矿灯，井下矿工可以“随时随地”与井上管理人员、技术人员实现昏暗环境下的高清视频及语音通话，助力井上技术人员看清井下生产细节，提高管理效率。

创新实现成本压降

技术创新。通过5G深度参与矿方安全生产，该项目创造了全国首个5G煤流集控、井下5G应用控制，打破了传统煤矿行业的有线传输模式。同时，该项目把矿方数据和设备统一上云，将云机房设置在运营商机房中，打破了传统煤矿行业的运营模式。

注：1．OnePower：中国移动“平台9 one计划”中的OnePower工业互联网平台。

商务创新。该项目采取运营商统一大集成的方式，由运营商统一建设、维护，为矿方节省了后期大量的对接成本。

业务创新。该项目形成一套行业领先的5G智慧矿山标准方案，即一张网做“高速通道”、一个平台做“核心大脑”、一朵云做“算力存储”、*N*项应用做“前端抓手”，实现重点场景“少人化”、一般场景“无人化”，压降成本，降低安全隐患。

该项目落地实施后，窝兔沟煤矿的后期运营成本下降非常明显：减少机电硐室驻守巡检人员12名，节省人工成本达240万元/年；煤矿园区减少巡逻、站岗保安4名，减少人工成本40万元/年；云平台主机采用托管模式，为客户减少机房建设成本600万元，减少后期维护成本40万元/年；车辆调度实现智能化，车辆调度使用成本也随之减少。

服务构建应用场景

煤矿园区内整体5G专网覆盖服务，包含园区内井上和井下95%以上区域的网络覆盖，在此区域内，5G网络的上行速率可达到180Mbit/s以上，下行速率可达到700Mbit/s以上，同时系统可支持800个以上的用户同时在线。

移动集客边缘云平台搭建服务，需要算力满足610vCPU、数据存储容量满足150TB、备份容量满足50TB。

OnePower—智慧矿山子平台服务，完成井下六大子系统的统一融合管控，满足基于AI算法的监控、计算，满足该项目5G应用的接入和集中展示。

5G应用服务，包括井下5G矿用终端及摄像仪、集中展示系统、煤流检测系统、OnePower—智慧矿山子平台（GIS平台）、智能辅助运输系统、机电硐室无人值守、智慧园区、智能经营管控等内容。整体项目应用架构如图1所示。

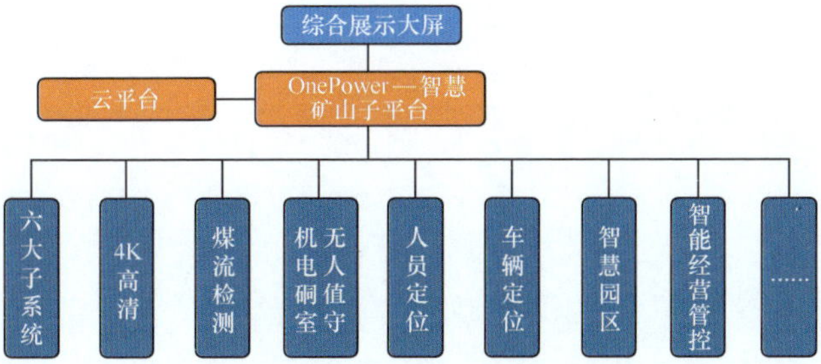

图1　整体项目应用架构

5G技术成功应用到煤矿井下，势必将我国煤炭生产水平提高到一个新的高度。通过建设智慧矿山，让危险因素可知可控，窝兔沟煤矿最终实现安全、高效、清洁的目标。随着网络技术的不断发展，5G技术建立了更加系统的接收模块和抗干扰模块，将其应用于煤矿将大大提高井下的信息传输效率及准确性。窝兔沟煤矿“5G＋智慧矿山”项目可以作为一个矿山行业的标杆案例推广至全国。

老石旦煤矿实现全矿井智能化生产经营管理

参与企业： 中国移动通信集团内蒙古有限公司乌海分公司（简称“乌海移动”）、国家能源集团乌海能源有限责任公司、中煤科工集团智能矿山有限公司、中移物联网有限公司、中移（上海）信息通信科技有限公司、中国移动通信集团政企事业部

案例简介： 为了解决老石旦煤矿信息化程度低、多类型数据同步传输不可靠、远程控制实时性差等问题，乌海移动利用AI分析系统等四大应用创新，涵盖煤矿的基础设施、综合通信等6个层级，涉及掘进、综采、收放板等14个工艺流程，对煤矿生产的人、机、环、管四大环节进行了融合打通，为煤矿智能化建设奠定了坚实的基础。

应用成效： 该项目自实施以来，已为矿方节省电费110万元，节约人工成本75.6万元，提升井下检修效率10%，提升融合通信效率10%，提升井下安全生产监控效率15%，大块煤、异物识别准确率已达95%以上，堆煤、冒烟识别准确率达70%，人员违规识别准确率已达85%以上。

国家能源集团乌海能源有限责任公司的老石旦煤矿为老矿井，在“5G + 智慧矿山”项目实施之前，老石旦煤矿的智能化水平还处于发展初期，煤矿井下仍然面临泛在感知难、多类型数据同步传输不可靠、远程控制实时性差、融合大数据的智能决策效率低等问题。

根据国家能源集团智能矿山建设方案的总体要求，结合国家能源集团乌海能源有限责任公司的实际情况，乌海移动以功能够用、确保安全生产为前提，建设实施了“5G + 智慧矿山”项目方案，为老石旦煤矿提供了智能调度管理平台、标准的

网络传输平台、泛在的智能终端设备等服务。

技术方案选定

老石旦煤矿采用中国移动 NSA+SA[1] 双模组网模式，建设地面和井下无线通信系统。地面和井下巷道选用移动性好、可靠性高的 4G 通信系统开展语音通信业务，选用 5G 通信技术开展井下关键生产数据业务，实现生产作业场所大量数据传输，利用低时延特性实现关键生产环节的远程控制等功能。通过 MEC+UPF[2] 这一网络切片技术，老石旦煤矿实现井下网络与公网的物理隔离，以达到数据不出站点的目的。地面和井下无线通信系统架构如图 1 所示。

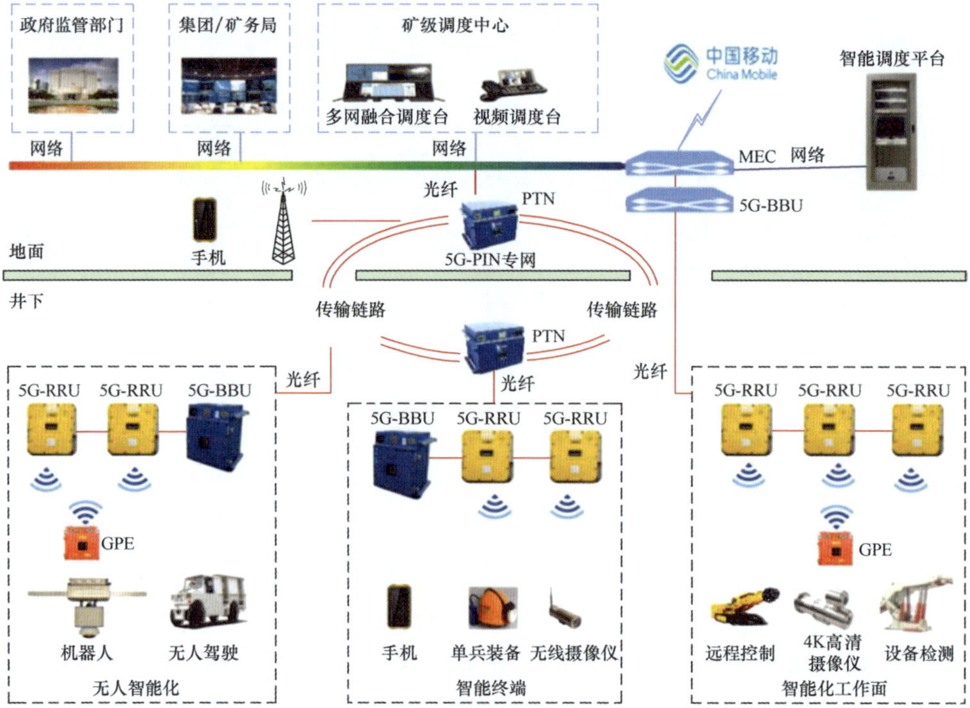

图 1　地面和井下无线通信系统架构

老石旦煤矿的井上机房布置 MEC 服务器，配置在 PTN[3] 与矿井已有的井上融

注：1. NSA+SA（Non-Standalone+Standalone，非独立组网+独立组网）。
2. MEC+UPF（Mobile Edge Computing+User Port Function，移动边缘计算+用户端口功能）。
3. PTN（Packet Transport Network，分组传送网）。

合调度平台服务器之间，进行井下视频交互、监控视频智能识别、监控数据处理等边缘计算业务。MEC 服务器配合中国移动布置的 UPF，降低了数据传送的网络时延。为提供更高的安全保障，核心网用户面下沉到煤矿基础设施，实现业务数据不出站点，有效确保矿方的工业数据安全可靠。老石旦煤矿项目组网示意如图 2 所示。

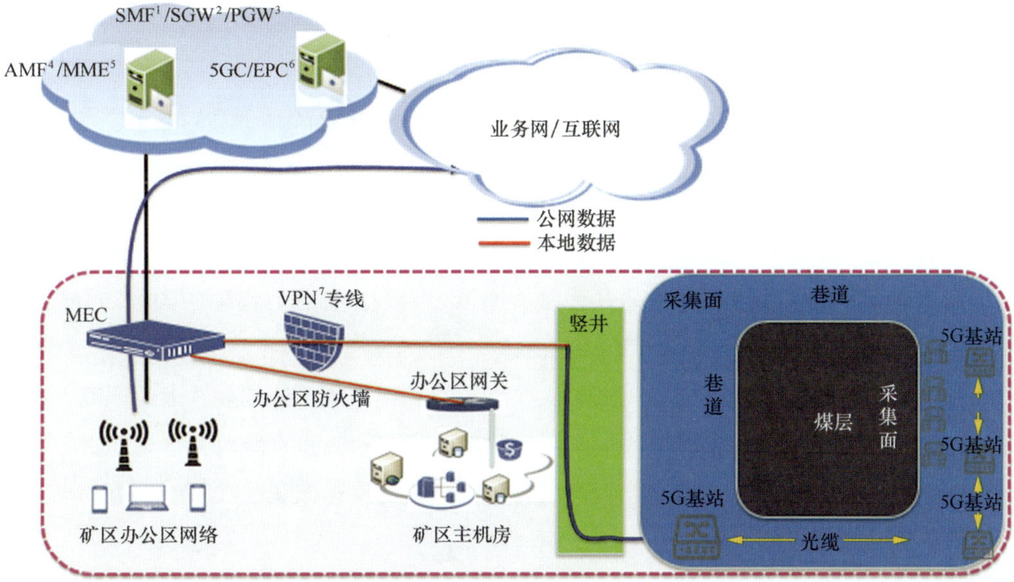

注：1. SMF（Session Management Function，会话管理功能）。
2. SGW（Serving GateWay，服务网关）。
3. PGW（PDN GateWay，PDN 网关）。PDN 是指分组数据网络（Packet Data Network）。
4. AMF（Access and Mobility Management Function，接入及移动性管理功能）。
5. MME（Mobility Management Entity，移动性管理功能）。
6. EPC（Evolved Packet Core，分组核心演进）。
7. VPN（Virtual Private Network，虚拟专用网）。

图 2　老石旦煤矿项目组网示意

应用场景探索

智能调度平台。智能调度平台基于中国移动的矿用 IP 技术，采用模块化设计，实现有线、无线、广播、视频等系统的统一调度、统一管理、统一维护，解决了调度终端类型单一的问题。智能调度平台以人为单位，归纳了所有关于人的信息，煤矿工人在井下可“随时随地”通过视频与地面技术人员交流，安全监管效率大幅提升，改变了井下“盲找”的现状。智能调度平台如图 3 所示。

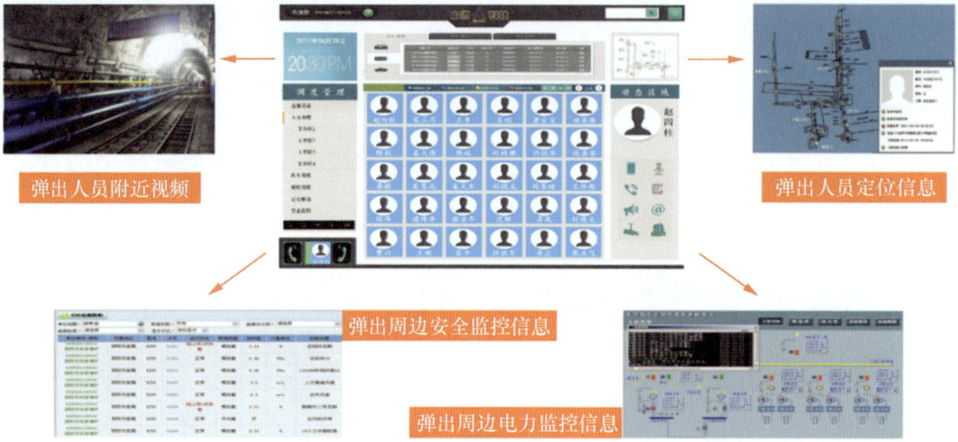

图 3　智能调度平台

全景工作面系统。该系统采用无线传感器、无线摄像仪，借助中国移动 5G 网络的大带宽、高可靠性实现所有的传感数据、视频信息、参数控制信号的高速传输，最终实现生产设备的远程自动作业，实现真正的远程与集中监控。井上的调度人员站在大屏幕前便有身在井下工作的现场体验感，能够有效直观地对井下生产进行指挥、调度。全景工作面系统结合后期的智能掘进系统，可以实现综采、掘进的少人化、无人化操作。全景工作面系统如图 4 所示。

图 4　全景工作面系统

AI 智能分析系统。作为矿山生产的核心平台，AI 智能分析系统未来会逐步接入矿山各个维度的生产系统数据，并采集各种智能化设备的数据，通过数据分析、智能控制，在后台通过数据标注、模型迭代训练、模型验证与发布、模型部署升级管理等进行模型全生命周期管理。AI 智能分析系统如图 5 所示。

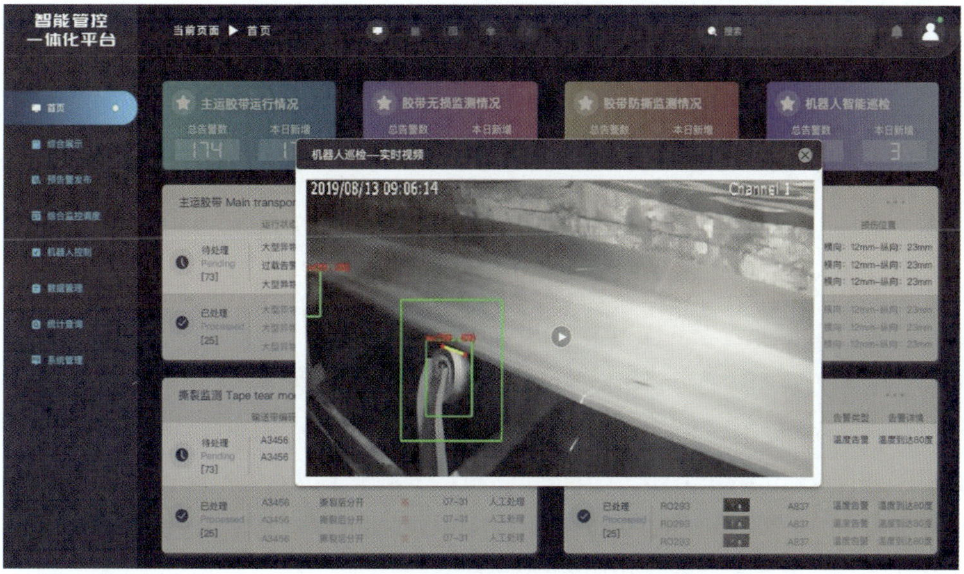

图 5　AI 智能分析系统

5G 单兵装备。5G 单兵装备可实现照明、人员定位、语音调度、短信收发、拍照、对讲、灯光报警、视频调度、本地记录、蓝牙连接等功能，有效提升了安全生产效率，对井下工作人员的安全管理极有帮助。5G 单兵装备如图 6 所示。

图 6　5G 单兵装备

实施成果显著

老石旦煤矿“5G + 智慧矿山”项目的实施成果如下。

可靠性显著。自2021年3月31日投入试运行以来，该项目的5G网络在井下灰尘大、电磁干扰强、腐蚀性气体和液体多的复杂环境中无故障运行时间达到212天，为井下各类5G应用场景提供了可靠的传输环境，为矿方融合智能化信息决策工作奠定了坚实的基础。

经济效益显著。在降本方面，该项目已为矿方节省电费110万元，节约人工成本75.6万元；在增效方面，提升井下检修效率10%，提升融合通信效率10%，提升井下安全生产监控效率15%。

安全性显著。在人和物的安全管控方面，大块煤、异物识别准确率已达95%以上，堆煤、冒烟识别准确率达到70%，人员违规识别准确率已达85%以上。在少人化、无人化方面，2023年将减少50%，2025年将实现井下综采、掘进无人化。

老石旦煤矿通过“5G＋智慧矿山”项目的深入开展，实现了设计理念的创新；将传统的经验管理转变为科学高效的数据管理，实现了管理方式的创新；以“管好设备就是管生产、管好数据就能管好设备”的理念为引领，实现了管理理念的创新；以AI分析系统作为矿山生产经营的有效抓手，实现了成本管控模式的创新；取消皮带检修班，实现了管理机制的创新。老石旦煤矿基本实现了智能化生产经营管理，在降本增效、安全生产方面取得了实实在在的成效。

鑫岩煤矿“5G+智慧矿山”十大应用场景

参与企业： 中国移动通信集团山西有限公司、华为技术有限公司、上海山源电子电气科技发展有限公司

案例简介： 鑫岩煤矿通过研发“5G井下融合通信系统”“5G+智能综采”“5G+智能掘进”“5G+智能巡检”等5G智慧矿井子系统，减少了井下安全事故的发生、改善了煤矿工人的安全生产环境、提升了煤矿生产效益，并完成国家智能化示范矿井建设任务。

应用成效： 该项目的实施，使鑫岩煤矿的整体生产效率大幅提升，经济效益显著提高。鑫岩煤矿综采队由原来的130人缩减至65人，减员幅度达50%，智能化率达90%以上，真正将煤矿工人从井下复杂危险的环境中解放出来，同时工作效率提升约10%，矿石产量增加。

鑫岩煤矿属于新建矿井，“5G＋智慧矿山”项目的实施，率先实现了5G智能煤矿应用的创新落地并形成一套专网运营服务的标准体系，全球首发风筝方案取得1项全球第一、2项全国第一，解决公网专网融合信令面可靠性问题；上线全国首个5G无人驾驶有轨电机车；这是全国首个5G网络全天候服务煤矿生产的案例，目前井下5G专网已成功运行8000小时，累计产煤200余万吨。项目建成后，山西省政府相关部门多次带队考察智能化建设成果，将鑫岩煤矿作为山西省智能化煤矿示范单位，并将鑫岩煤矿“5G＋智慧矿山”项目的成功经验输出至山西省的其他相关企业。

应用场景一：综采智能化工作面远程操作

鑫岩煤矿实现了全天候的井下智能工作面远程采煤，创造了5G网络在能源行业连续稳定运行2640小时，总计产煤64.5万吨的新纪录。鑫岩煤矿综采工作面由原来需要3名采煤机司机、4名液压支架工、5名清货工完成，缩减为由1人远程控制、1人安全巡视即可完成，综采队由原来的130人缩减至65人，减员幅度达50%，智能化率达90%以上。过去“脏、苦、险、累”的工作变成员工身穿白衬衫、坐在明亮的调度指挥中心就能完成的工作。

应用场景二：猴车远程监控系统

无人值守。巷道的每个上人点都配有自动上人检测传感器及手动上人检测传感器，猴车通过自动上人检测传感器或触动手动检测上人信号，在有人乘坐时自动开车，无人乘坐时自动停车，实现无人值守的全自动开、停功能。

远程监控系统。该系统能够实时显示猴车在运行时的速度、停车剩余时间、猴车运行状态、各种保护开关状态，自动将各种保护动作记录在程序数据库中，从而为后续的维修改进提供依据。井下现场控制和地面调度室远程控制可相互切换，实时监控系统机头、机尾的运行情况。鑫岩煤矿猴车远程监控系统如图1所示。

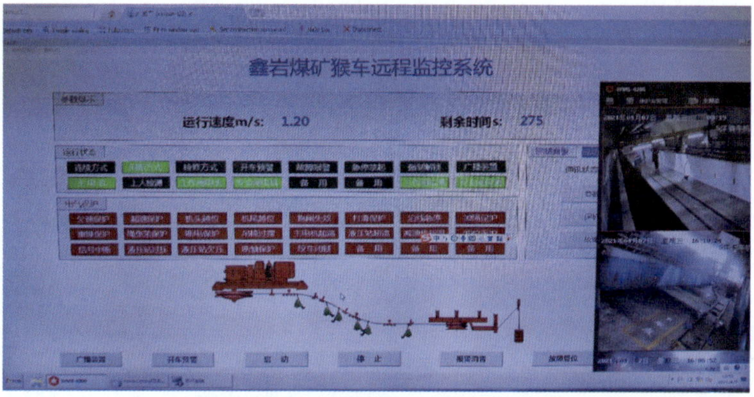

图1 鑫岩煤矿猴车远程监控系统

应用场景三：机器人巡检监控系统

巡检机器人在沿线安装的轨道上往复运行进行巡检。系统的控制和显示集中于一体，实时显示主副井及中央变电所配电设备设施图像、巷道内图像、机巡检器人本体的运行速度与位置、温度、电流、电量等数据，并定期对可视范围内的仪器仪表和显示器进行拍照保存，其数据保存时间不低于 3 个月。巡检机器人集合了视频采集、声音采集、气体采集、温度采集、无线充电等功能，当设备出现故障时，不需要电工到现场确认问题再处理，提高了故障处理效率。

应用场景四：钢丝绳探伤系统

鑫岩煤矿探伤系统分为皮带探伤和钢丝绳探伤两个部分，共计 9 套系统。探伤系统运用“三维全息磁感应桥”和“局部自平衡同步励磁”技术，使探测体与钢丝绳处于一种非接触式的磁场平衡感应状态。被探测钢丝绳（无极绳）、钢丝绳芯皮带等“携带”的信息磁场（损伤信号），代表或映射钢丝绳（无极绳）、钢丝绳芯皮带各种损伤和材料异变失效状态的事实，完整提取这些“损伤信号”信息，并且运用正确的识别模式及数学模型加以解析，可计算出损伤量。探伤系统如图 2 所示。

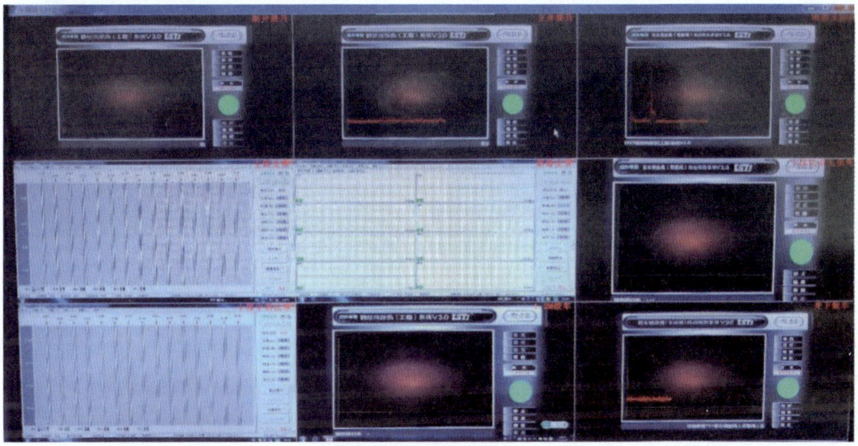

图 2　探伤系统

应用场景五：主斜井提升机远控运行监控系统

主斜井提升机远控运行监控系统可实现主斜井绞车房的无人值守，具有 6 种不同工况、不同速度的提升方式，最大提升 / 下放速度达 2.88m/s；最大提升 / 下放重量达 50 吨，可实现绞车安全运行。该系统通过各个传感器实现电机智能分析，实时监控电机电压、电流、温度、震动、烟雾；实现环境温度、湿度在线监控，实时监控闸瓦间隙、弹簧疲劳度、轴承震动、卷筒摆动、卷筒温度；实现天轮震动、位移、钢丝绳摆动在线监控等功能。主斜井提升机远控运行监控系统如图 3 所示。

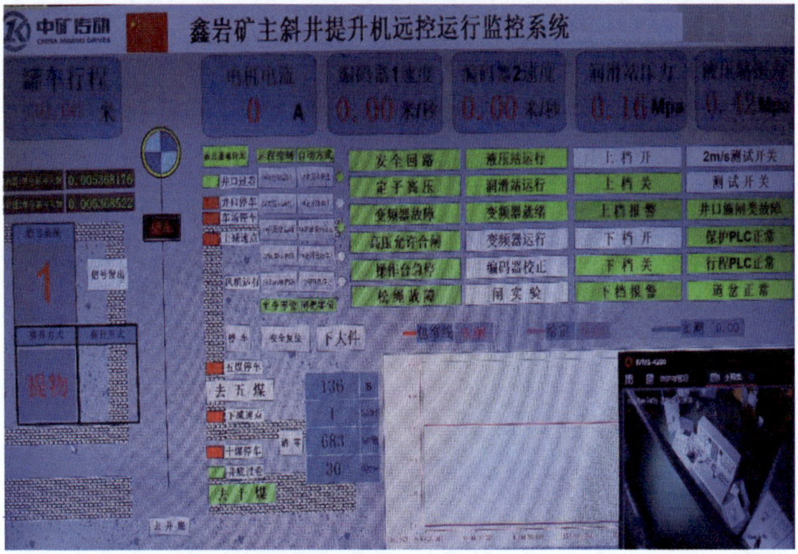

图 3　主斜井提升机远控运行监控系统

应用场景六：副井绞车远程控制系统

副井绞车远程控制系统实现了全自动开车，解决了手动开车存在误操作的问题，同时实现了绞车的十大保护，通过各个传感器实时监控整个系统的电压、电流、温度、震动、烟雾等。

应用场景七：N1001 水泵房（排水系统）

鑫岩煤矿井下主排水自动化系统有 3 台水泵，两台主用一台备用。排水系统可根据水位变化按照设定实现高水位自动启泵排水、低水位自动停泵全自动运行；实现远程集中控制，具有一键启动和一键停止功能，发生故障时能及时语音报警并自动倒机。上位机通过 iFIX 组态软件显示实时数据，因此在无人值守的情况下也可进行井下排水。井下主排水自动系统如图 4 所示。

图 4　井下主排水自动系统

应用场景八：电力监控系统

鑫岩煤矿井下供电系统主要由 4 个变电所组成，即中央变电所、N1001 变电所、N2 十煤变电所和 N501 变电所。电力监控系统通过安装电力控制单元，利用信息中心万兆环网进行通信传输，实现了远程上位机的系统画面显示、供电线路标定、位机操作远程分合闸、漏跳等功能。鑫岩煤矿 4 个变电所实现了无人值守以及井下供电系统的集中控制、智能控制。

应用场景九：无极绳绞车无人值守

无极绳绞车主要由绞车作为驱动装置，以钢丝绳为牵引构件，与张紧装置、梭车、尾轮等构成一套系统。针对无极绳绞车集控中心摄像头的视频信号进行处理、存储和显示，可完成监控、控制、记录等功能，实现了 20 多个岗位的无人化，同时减轻了某些特定岗位相关人员的工作量，为企业生产创造价值。无极绳绞车集控中心如图 5 所示。

图 5　无极绳绞车集控中心

应用场景十：电机车无人驾驶

电机车无人驾驶系统以矿方 5G 无线通信网络及万兆工业以太网为传输平台，以轨道运输监控系统为依托，采用井下机车精确定位技术、视频图像处理技术和矿井机车安全运调技术，并结合电机车变频控制及远程拟人化操作，实现监控范围内的电机车无人驾驶。电机车无人驾驶系统具有多种控制工作模式，在装卸作业环节，为员工配备了手持式遥控器，可就近遥控控制；在干线主运输线路，可由地面控制中心拟人化操作台远程控制。地面控制中心如图 6 所示。

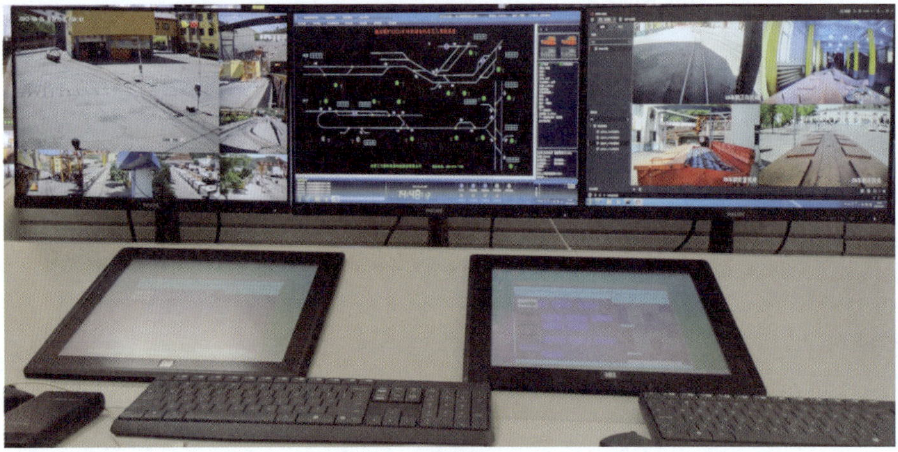

图 6　地面控制中心

"5G+ 智慧矿山"：助力矿业高质量发展

参与企业： 中国电信股份有限公司陕西分公司（简称"陕西电信"）、国家能源集团神东煤炭集团公司（简称"神东煤炭集团"）

案例简介： "5G +智慧矿山"项目着眼于解决煤矿智能化方面的全面感知、智能控制、智能采掘等问题，通过实现自动化、信息化和智能化，实现矿下少人化生产，有效解决煤矿安全生产问题。

应用成效： 该项目助力企业成为全国首个运营商级5G核心网落地企业。融合超宽带（UWB）单基站定位技术实现高精度的井下定位功能，精度可达到厘米级。

矿业是国民经济的重要支柱产业，为国家经济建设提供了能源和原材料，矿业为中国经济的发展和人民生活水平的提高做出了巨大贡献。5G、人工智能、物联网和大数据等新兴关键技术的发展，为矿业的高质量发展和转型升级提供了动能。

近年来，我国智慧矿山建设不断提速。2020 年 3 月，国家发展和改革委员会、国家能源局、工业和信息化部等 8 个部门联合印发《关于加快煤矿智能化发展的指导意见》，随后各地方能源主管部门陆续出台、实施、验收政策，全面启动了煤炭行业新基建，进一步明确在矿山行业推进 5G、人工智能等新一代信息技术的应用。

作为能源矿产的重要组成部分，我国煤矿大部分处于地表以下，井下掘进面、综采面等核心工作区存在较高危险性，人员安全生产问题突出，亟须无人化替代方案。但井下作业设备移动性强，工作面光纤损耗大，4G 带宽小、时延高，Wi-Fi 等无线网络传输距离短、穿透性差、不稳定，无法满足落地创新应用、保障安全生产的通信需求。5G 技术的大带宽、低时延、广连接的特性，为打造智慧矿山创新型应用，助力矿山行业转型升级奠定了坚实的基础。

为满足智慧矿山网络需求，矿业界积极研发“矿用5G基站”“煤矿5G专网架构”“超千兆上行5G功能”“矿用5G终端”等5G新产品、新技术，开通煤矿园区井上、井下一体化5G专网。

神东煤炭集团拥有亚洲最大的煤矿，技术经济指标国内第一、世界领先。智慧矿山项目以满足集团信息化发展要求和业务应用需求为出发点，采用先进的5G技术，在可靠、安全、高质量的工业网络基础上实现“5G＋生产及运营”的智慧化应用。

在井上建设方案方面，通过室外宏站与室内分布系统相结合，对办公区、生活区、生产区进行网络全覆盖；新建“5G +MEC”将UPF下沉至神东煤炭集团机房，对集团的5G专网数据进行本地闭环，保证数据不出集团。MEC及UPF拓朴如图1所示。

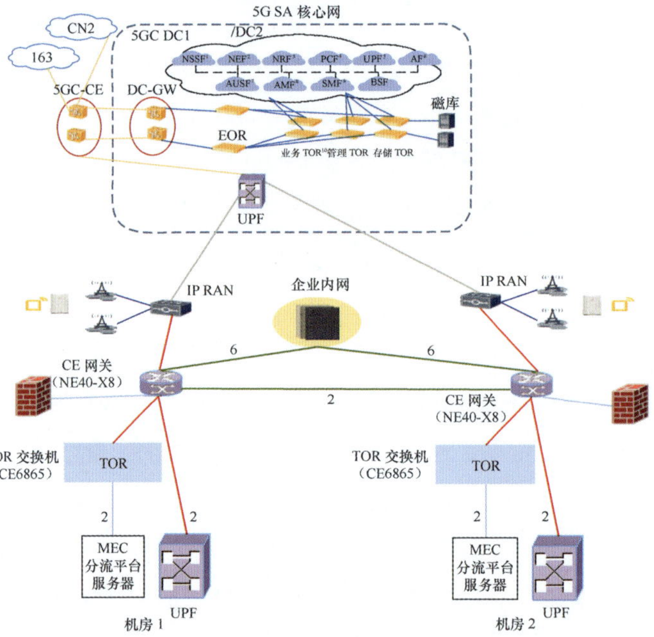

注：1. NSSF（Network Slice Selection Function，网络切片选择功能）。
2. NEF（Network Exposure Function，网络开放功能）。
3. NRF（Network Repository Function，网络存储功能）。
4. PCF（Policy Control Function，策略控制功能）。
5. UPF（User Plane Function，用户面功能）。
6. AF（Application Function，应用功能）。
7. AUSF（Authentication Server Function，鉴权服务功能）。
8. AMF（Access and Mobility Management Function，接入和移动性管理功能）。
9. SMF（Session Management Function，会话管理功能）。
10. TOR（The Onion Router，洋葱路由）。

图1 MEC及UPF拓扑

在井下建设方案方面，神东煤炭集团通过部署整套 5G SA 核心网、5G 传输环网、矿用隔爆 5G 基站，实现井下 5G 网络全覆盖，满足百万级数量的用户和终端接入需求。5G SA 核心网拓扑如图 2 所示。

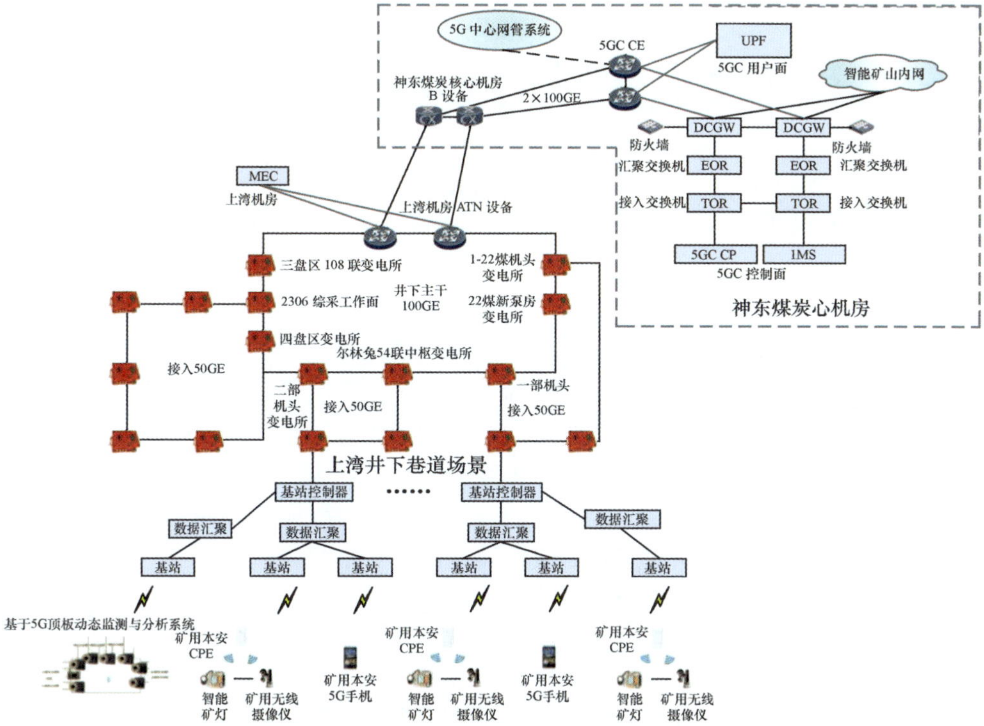

图 2 5G SA 核心网拓扑

神东煤炭集团的相关负责人介绍，有了 5G 网络支撑，可实现以下四大应用场景。一是“5G +UWB 定位”。基于 5G 与 UWB 一体化定位系统的融合，实现高精度的井下定位。二是“5G + 智能视频监控”。实时获取现场视频信号，远程发布指令信息即可开展巡检作业任务。三是“5G + 无人机巡检”。远端操控人员可进行无人机远程敏捷控制，高效完成巡检任务、应急事件处置。四是“5G +AR”智能辅助。专家通过现场传回的画面和视频对现场作业进行远程指导。

陕西电信相关负责人表示，此项目旨在为神东煤炭集团提供“5G + 云网融合”解决方案，构建神东煤炭集团云网一体化基础设施，为神东煤炭集团打造优质的科技创新环境，促进矿业高质量发展。

智藏地下：浪潮助力太钢打造 5G 智慧矿山

参与企业： 浪潮通信技术有限公司（简称“浪潮”）、中国联合网络通信有限公司山西省分公司、太原钢铁集团有限公司（简称“太钢集团”）

案例简介： 浪潮为太钢集团井底车场打造了一套5G专网通信系统，通过在井上部署核心网，与井下防爆基站对接组网，实现基站共享的公专网集成模式，满足矿区井上井下通信、井底车场远程控制、视频回传等。这个智慧矿山解决方案成为“5G+矿业”智能运输标杆案例。

应用成效： 太钢集团代县矿业有限公司通过改造摆脱了井下作业传统生产运输方式的束缚，实现了产能升级。智慧矿山解决方案的应用，让太钢集团代县矿业有限公司的生产效率整体提升25%，数据安全性提升10%，井下作业人力成本降低18%。

太钢集团是中国特大型钢铁联合企业和全球产能最大、工艺技术装备最先进的不锈钢企业之一。作为太钢集团的一员，太钢集团代县矿业有限公司于 2019 年 10 月 22 日成立，是太钢集团的重要精铁矿原料基地。

在太钢集团代县矿业有限公司的生产现场，有若干巷道和硐室组成的井底车场。井底车场工作位置特殊，是井下运输的总枢纽站。但井下设备网络传输一直存在各种问题。井底车场如图 1 所示。

图 1　井底车场

“井底车场的移动设备很多。”太钢集团相关负责人表示，一方面布置有线网络的施工成本和维护成本非常高，另一方面受限于 Wi-Fi 切换问题，信号传输经常中断，影响生产效率。

浪潮提供的智慧矿山解决方案为井底车场打造了一套 5G 专网通信系统，通过在井上部署核心网，与井下防爆基站对接组网，实现异厂商混合组网，基站共享的公专网集成模式，满足矿区井上井下通信、井底车场远程控制、视频回传等功能，打造“5G + 矿业”智能运输标杆。

“通过改造，太钢集团代县矿业有限公司摆脱了井下作业传统生产运输方式的束缚，实现产能升级。”负责人表示，智慧矿山解决方案的应用让太钢集团代县矿业有限公司的生产效率整体提升 25%，数据安全性提升 10%，井下作业人力成本降低 18%。

在太钢集团代县矿业有限公司调度中心，工作人员在地面调度中心内轻点鼠标就实现了井下工作的操控，远程控制井底车场运输小车的启停。

峨口铁矿采矿厂长张永强认为，智慧矿山项目保障了工人的人身安全，降低了公司风险，同时提升了生产效率和管理效率，降低了公司的生产成本，为公司的可持续发展提供了有力保障。

太钢集团 5G 智能运输系统项目成功上线验收，是 5G 专网与工业控制领域融合的里程碑，为 5G 通信技术在智慧矿山建设方面的应用做出了示范，为太钢集团实施智慧矿山项目提供了有力的支持，为下一步山西省“5G + 智慧矿山”建设奠定了基础。

武汉钢铁有限公司基于5GC技术，从“制造”向“智造”转型

参与企业： 中国联合网络通信有限公司武汉市分公司（简称“武汉联通”）、武汉钢铁有限公司（简称“武钢”）

案例简介： 该项目是武汉地区首个5G核心网（5G Core，5GC）下沉园区的5G专网项目，通过5G赋能搭建园区5G行业专网，确保大带宽、低时延、高可靠的网络环境，助力武钢实现“现场操控室一律集中，操作岗位一律采用机器人，运维监测一律远程，服务环节一律上线”的“四个一律”目标，实现武钢向智能化、高效化、安全化工厂转型。

应用成效： 该项目紧密围绕传统重型工业企业升级改造的“刚需”，利用5G专网高安全、低时延、自主性强的特点，满足厂区内数据无线传输的需求。同时基于5G专网，武钢进行了17个应用场景的开发与探索，涵盖了钢铁生产的方方面面。

武钢5G核心网目前已经正式开通，标志着武钢正式迈入5G新时代，也标志着国内首个基于5G核心网、承载网、无线网均下沉园区部署的5G专网投入商用。

该项目自启动以来，武汉联通与武钢设备管理部、武钢通信公司等单位一同克服时间紧、施工面广、安全风险高等一系列困难，顺利完成5G核心网、承载网及49个站点的建设，网络信号覆盖了武钢大部分铁水运输及冶炼区域，为武钢第一期重点智慧制造项目铁钢界面智慧管控平台提供了优良的无线网络条件，同时也为武钢“5G＋应用”的全面建设奠定了无线网络基础。武钢5G核心网项目真正意

义上实现了 5G 专网专用，用户数据与大网完全隔离，将高速率、高可靠、低时延等特点发挥到极致。5G 核心网机房如图 1 所示。

图 1　5G 核心网机房

根据规划，武钢将在园区范围内布局 84 座宏基站，实现武钢“5G 万物互联”无缝覆盖。届时将大幅改善园区劳动条件，减少生产线人工干预，提高生产过程可控性，同时提高武钢各个流程信息化技术应用水平，并在此基础上实现资源的整合优化，从而进一步提高武钢的生产效率和产品质量，助力武钢从“制造”向“智造”转型。室外宏基站如图 2 所示。

图 2　室外宏基站

打造 5G 专网，实现“四个一律”

武汉联通为武钢打造的 5G 专网，与中国宝武钢铁集团有限公司“四个一律”目标高度契合，即“现场操控室一律集中，操作岗位一律采用机器人，运维监测一律远程，服务环节一律上线”。5G 网络将生产现场的操控信号和生产数据回传，数据被集中到操作室进行看板演示及操控。通过在设备上安装无线传感器，对机器的运转状况进行检测，对故障进行提前预警，做到预测性维护，再利用 5G 网关进行远程回传，实现远程运维。武汉联通还将配合武钢各部门，在设备管理、智慧物流、生产管控、能源管控、安全管控、质量管控六大领域进行试点应用，这些智能应用将增强数据采集的实时性、降低复杂工作环境下的人员安全风险、大大提升武钢的生产管理效率。

基于 5G 专网，满足应用需求

对于各园区迸发出的大量“5G +”应用需求，武钢联合武汉联通，在无人行车、智能铁水调度、无人机巡线、智能巡检头盔、皮带机器视觉检测等 5G 典型应用场景上实现突破。“5G + 无人行车”将实现钢铁行车运输“少人化”“集控化”，降低人工成本，降低人为因素造成的道路安全事故的发生率，提升钢卷运输效率；“5G + 智能铁水调度”将实现铁水罐、机车等位置及状态实时精准跟踪与可视化功能，可进行车架号、罐号及配空状态数据识别采集，实现铁水智能分配、高炉智能配罐、机车智能配载、路径智能选择等功能，可有效提升铁水运输的无人化、安全高效化和智能化水平，减少铁水温降，最终降低铁钢比；“5G＋无人机巡线”将通过无人机的4K可见光摄像头获取高压线实时图像，并通过5G网络传送给后端平台，平台结合AI机器视觉的能力，同步处理并发现存在问题的线路，及时发出告警信号，可减少园区高危工种的用工量，降低高压线路故障的发生率，提高故障处理效率；“5G＋智能巡检”头盔具有定位、感知、预警和音视频回传功能，可实现远程协作、安全管控，解决安全生产现场作业过程中的问题；“5G＋皮带机器视觉检测”将采集到的视频信号通过5G网络实时回传至AI机器视觉算法平台，检测皮带存在问题的位置并发出告警信号通知工作人员，减少了因皮带损坏导致的安全生产事故的发生。

依托5G专网，从“制造”向“智造”转型

以智能工厂为载体，以关键制造环节智能化为核心，以端到端数据流为基础，以网络互联为支撑，武钢从“制造”向“智造”转型，对全园区的生产运行进行智能感知、智能分析、智能预测和智能决策，将武钢打造成世界级的智慧工厂创新基地。武汉联通搭建的5G专网具有前瞻性和可拓展性，“5G＋智能铁水调度”“5G＋AR设备远程诊断”“5G＋煤气浓度远程监测”“5G＋无人机巡线”等在武钢进行应用，提升了武钢的生产效率和安全性，同时，在后期业务量激增的情况下，应用也具有延展性。

工业互联网是智能制造发展的基础，也是工业智能化的重要支撑。5G与工业互联网的深度融合，可促进传统制造企业的智慧生产转型升级，提升生产效率、提高产品品质，因而有着广阔的发展前景。该项目的实施，丰富了5G在钢铁行业的应用场景，为湖北省工业互联网的发展做出贡献。

"一张专网 + 一个平台"实现宝钢德盛智慧生产

参与企业：宝钢德盛不锈钢有限公司（简称"宝钢德盛"）、中国移动通信集团福建有限公司福州分公司（简称"福州移动"）、华为技术有限公司、中移物联网有限公司、中国移动（上海）产业研究院

案例简介：该项目通过搭建一张5G SA+MEC钢铁行业专网，锻造一套5G专网运营平台，部署"5G+铁水一罐""5G+无人驾驶天车""5G+厂区智慧安环""5G+AR设备快速视觉点检"四大应用场景，有效改善工人作业环境、保障工人人身安全、提升生产效率、降低企业成本，助力宝钢德盛从生产流程到园区管理全方位开展智能化、数字化、信息化管控，做到全流程可视、可管、可控。

应用成效：该项目加快"5G+智能制造"产业融合，刺激钢铁行业加速向5G智能制造迈进。在提高经济效益的同时提升产品质量，达到节能降耗的目的，并实现低增值岗位的无人化和岗位精简，提高劳动生产率，改善工人作业环境，减轻工人劳动强度，实现安全生产。

宝钢德盛是福建省百强企业，主要从事镍合金及不锈钢材料生产，有完整的不锈钢生产工艺，目前已具备年产 200 万吨炼钢的生产能力。

为解决宝钢德盛生产环境差、工作效率低、网络环境差、招工难、人工成本高等问题，宝钢德盛联合福州移动进行创新，立项开发"5G + 智慧钢铁"解决方案。依托福州移动 5G、云、AI 等技术优势，共同打造"一张专网 + 一个平台 + 四大应

用场景”，实现对其现有设施、工艺条件及生产服务等进行改造提升，从而培育壮大新动能，促进传统产业链提质增效，加速企业智能制造进程。

一张专网

该项目依托5G网络技术，采用5G SA+MEC模式，使用独享UPF，实现钢铁园区中各个分厂数据不出园、超大带宽、超低时延、海量接连，打造钢铁5G专网。无线侧新增16座5G基站覆盖生产园区，应用终端通过专用深度神经网络(Deep Neural Network，DNN)接入企业用户网络。切片分组网(Slicing Packet Network，SPN)分别接入5GC和独享UPF，与独享UPF的N3接口对接，通过隔离技术实现不同业务之间的数据隔离。独享UPF部署于宝钢德盛生产园区数据中心，满足本地业务保障需求。专网架构如图1所示。

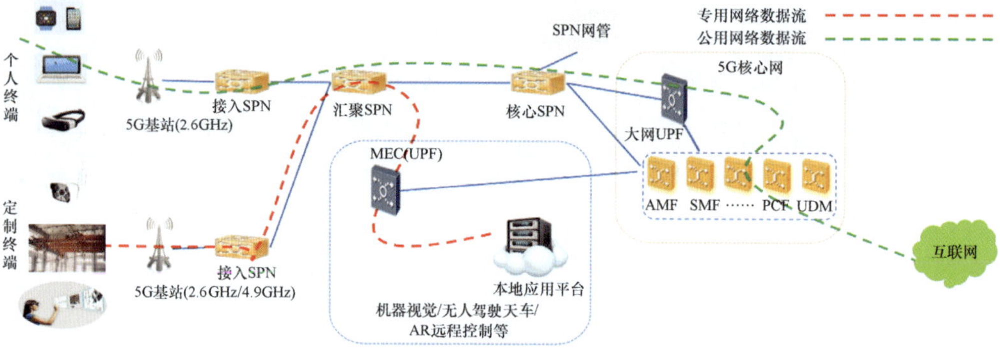

图1 专网架构

一个平台

智慧钢铁运维管理平台如图2所示，其通过通信连接管理、设备管理、运营管理、数据管理功能，为宝钢德盛生产园区内的运维人员和运营商驻厂人员提供宝钢德盛生产园区5G专网及5G业务可视、可管功能。开放数据被宝钢德盛应用于管理系统集成，实现对宝钢德盛生产园区内的业务SLA的监控、网络设备故障的管理，以及定界与业务和终端的自服务。

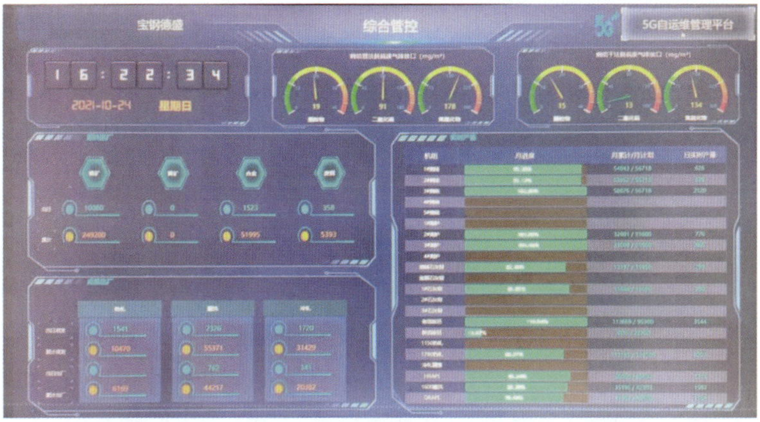

图 2　智慧钢铁运维管理平台

四大应用场景

“5G + 铁水一罐”。依靠 5G 网络的大带宽、低时延、高可靠特点，实现对高炉出铁到炼钢整个过程的全要素跟踪，支持管理岗位的不同需求。同时，为避免整个网络通信系统在突然停电的情况下陷入瘫痪状态，5G 基站的不间断电源（Uninterruptible Power Supply，UPS）的配置会确保在停电 30min 内远程操控系统的通信、视频监控系统正常运行，避免发生安全事故。科学高效的铁水智能调度方案使铁钢界面高效运作，提高了车地联控的准确率，提升了铁水包运转率，预计每炉铁水温降低 20℃，废钢产量可增加 1 吨，吨钢边际效益达到 200 元；在现有产能下，预计可创造效益 185 万元。5G + 铁水一罐如图 3 所示。

图 3　5G+ 铁水一罐

“5G + 无人驾驶天车”。无人驾驶天车系统由采集器（扫描仪、测距仪、编码器、摄像头）、网络和可编程逻辑控制器3个部分组成。其中，扫描仪采集水平方向信息，通过编码器采集垂直方向信息，测距仪采集距离信息，获取周边物料、坑料、车辆、车斗高度及装卸位置信息和画面，并将数据传输至服务器端进行处理。同时，该系统建立了现场三维数据模型，结合AI算法输出动作指令，下发给行车执行，从而实现天车无人化自主行动。与传统的工业Wi-Fi相比，稳定性提升20%，运转效率提升20%，有效防范安全事故的发生。5G＋无人驾驶天车如图4所示。

图4　5G+无人驾驶天车

“5G＋厂区智慧安环”。无人机系统可以根据航路规划或地面指令控制无人机按照预设的航路飞行，同时使用机载可见光摄像机，实现了对生产园区周界和整体生产园区的可视化查看。后端搭载AI算法，对生产排放区域进行监控和智能化分析，判断区域内是否有违规生产情况，若有违规生产会进行预警处理，还可实现日常巡检。与传统依赖人工的安全管控相比，该系统节约3～5人的人工成本，准确率提升20%，效率提升50%，构筑了快速的响应能力。5G无人机＋厂区智慧安环如图5所示。

图5　5G无人机＋厂区智慧安环

“5G＋AR设备快速视觉点检”。通过“5G +AR”技术现场连线，作业现场环境视频及现场技术员的第一视角画面可以实时回传，实现设备远程排障。同时点检系统可连接后端专家资源，依托实时标注、冻屏标注、音视频通信、桌面共享等 AR 技术，远程指导现场装配工作，实时记录装配过程，缩短了设备装配交付周期，解决了专家资源稀缺、现场支持成本高、疫情无法接触等问题。物联网设备数据现场可视化使设备巡检单记录效率提升，故障恢复时间减少，可在第一时间发现设备异常、错误流程、质量不稳定等问题，实现漏检率归零，整体协作效率提升 30% 以上。5G +AR 设备快速视觉点检如图 6 所示。

图 6　5G+AR 设备快速视觉点检

相比于传统的 Wi-Fi 方案及各场景孤立的烟囱式解决方案，该项目基于 5G、AI、云计算及 AR 等多种技术手段，实现了钢铁行业的四大场景应用，通过以“无线换有线、机器换人、物物相连”为特点的模式升级，解决钢铁行业相关痛点，带动宝钢德盛和福州移动进一步开展 5G 智慧化改造合作，帮助企业在经营决策、生产管理、制造执行等流程和模式上发生根本性改变，实现传统制造企业高质量发展，该项目可推广至福建省乃至全国钢铁行业及类似工业企业。

“5G+ 智慧钢铁”推动广西钢铁数智化升级改造

参与企业：中国移动通信集团广西有限公司防城港分公司（简称“防城港移动”）、广西钢铁集团有限公司（简称“广西钢铁”）、华为技术有限公司、中移（上海）信息通信科技有限公司

案例简介：广西钢铁以技术创新与智能制造为驱动力，联合防城港移动、华为技术有限公司等围绕“5G+AI+云计算”开展5G智慧天车、5G预测性维护、“5G+AI”智能质检等应用，通过5G与工业互联网技术的深度融合提高企业工作生产效率、降低企业人工及管理成本、减少安全生产事故的发生，为全国5G钢铁行业树立新标杆。

应用成效：广西钢铁“5G+智慧钢铁”项目的落地，提升了产品质量，节能降耗，提高了企业的运行效率。每台智慧天车平均每年收益达150万元、焊缝检测应用运营成本每条产线每年降低40万元。该项目发挥了很好的标杆作用，推广效果较好。

广西钢铁是广西柳州钢铁集团有限公司控股企业，位于广西壮族自治区防城港市港口区企沙镇，属于广西壮族自治区头部企业。防城港移动、广西钢铁、华为技术有限公司从 2019 年开始共同开展“5G + 智慧钢铁”项目建设，共同探讨 5G、大数据、云计算、AI 在传统制造行业的应用，打造数智化工厂，不断提升生产效率。该项目自建设以来，先后获得“数字广西”标杆项目、2020 年第三届“绽放杯”5G 应用征集大赛全国总决赛三等奖等 10 多项荣誉，接待广西壮族自治区政府、防城港市政府及各企业等领导指导、参观学习 100 多次，成为中国钢铁协会 5G 最佳实践案例。

技术支撑攻坚克难

依托5G大带宽、低时延、大连接、高可靠性的特性，结合边缘计算、网络切片等创新技术，防城港移动、广西钢铁、华为技术有限公司共同成立5G技术创新工作室，攻克各种技术难关，保证项目顺利实施。

基于“5G专网+MEC”，目前广西钢铁已建成21座5G基站，落地广西首个MEC项目，承载15个5G创新应用。广西钢铁项目网络分流方案如图1所示。

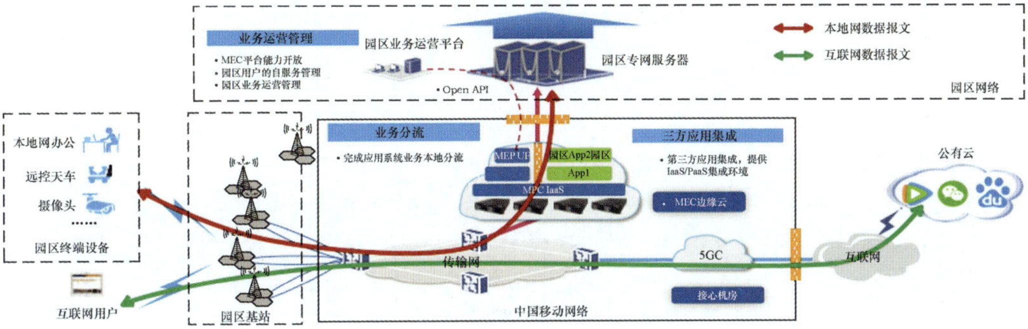

图1　广西钢铁项目网络分流方案

针对广西钢铁的实际需求，广西移动提供云暨工业互联网解决方案，推动企业上云，通过合营“云+工业互联网”平台，落地全国合营云首批应用。依托中国移动云资源优势，为平台提供云存储、云主机、云平台等各种云资源，即开即用，满足项目实际需求。以中国移动OnePower平台为底座，提供标准化数字化连接、数字化PaaS平台、数字化产线、数字化运维、数字化智能五大基线能力，结合广西钢铁特色应用，构建区域型、行业型工业互联网平台，提供端到端“一站式”服务。

全国多项首创首发

广西钢铁在全国首创多个5G应用，为行业打造5G标杆应用。

全国首台5G远控装载机。广西钢铁5G远控装载机已于2020年投入使用，目前已至少改造20台远控装载机。

全国首个5G焊缝“云眼”表检。全国首个“5G+MEC+云+AI”焊缝表检方案于2021年6月底落地广西钢铁冷轧厂。

全国首个 5G 数据采集与预测性维护系统。该系统于 2020 年在广西钢铁冷轧厂落地，实现统一管理维护、应用能力增强、智能分析和持续创新。预测性维护界面如图 2 所示。

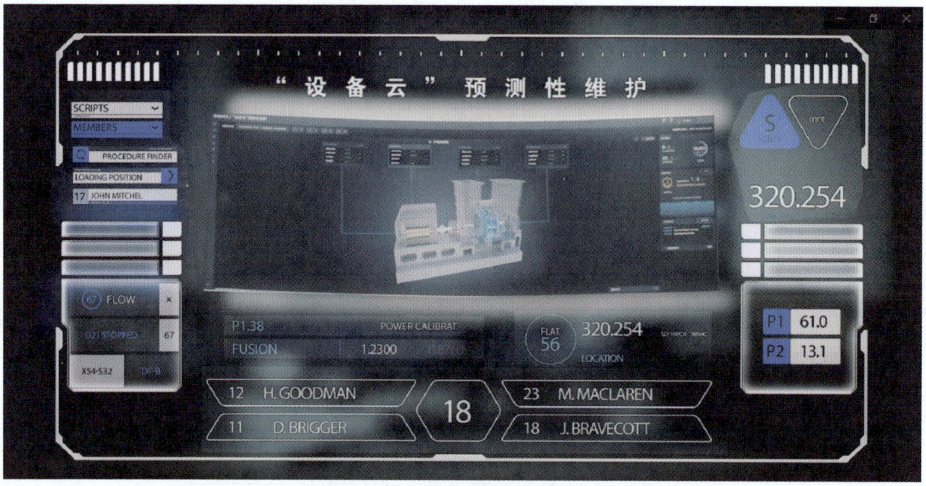

图 2　预测性维护界面

应用场景成熟广泛

广西钢铁“5G + 智慧钢铁”项目已梳理 6 个场景 38 项应用，创新落地 15 个 5G 核心生产业务场景，是目前全国生产业务场景最多的 5G 冶金项目之一。5G 天车、预测性维护、AR 远程协助、废钢云定级等智能应用，不仅为广西钢铁节约人力成本，同时为广西钢铁创造实实在在的经济价值，有效推动了广西钢铁行业数智化升级改造，助力“数字广西”建设推进，同时为全国制造行业提供了成熟的 5G 应用落地案例。广西钢铁“5G + 智慧钢铁”项目应用场景如图 3 所示。

5G 天车远程控制。针对广西钢铁厂区工作环境室内温度高、对生产作业安全性要求高的情况，厂区现场部署 5G 远程控制系统，工作人员远程控制机器生产作业，提高生产安全性。截至 2021 年 9 月底，广西钢铁 20 台天车的改造工作已经完成。5G 天车远程控制如图 4 所示。

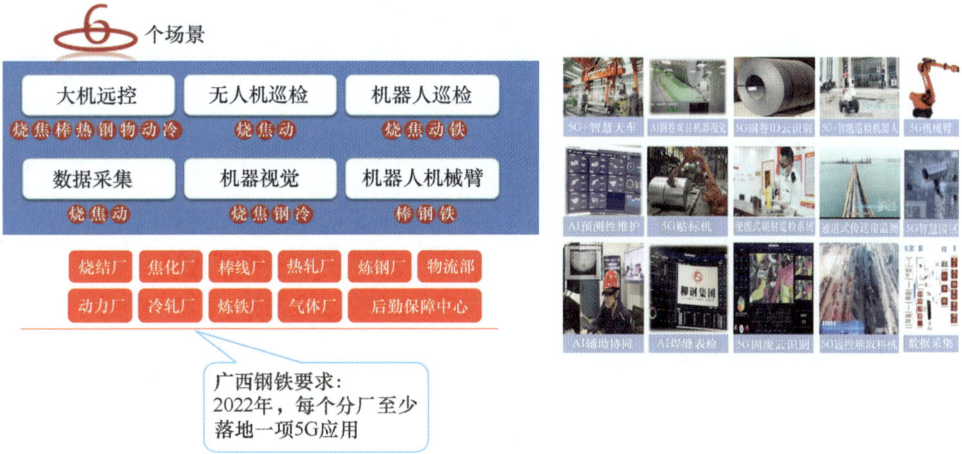

图 3　广西钢铁“5G + 智慧钢铁”项目应用场景

图 4　5G 天车远程控制

5G 天车自动驾驶。截至 2021 年 6 月，广西钢铁冷轧厂已完成 6 台天车自动驾驶试点测试，效果达到预期目标。下一步，广西钢铁将开展 137 台天车的自动驾驶改造。

5G AI 焊缝表检。通过工业相机成像组立体成像，焊缝质量数据被传到移动云，经 AI 分析处理后，返回检测结果。

5G 预测性维护。通过温度传感器、振动传感器等采集信息数据，广西钢铁实现对关键设备状态的实时监控，并进行预测性维护，提高设备的利用率和生产的稳定性。

5G 贴标机。5G 全自动打印（识别）贴标机“上岗”，取代人工打印、粘贴标签。

5G 钢卷 ID 云识别。2021 年 3 月，广西钢铁冷轧厂完成该应用的部署，识别准确率 100%。

5G 固废云识别。卸车点采用“2+1”摄像头成像方案，通过 5G 网络将固废检测终端的检测结果回传到监管平台，实现智能识别，定级准确性达到 100%，解决了人工废钢定级中环境恶劣、结果不准确、检查粗放、存在灰度等问题，减少人工成本，提升检测效率。

5G AR 远程协同。2021 年 5 月，广西钢铁的技术人员通过 AR 智能眼镜将工业现场设备调试视频和第一视角画面实时传给相关工程师，成功解决了镀锌机组气刀刀唇间隙调整、稳定辊刮刀调试等技术难题。

“5G + 智能巡检机器人”。通过“5G + MEC”实现远程控制，检测距离远、定位准确、视野范围广、空间分辨率高，从而满足危险工作环境的实际需求。

“5G + 便携式人工辐射巡检系统”。利用手持 X 射线荧光光谱仪（X-ray Fluorescence，XRF）对固体废物进行筛选，检测数据通过 5G MEC 实时回传检测中心，出现异常数据及时上报，提高检测效率。

“5G + 智慧钢铁”项目的落地实施，深化推进了工艺过程智能化、产线管控智能化、生产经营智能化，不断推动管理变革、技术变革和决策变革。广西钢铁预计实现运营成本降低 20%，新产品研发周期缩短 20%，生产效率提高 20%，产品不良率降低 10%，能源效率提高 5%；通过基础自动化改造及集成，实现低增值、纯值守、环境恶劣的岗位替换，精简比例达 20%。

马钢港务原料总厂实现智慧转身

参与企业： 马鞍山钢铁股份有限公司（简称“马钢”）、中国联合网络通信有限公司安徽分公司（简称“安徽联通”）、上海宝信软件股份有限公司、飞马智科信息技术股份有限公司、华为技术有限公司

案例简介： 针对马鞍山钢铁有限公司港务原料总厂（简称“马钢港务原料总厂”）亟须解决的智能化水平低、运行效率不高等难点与痛点问题，该项目建设了基于5G网络环境的工业融合应用，运用边缘云、AI计算、FlexE[1]、SDN等技术，对马钢智慧料场进行了“5G +3D数字料厂”“5G +堆取料机无人驾驶”“5G +智能视频巡航”“5G +生产行为智能监管”“5G+AR智能运维”“5G+胶带机智能维检”6项应用。

应用成效： 该项目助力马钢港务原料总厂解决了工厂操作人员多、运行成本高、工作效率低、劳动强度大、作业环境差、监管手段少、运维评估难、网络部署杂8类问题，进一步向实现中国宝武钢铁集团有限公司“现场操作室一律集中、操作岗位一律采用机器人、运维监测一律远程、服务环节一律上线”的“四个一律”目标推进。

5G 在钢铁中的应用到底有多惊艳？走进马钢港务原料总厂的封闭料棚，一辆辆无人驾驶堆取料机在小山一般的原料堆之间来回穿梭、堆料取料精准有序；原料总厂运营管理中心的中央控制室的巨型显示屏上跳跃着厂内的实时动态数据，厂内 85 台大型移动设备的运转情况尽收眼底。2021 年 5 月 31 日，工业和信息化部

注：1. FlexE（Flexible Ethernet，灵活以太网）。

“‘5G + 工业互联网’十个典型应用场景和五个重点行业实践”评选结果出炉，马钢智慧料厂项目脱颖而出，成为安徽省唯一入选项目。

智能化改造如箭在弦

之前，马钢港务原料总厂的生产和运维采取有线通信，网络冗繁浩大，系统负荷繁重，通信故障无法定位，经常造成生产中断，亟须新的通信方式。此外，马钢港务原料总厂也希望通过智能化、无人化，赋予设备新的智能，从而把几百吨的大型设备改造成机器人，减轻岗位工作强度，提高企业生产效率。

为践行绿色发展理念，加快产业转型升级。2019 年 9 月，马钢决定实施料厂智能化改造。安徽联通紧盯马钢港务原料总厂亟须解决的痛点和难点问题，以“中国联通 5G 创新中心—马钢联合实验室”为研发平台，与马钢共同组织技术人员精心策划、研究制定解决方案，以 5G 网络为基础，通过布置 5G 应用，实现六大功能，为大型移动设备无人操作、智慧运维奠定基础。

5G 技术大显身手

网络建设先行。为满足钢铁行业对业务可靠、安全可信、可管可控的需求，马钢专用网络采用中国联通的 5G 混合专网架构进行建设，并实现了 5G 专网与马钢主干内网的深度融合。通过引入 MEC 边缘云、FlexE、SDN 等技术，马钢实现了生产和管理数据的本地分流，保障了企业数据的低时延和安全私密性。网络平均时延在 10ms 以内，满足了马钢低时延应用场景的需要。根据企业对不同业务流安全隔离的要求，在“5G +MEC”的基础上结合切片技术为企业构建业务粒度级别的企业专网，例如视频类、工控类、办公类等业务可以划分为不同切片，隔离承载。

智慧应用赋能。马钢智慧料厂智能物流集中管控系统由生产智能控制、数字化精细管理、智能化设备、辅助智能监控组成。各系统模块间通过生产指令、生产基础数据，以及生产过程数据的实时共享交互，与外部系统进行必要的数据通信，实现了各子系统及模块间的有机高效协作，从而最终打造一个高效、智能的原料厂智能物流集中管控系统。

“5G +3D 数字料厂”。原有料堆、料条的堆取位置、高度、长度、宽度等信息依靠人为观测，操作员根据经验判断料场情况并进行作业计划的修改，原料管理手段单一、料厂利用率不高。该项目通过在移动机上部署 3D 扫描仪，实时扫描料堆三维数据。再利用 5G 网络将 3D 扫描的海量点云数据回传至数据中心，对料堆、料条进行三维建模及计算，完成实时盘库、制订作业计划。该项目实施后实现了料场精细化管理，生产效率提高 20%。

“5G + 堆取料机无人驾驶”。料厂进行环保升级改造，所有料厂进行大棚封闭，由于堆取料机移动时抖动大、扬尘多，棚内操作环境恶劣，因此为改善作业环境，需要实现堆取料机的远程 / 无人驾驶。综合利用马钢智慧料厂的三维模型数据、智能化感知设备及高清视频技术，利用 5G 低时延特性完成机载控制系统与远端智能决策系统的实时通信，实现各系统间的协同，堆取料机的无人化运行。

“5G + 智能视频巡航”。料厂共有胶带机 427 条，大量胶带机管理复杂。设备出现故障时无法从大量视频信号中快速准确地找到对应的视频信息。该项目利用 5G 大带宽特性，完成高清视频回传。通过特定的过程信息，根据设备电气的故障和报警信息快速定位故障点，自动调取设备的监视摄像头将影像投到大屏或推送到维护人员的终端；设备完成特定生产流程的视频巡航监视，巡航路线可自由定制。

“5G +AI 安全行为监管”。对于现场作业区域较广、操作室分散的应用场景，管理人员无法时刻对作业区域内人员的生产行为进行监督、提醒。该项目通过 5G 大带宽特性，实时回传作业现场 4K 高清视频，结合 AI 平台完成各类生产行为智能分析，对违规行为进行抓拍记录、实时告警，可预防不规范行为导致的各类事故发生，避免事故造成重大人身伤害及设备损失。分神驾驶报警如图 1 所示。

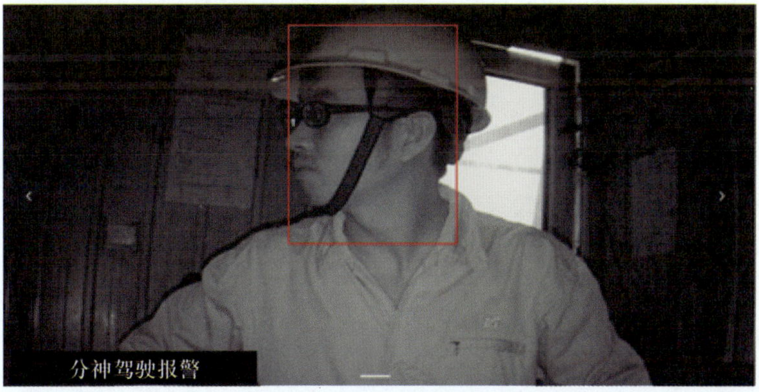

图 1　分神驾驶报警

“5G + AR 智能运维”。对于设备运维存在检修效率低、信息交互差的问题，该项目利用“5G +AR 眼镜”，实时记录每一个部件的点检情况并进行相关分析，在复杂的作业环境中，专家通过文字、图片、实时标注等多种形式实时指导，通过第一视角的实时交互、多方多地协同、远程诊断就能快速定位问题并实时传输解决方案。

“5G + 胶带机智能维检”。由于缺乏有效检测、监测胶带机的技术手段，所以发生设备事故轻则影响生产效率，重则引起严重事故。该项目运用智能传感器及5G 网络技术，提升设备运行检测手段；建立设备实时数字化模型，实现设备管理可视化。该项目运用智能分析模型，实现故障快速智能诊断，进行系统的数字化健康评估，保障系统运行安全。胶带机智能维检系统如图 2 所示。

图 2　胶带机智能维检系统

新时代点燃新经济，新经济呼唤新担当。马钢智慧料厂项目是马钢积极拥抱技术创新和行业变革的体现，也是中国联通落实网络强国战略的重要举措。该项目实施后，为马钢港务原料总厂高质量发展提供了一整套可靠的工业互联网应用方案，以解决现有系统线缆布放复杂、智能化水平较低、运行管理效率低等问题，为数字经济下的制造业生产运营模式提供支撑，为实现中国宝武钢铁集团有限公司“四个一律”目标打下较好基础，马钢港务原料总厂从项目中也受益匪浅。

第三章

5G+智慧港口&智慧物流

随着5G、区块链、物联网、大数据、云计算、人工智能等“5G+工业互联网”技术飞速发展和应用深度融合，智慧港口、智慧物流的试点探索取得积极进展，智能化分析决策、自动化操作执行与精细化、动态化、可视化管理能力显著提升。顺应智慧港口、智慧物流领域数字化、智能化发展趋势，以高质量发展为导向，聚焦产业需求，拓展融合应用、创新运营模式、深化科技赋能，有助于港口、物流企业提升生产效率、服务效能，促进产业链各方合力构建安全便捷、资源联动、协同高效、智能绿色、多方共赢的生态体系，为推进港口、物流企业及行业其他企业降本增效、数字化转型、智能化升级、高质量发展奠定坚实的基础。

打造“5G+智慧港口”的“天津样板”

参与企业：中国联合网络通信有限公司天津市分公司、天津港信息技术发展有限公司（简称“天津港”）、中兴通讯股份有限公司

案例简介：该项目是全国首个老旧码头智能化改造的码头，通过5G与物联网、云计算、大数据、边缘计算、人工智能等新型技术结合，最终完成了智能化改造。该项目采用的MEC服务器是集计算、存储和网络为一体的融合硬件平台，在继承电信级网络的高可靠性、高可维护性等特点的同时，融入了先进IT技术，是一个ICT融合平台的产品。

应用成效：5G网络与天津港岸桥设备进行业务对接，取代了传统光纤传输方式，单桥每年可降低运维费用100万元。无人集卡在5G网络的保障下，累计行驶超过20000km，完成3000个作业循环，相比单车智能整体港口运输成本节约3000万元。

智慧港口对通信连接有低时延、大带宽、高可靠性的严格要求，想要实现港口重型作业设备的自动化，就需要做到感知信息和控制信息的可靠传输。目前，港口自动化主要采用光纤和Wi-Fi组合的模式，这会带来以下问题：网络质量差，因为网络接入点（Access Point，AP）普遍抗雷击能力不足，故障率高且维修困难，导致局部作业瘫痪；箱内Wi-Fi信号易被遮挡，容易形成盲区，导致流动作业指令不稳定；岸桥靠近时互相遮挡Wi-Fi信号，导致业务数据传输不可靠；运营后新增作业区域，导致Wi-Fi补漏工程实施成本高；光纤等网络设备成本高昂，且需要同时维护多张网络，导致相关成本高企。

针对上述问题，在港口搭建5G无线专网，利用5G的低时延、大带宽、大容量、高可靠性等特点结合电子桥（e–Bridge）双链路等方案，可以实现港口所需要的可靠传输。

5G无线专网与天津港业务场景有机融合

天津港5G智慧港口项目自2018年开展以来，码头已部署东疆、北疆2个集装箱码头区域，建设了13座5G基站和MEC专网，为港口5G应用提供了良好的创新环境，并与港口各种设备设施进行业务对接，通过提供无人集卡视频与指令系统应用，以及岸桥远控、自动理货的全面应用，为港口智慧化改造奠定技术基础，对后续5G智慧港口应用场景的复制推广具有积极意义。

5G智能岸桥远程操作。“5G＋MEC专网”与天津港岸桥设备、监控摄像头对接，可将岸桥现场画面及模拟吊装情况实时回传至远程控制室，同时利用云化PLC技术将控制指令下发至现场，实现5G智能岸桥远程操作。天津港“5G＋智慧港口”网络拓扑示意1如图1所示。

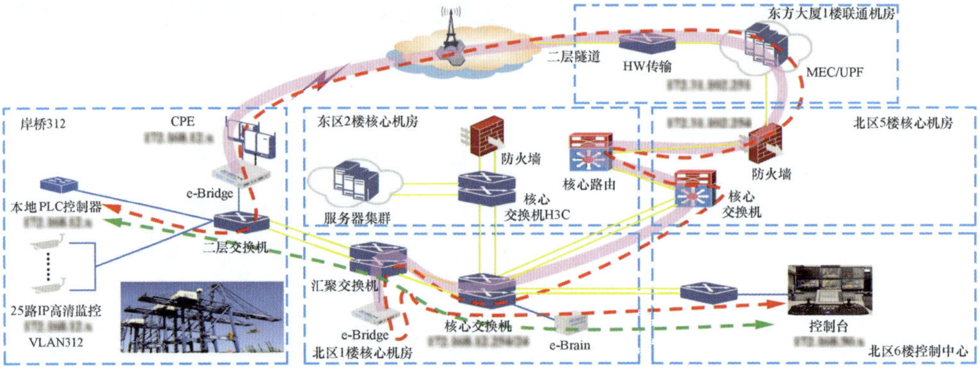

图1　天津港“5G+智慧港口”网络拓扑示意1

5G无人驾驶集卡。天津港利用5G网络将平台车辆编队信息实时传输至智慧港口集卡车辆上，按要求进行运输作业，同时通过在集卡车辆上安装5G CPE和5路1080P监控摄像头，将车头视频通过车载5G CPE回传至驾驶室及监控中心大屏进行监控及演示。天津港“5G＋智慧港口”网络拓扑示意2如图2所示。

智能理货。集装箱进出口智能外理系统由岸桥箱号识别系统、车号识别、箱体验残系统、数据处理系统、信息操作系统、岸桥作业指挥终端和理货中控平台组成。各个子系统之间相互联系，采集、识别并处理作业信息后与终端操作系统（Terminal

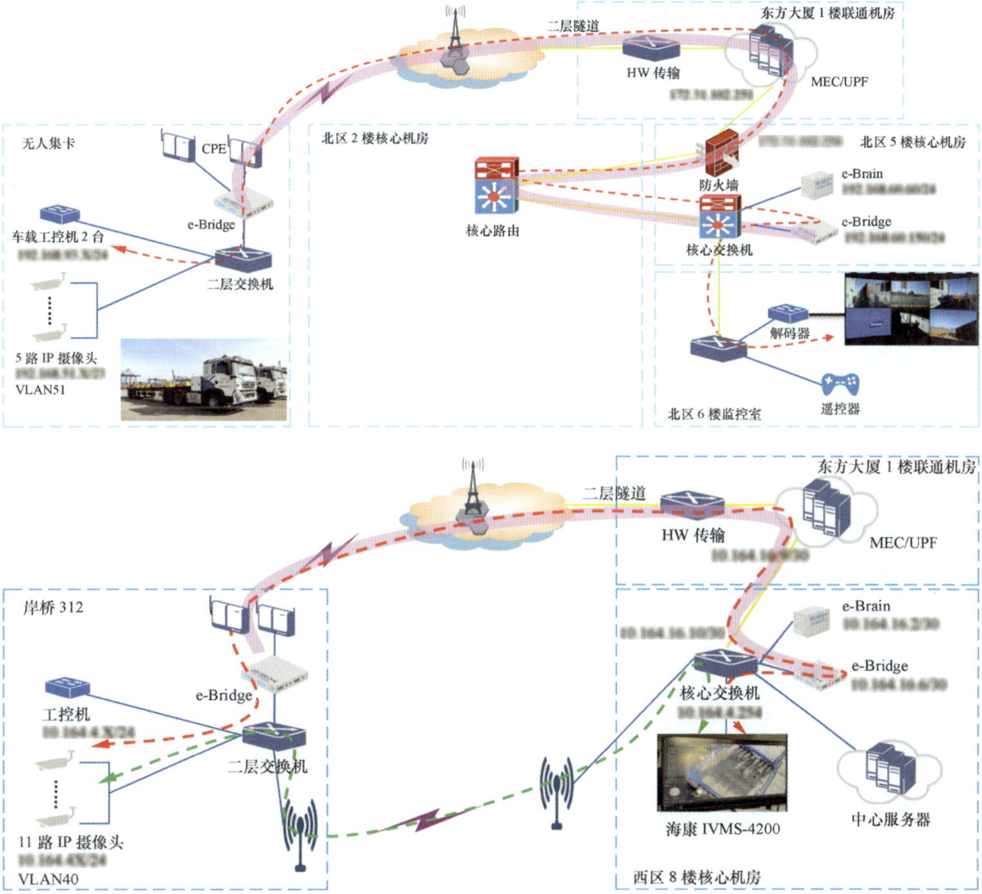

图 2　天津港“5G+ 智慧港口”网络拓扑示意 2

Operating System，TOS）、智能外理系统交互，对比数据，最终完成对应操作的自动化处理，实现岸边作业的“智能化”。天津港利用“5G 高清视频回传 +AI 视觉分析”技术，通过光学字符识别（Optical Character Recognition，OCR）在装卸船、堆放、理货、验残、提箱、出关环节对集装箱箱号、装卸提箱状态、铅封有无、箱体残损进行识别，实现对箱号、残损、舱位、拖车号等信息的收集，完成集装箱智能理货。在此基础上，经过技术分析、方案设计、网络对接、实验室测试、现场模拟、实船测试等环节，天津港攻克了 MEC 组网、业务无缝迁移、IP 地址分配等技术难题，成功地将 5G 信号深度区域覆盖与天津港智能理货有机融合，提升了理货子系统作业信息采集、识别、数据后处理效率，以及集装箱操作系统和智能外理系统数据的交互能力，通过最终操作的自动化处理，实现了天津港 5G 智能理货应用落地。

5G无线专网经济效益和社会效益显著

5G网络与天津港岸桥设备进行业务对接，取代了传统光纤传输方式，单桥每年可降低运维费用100万元。无人集卡在5G网络的保障下，累计行驶超过20000km，完成3000个作业循环，相比单车智能整体港口运输成本节约3000万元。港口采用传统理货模式，每台岸桥需配置2名理货员，外理理货员在船上作业、内理理货员在岸边作业，同时需要设置现场督导人员等岗位。全港共80台岸桥，按全员配置每台岸桥需要外理理货员和内理理货员各4名，共80×4×2=640人，实际按照80%配置约512人。智能理货系统上线后，1名理货员可以同时操作2台岸桥，1名理货员可以完成原2名内理理货员和2名外理理货员的工作，可节约人员75%，节约人工成本2580.5万元，计算过程如下。

512×0.75×0.4万元/月（工资）×1.4（社保）×12（月）=2580.5万元。

该项目实现了全球首次利用5G网络的商用无人驾驶电动集卡整船作业，有望成为全球首个成熟无人集卡自动驾驶商用案例，对港口应用系统产生革命性影响，从源头推动5G产业链的发展。

智能理货系统上线后，理货作业由原来的现场人工作业，进化为通过视频和图像识别技术，远程数据传输，系统自动校验并提交数据、人工视频监控进行异常处理的远程自动作业模式，在节约人工成本的基础上，显著改善了理货工作的作业环境，解决了理货行业劳动强度大、危险系数高的问题，进一步提高了港口作业的安全性。通过对接岸桥PLC信号，系统实现了自动判定装船位置，提高了装船位置确认的准确率，提升了港口对外服务水平。在新冠肺炎疫情发生后，因智能理货系统已全面投产，外理理货员不再需要登轮作业，极大地减轻了企业的疫情防控压力，省却了理货员登外轮作业的烦琐报备流程、作业后的核酸检测工作，以及人员隔离等管理成本，保证了理货员到岗率和船舶作业效率，充分展现了智能理货系统的优越性。

该项目通过5G、人工智能、自动驾驶、港机远程控制、车路协同等多种技术的应用，推动了天津港智慧港口的信息化、智能化的转型升级。5G的低时延、大带宽、高可靠、大容量等特性和目前的Wi-Fi、光纤网络相比，可以降低网络的端到端时延，提供更好的远程操控服务。替代光纤，可以降低维护成本。搭建企业5G专网，与光纤互为备份，增强了网络的安全性。

5G 为长江航运装上“千里眼”

参与企业： 中国移动通信集团湖北有限公司宜昌分公司（宜昌移动）、长江宜昌通信管理局

案例简介： 当前，航运智能化发展面临无线带宽通信能力难以支撑现代化航运管理、远程控制实时性差、融合大数据的智能决策效率低等问题。面向垂直行业智能化应用的5G技术为解决上述问题提供了契机。宜昌移动通过在长江宜昌段建设5G专网，对长江江面实现网络的无缝隙覆盖，提升船舶航行段、停靠段的5G网络覆盖质量，整体采用5G端到端切片解决方案，构建长江航运海事专网，实现网络隔离，保障海事业务安全运行，专网专用保障海事业务体验。

应用成效： 本项目为海事业务的开展设计了安全并有体验保障的切片专网，基于切片专网孵化了多个创新应用，例如，“5G+北斗”“5G+无人艇+无人机”“5G+移动办公/远程视讯”，以及锚地智能管理系统等。本项目实现了两大成果：一是首次在长江开展5G网络连续覆盖试点建设；二是首次探索服务航运与监管三大应用，即在示范项目中探索利用“5G+北斗”技术，实现智慧监管、移动执法、应急指挥三大应用。

“数字长江”是对长江航运信息化、智能化的形象描述，旨在通过信息化应用系统地实现各类航运业务的流程优化、协同配合和辅助决策，最大限度地优化航运管理，提供公共服务，提升航行安全，提高运输效率，加强内部管理，降低运行成本，为促进沿江城市社会经济的发展提供优质、高效、便捷的智慧海事和航运服务。

新时代使命任务呼唤 5G 技术

新时代长江航运的先进产能在于信息化的应用。2017 年 12 月 28 日，《“云上长航”发展总体规划》正式发布。该文件提出，到 2020 年，长江航运要素全面实现数字化；到 2025 年，长江航运信息服务和监管初步实现智慧化，以信息化引领和带动整个长江航运业向现代服务业的转型升级，服务长江经济带发展。

长江宜昌通信管理局副局长、高级工程师王鹏介绍，建设智慧航运系统旨在解决 3 个主要问题：一是信号收得到，利用公专网结合、共建共享的方式解决内河航运水域的无线通信网络连续覆盖，保障重要节点航运通信、感知网络的稳定覆盖；二是视频监控看得全，航运全线监控区域多，各区域的关注重点不同，仅依赖人工盯屏幕很难保证全面及时响应，船闸、港口等航运节点区域监控范围大，可实现全方位地监控船舶过闸、靠泊等信息；三是位置信息定得准，可实现精准定位、实时追踪监管“四客一危”等重点船舶在过闸、过桥时的视频、位置、身份等。

随着云计算、大数据、移动互联网、物联网等新一代信息技术的不断涌现，面对长江经济带国家发展计划，迫切需要借助 5G、北斗高精度定位、大数据等技术，对长江航运未来的信息化发展进行从上至下、全面系统的总体策划，以厘清发展思路、明确发展目标、确立重点任务，统领未来一段时期的信息化工作，构建 5G 智慧航运信息化发展蓝图。

5G 创新应用为智慧航运赋能

宜昌移动通过在长江宜昌段建设 5G 专网，将 5G、北斗、移动物联网等通信及感知技术融合应用，在一定程度上兼具安全性、实用性、兼容性，并可做到资源共享。

“这一项目为海事业务的开展设计了安全并有体验保障的切片专网，基于切片专网孵化了多个创新应用，例如，‘5G + 北斗’‘5G + 无人艇 + 无人机’‘5G + 移动办公 / 远程视讯’等。”宜昌移动政企客户部云网系统集成中心主任张雪峰进一步介绍，“5G + 北斗”可实现船舶高精度定位业务，船台通过 5G 网络接收从北斗地基增强服务器发送的北斗差分信息，以此更新船台定位信息，实现船舶亚米级定位；“5G + 无人艇 + 无人机”，通过 5G 解决通信距离限制与实时视频传输带宽不够的问题，满足远程驾驶 / 监视需求；“5G + 移动办公 / 远程视讯”系统，实现了执法艇信息实时可视化显示，协同现场执法指导、执法支援。“5G + 无人艇 + 无人机”架构如图 1 所示。“5G + 移动办公 / 远程视讯”系统如图 2 所示。

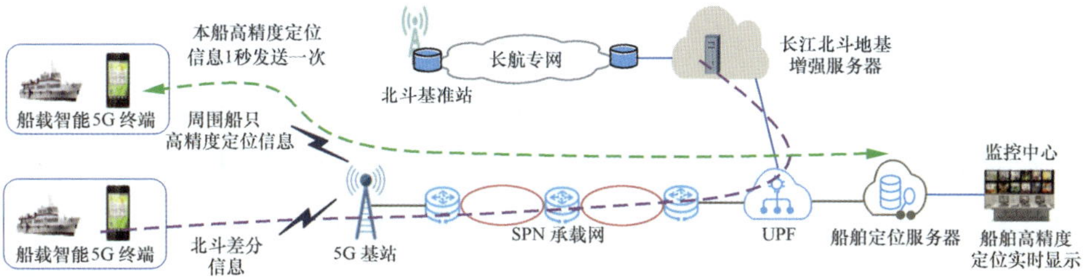

图 1　“5G+ 无人艇 + 无人机”架构

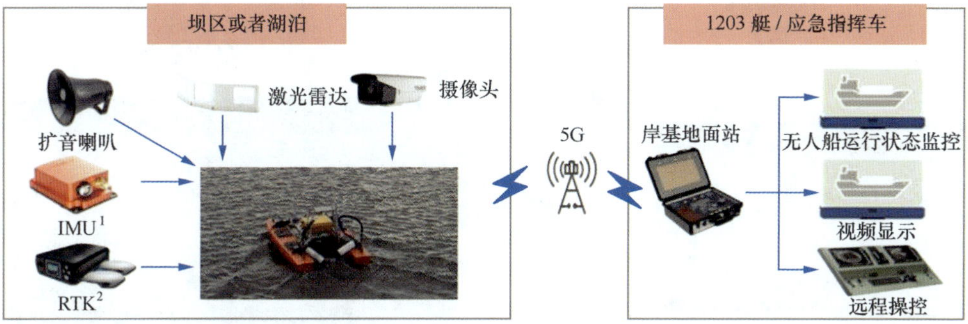

注：1. IMU（Inertial Measurement Unit，惯性测量单元）。
2. RTK（Real-Time Kinematic，实时动态定位）。

图 2　“5G+ 移动办公 / 远程视讯”系统

另外，在解决方案方面，宜昌移动还基于江面航道场景，提出了多个创新性的解决方案，例如，适用于江面不同水位高度和江面宽带的自适应下倾角解决方案、用于水面网络规划的江面传播模型、适用于不同业务需求的空口带宽自适应寻优方案等。

基于 5G 技术支撑，多场景的创新应用解决了长江航运过程中的诸多难题，航运变得更加智慧。

5G 专网让长江航运更安全

王鹏介绍，长航 5G 智慧海事试点项目建设，主要取得了以下两大成果。

一是首次在长江开展 5G 网络连续覆盖试点建设。5G 技术的三大典型应用场景中，eMBB 场景能够有效适应船舶动态监控、高清 CCTV、应急视频通信等大带宽的业务需求；uRLLC 场景能够有效满足无人机、无人船、船舶定位与导航等智能设备间高可靠的通信需求；mMTC 场景能够更好地支持智能航道、船舶数据动态感知、船舶航行安全监管等海量的传感数据采集需求。

二是首次探索服务航运与监管三大应用。2021 年，交通运输部提出打造“陆 – 海 – 空 – 天”一体化水上交通安全保障体系建设的目标，如何实现这一目标，长江宜昌通信管理局大胆创新、先行先试，在示范区项目中探索利用“5G + 北斗”技术，实现智慧监管、移动执法、应急指挥三大应用，充分发挥“陆 – 海 – 空 – 天”一体化水上交通安全监管的特点。“陆 – 海 – 空 – 天”一体化水上交通示意如图 3 所示。

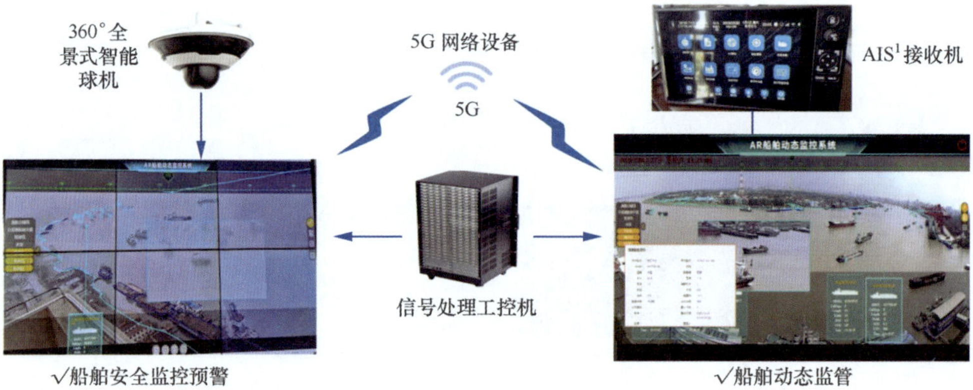

注：1. AIS（Automatic Identification System，自动识别系统）。

图 3 “陆 – 海 – 空 – 天”一体化水上交通示意

“此次项目重点探索以公专网结合、共建共享的方式建设‘5G + 北斗’示范区，重点解决应用级切片自适应选择、江面传播模型校正、天线下倾角自适应寻优、空口带宽自适应寻优 4 个 5G 关键问题，并充分利用北斗地基增强系统网络资源，为辖区船舶提供亚米级高精度定位服务。”张雪峰表示，在 5G 环境下，充分发挥北斗智能终端作为监管信息化的重要载体和平台的作用，为岸船互动、船岸协同，开展各项应用测试和试点提供了稳定、可靠的硬软件平台支撑。

2021 年，长江宜昌通信管理局联合宜昌移动积极探索“公网专用”“公专结合”的方式，先后完成了总计 130 个覆盖长江航道的 5G 基站建设，基本实现了长江三峡秭归至枝江江段 172km 水域 5G 无线公网信号的全覆盖。

“这标志着长江干线宜昌坝下锚泊水域迈入 5G 应用时代，预计每年将为 40000 余艘次过闸船舶提供丰富的场景应用。”王鹏表示，这也将为下一步长江宜昌通信管理局承担的“长江航运多源时空信息智能服务应用”交通强国建设试点任务奠定基础，以船岸协同、多系统融合为重点，在重点监管水域探索搭建“5G + 北斗”的船岸物联传输通道。

目前，示范区建设已进入“深水区”，实现“智能航运”阶段性目标任务艰巨。“宜昌移动、长江宜昌通信管理局作为示范区建设实施单位，愿继续当好排头兵，充分运用好自有资源，整合各方信息化应用手段，助力长江航运的高质量发展，为建设人民满意的长江航运贡献力量。”王鹏说。

5G 网络这样打通汽车的全生命周期

参与企业： 中国电信股份有限公司十堰分公司（简称“十堰电信”）、十堰万佳安科技发展有限公司

案例简介： 东风华神汽车有限公司（简称“东风华神”）是东风汽车集团有限公司（简称“东风集团”）下属子企业，是东风集团商用车三大品牌之一，主要生产汽车整车及零部件。十堰电信适时切入，为客户打造“一揽子”解决方案：从“5G切片专网+车联网”数据采集，到数据传输、数据存储，再到服务器及信息化资源外包托管服务，帮助企业节省了运营成本、人力成本、维护成本。

应用成效： 该项目对车辆进行全生命周期管理，对提升车辆质量及技术升级改造提供了原始数据及参考模型；可以延长车辆使用寿命，减少安全隐患；预估可提高10%的生产效率，每年可减少100万元的人工成本，降低15%的故障率。

十堰市位于鄂西，汽车产业发展、生态旅游开发、城市规划建设等位居湖北省前列，为信息化建设发展提供了巨大空间。

东风华神采用了“天翼云 + 物联网 +5G”技术，从数据采集，到数据传输、数据存储，再到服务器及信息化资源托管代维服务，全部由十堰电信统一承建，提供全部属地化服务。

东风华神主要生产汽车整车及零部件，包含 4 个系列 18 种车型。2021 年，东风华神整车生产能力 30000 辆，计划每年递增 10000 辆，从 2021 年 7 月 1 日

开始，按照国家第六阶段机动车污染物排放标准对车辆实行全生命周期管理。

十堰电信适时切入，从“5G 切片专网 + 车联网”数据采集，到数据传输、数据存储，再到服务器及信息化资源外包托管服务，为客户打造“一揽子”解决方案。

十堰电信相关负责人介绍，十堰电信提供的解决方案最终实现的是“专业的事交给专业的人干”的最优运行模式，用户信息化建设及维护全部由中国电信负责，对内既节省了运营成本、人力成本、维护成本，对外则树立了企业追求卓越、响应政府号召，积极开展产业数字化实践的创新企业形象。

东风华神“5G + 车联网”项目的成功实践，有 3 个经验值得总结。**一是项目的完整性**。一家整车企业的信息化应用从车辆数据采集，到数据传输、数据存储，再到运行维护外包，由同一家公司负责，可减少项目中不同产品之间信息不匹配等问题。**二是项目的前瞻性**。从车辆运行数据到平台建模归总分析，再返回到车辆本身改造升级，该项目实现了车辆的全生命周期管理及新批次车辆的再一次全生命开始，为企业后续的健康持续发展奠定了必要的基础。**三是项目的引领效应**。该项目的运行对内影响全体员工采用信息化新技术的内在动力及创新思维；对外则影响同行及下游企业，共同进步。

另外，对于车辆购买方而言，可买到质量更好的车辆，实时得到厂家的服务提醒，减少运行故障，延长车辆的使用寿命。

十堰市政府相关负责人表示，“该项目起到了标杆示范效应，将有效带动整车企业 IT 上云、‘5G + 车联网’的应用，同时为配套及下游企业起到从‘0’到‘1’的带头作用。”该项目积极响应了关于“两化融合”、技改创新、万企上云的政策号召，将对十堰市的产业数字化、数字产业化发展起到积极的推动作用。

打造 5G 智能网联先导区

参与企业：苏州高铁新城大数据产业发展有限公司、苏州创元产业投资有限公司、中移（上海）产业研究院、先导（苏州）数字交通产业投资有限公司

案例简介：苏州高铁新城5G智能网联先导区项目聚焦5G、车路协同、高精度定位、自动驾驶等关键核心技术的融合运用，建设了苏州领先的“5G+V2X[1]”混合组网、高等级智能网联开放道路、智能网联云控系统等新型基础设施，落地22项5G车路协同应用，打造高效协同的全国首个基于“5G +V2X”混合组网的智能网联示范项目和长三角唯一国家级5G新基建车路协同项目，探索5G车路协同的规模化运营，全面提高公众出行的效率和安全。

应用成效：5G智能网联先导区项目有助于全方位提升企业研发设计、试验测试、生产制造和运营服务能力，加大产业优势，强化产业生态链，形成百亿级车联网产业集群，间接带动千亿元以上规模产值。同时，通过“ 5G C-V2X[2]”大规模建设与应用，验证核心技术，加快产业研发及规模化推广。面向智慧城市，满足辅助驾驶及车路协同自动驾驶需求，提升社会治理能力。依托5G车路协同下的智能交通，有效缓解道路拥堵，提升道路交通安全水平，促进节能减排。

智能的车，聪明的路，灵活的网，人人都是熟练的司机。苏州高铁新城区政府打造 5G 智能网联先导区，聚焦 5G、车路协同、高精度定位、自动驾驶等关键核心技术，全面推进基于“5G + 自动驾驶”技术下的自动驾驶出租车（Robotaxi）、无

注：1．V2X（Vehicle to Everything，车用无线通信技术）。
2．C-V2X（Cellular Vehicle to Everything，蜂窝车联网）。

人驾驶公交车（Robobus）、无人环卫车、无人物流车等应用场景落地，加速上下游产业和区域经济发展，打造全国智能驾驶产业高地。

夯实先导区新基建底座

中国移动与苏州高铁新城区政府和苏州高铁新城大数据产业发展有限公司合作，联合打造示范区测试道路里程双向 55km，实现智慧化改造 35 个路口，安装 441 套路侧设备。苏州高铁新城通过建设大带宽低时延的 5G 网络、全息感知的车路协同网络、厘米级的高精度定位网络，部署中国移动自研的车路协同云控平台，实现交通安全类、交通效率类、路口精细化管理类、自动驾驶类等诸多应用场景的全面落地，助力无人驾驶公交车、无人环卫车、自动驾驶出租车等全场景业务运营。

在网络部署方面，该项目建设了包括 5G 基站及其配套 MEC 部署，以及高精度定位网络，从而组成多元异构融合网络，满足全示范区域低时延、大带宽、高可靠的“车 – 路 – 云”信息交互需求，通过边缘计算为多级业务平台及边云协同提供条件，利用网络切片提供高可靠、高体验的定制网络服务，并通过北斗高精度定位网络提供稳定、精准的位置服务，满足 5G 智能网联先导区项目车路协同智能驾驶业务多层次网络需求。车路协同网络架构如图 1 所示。

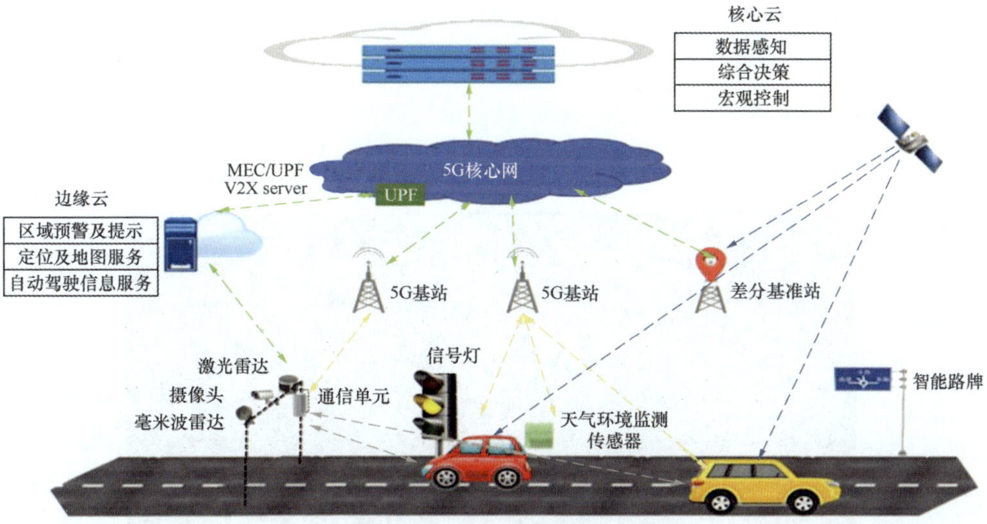

图 1　车路协同网络架构

该项目综合考虑苏州高铁新城 5G 智能网联先导区已有 5G 网络基础及项目在

覆盖和性能上的新需求，充分应用中国移动多频段资源、网络切片、边缘计算等优势，打造高品质的智能驾驶业务5G专网，同时保证上/下行速率100/1000Mbit/s，通信时延小于15ms。苏州高铁新城智能网联云控平台界面——智慧路口如图2所示。

图2 苏州高铁新城智能网联云控平台界面——智慧路口

苏州高铁新城智能网联云控平台依托苏州高铁新城5G智能网联先导区，构建满足车路信息交互协同、智能驾驶业务安全高效、车辆运营管理精细化等需求的高可用、高可靠的5G车路协同云平台，保证项目运营服务范围、服务能力、服务场景、服务质量。5G车路协同云平台集车路协同、高精度地图、车联网安全一体化，实现服务接口的规范化、跨厂商设备管理的统一化、车联网多源数据分析的标准化，可面向城市级车联网平台支持平台功能模块拓展，支持多样化的综合服务能力开放。苏州高铁新城智能网联云控平台界面——交通全息扫描如图3所示。

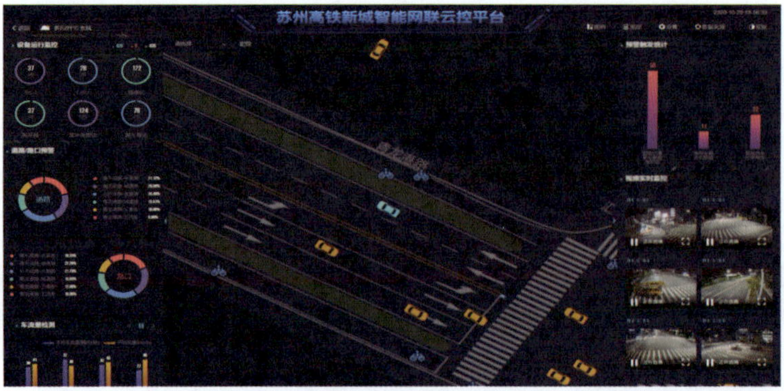

图3 苏州高铁新城智能网联云控平台界面——交通全息扫描

持续拓展 5G 智慧应用场景

1. 智慧环卫车

车路协同云平台可向智慧环卫车推送车道线宽度、属性、限速等区域地图消息，辅助智慧环卫车进行可行驶区域识别，实现自动贴边行驶。车路协同云平台通过路侧摄像头、毫米波雷达、激光雷达数据融合感知，实现对道路异物精准识别及分类，助力智慧环卫车高效清扫。自动驾驶清扫车如图 4 所示。

图 4　自动驾驶清扫车

2. 智慧出租车

5G 智能网联先导区内路侧单元（Road Side Unit，RSU）与信号机打通并接入车路协同云平台，可通过 5G-V2X 技术向智慧出租车推送前方路口红绿灯相位信息。而路侧摄像头、毫米波雷达、激光雷达等路侧感知设备的协同感知，可实现对行人、非机动车等弱势交通参与者，以及道路障碍物的精准感知，并通过车路协同云平台推送路侧交通参与者及障碍物的位置、速度、方向等路侧安全消息，以及交通事件、交通标志标牌等道路相关预警或提示信息，提升载客智慧出租行驶安全。

另外，智慧出租车向车路协同云平台上报车辆行驶状态消息，实现载客行驶全程监控，车辆状态异常快速响应；通过车队众包数据回传，车路协同云平台可以获得运营区域的路况与道路事件等突发情况，实时调整路线规划并下发给车端，提升车辆通行效率等。依托先导区内的产业基础环境，智慧出租车的落地运营可以更加安全、智能、高效。全国首个基于 5G 车路协同的 Robotaxi 如图 5 所示。

图 5　全国首个基于 5G 车路协同的 Robotaxi

3. **智慧物流**

通过路侧摄像头、毫米波雷达、激光雷达等路侧感知设备的数据融合感知，车路协同云平台可实现对道路小目标的精准识别，防止车辆刮伤、蹭伤，提升无人物流车行驶安全。路侧环境视频感知数据通过 5G 网络回传，可为无人物流车远控提供多视角视频辅助，提升无人物流车远控安全及效率。

该场景将在项目区域内打造无人物流车的规模化、商业化运营，实现物流行业“最后一公里”的降本增效，解决“最后一公里”配送难题，加速无人物流车的商业化运营。

4. **智慧公交**

RSU 与信号机打通并接入车路协同云平台，可通过 C–V2X 技术向 5G 智能网联无人驾驶公交车推送前方路口红绿灯相位信息及建议行驶车速信息。另外，车路协同云平台通过多路口红绿灯信息协同计算，可实现红绿灯配时优化。全国首个常态化运营的 5G 无人驾驶公交车如图 6 所示。

图 6　全国首个常态化运营的 5G 无人驾驶公交车

坚持创新驱动破解行业痛点

该项目立足《智能汽车创新发展战略》高度，紧抓“新型基础设施建设”新机遇，充分发挥 5G、MEC、高精度地图、全息感知、C-V2X 产业示范等方面的优势，依托 5G 车路协同云平台，打造国内领先的车联网产业先导区，形成规模化、综合化的示范应用试点。

一是实现国内首个基于 5G 无线空口（Uu）的车路协同多业务验证，落地多项 5G 车联网应用。

二是实现国内首个 3 层边缘计算与 SA 融合组网，落地 IMT2020（5G）推进组“MEC 与 C-V2X 融合测试床”（中国移动是唯一单位）。

三是打造全国首个基于“5G +V2X”混合组网的智能网联示范项目。

四是全国首个常态化运营的 5G 无人驾驶公交车项目。

五是落地全国首个基于 5G 车路协同的 Robotaxi。

六是长三角唯一国家级 5G 新基建车路协同项目。

在技术创新方面，该项目融合多种技术手段，打造智慧交通全息路口，实现车端与路端数据的双向互动，为企业在网联式的自动驾驶研发上提供对接环境，实现了技术突破。该项目还引入高精度地图和高精度定位能力，将误差范围控制在厘米级，为无人驾驶车辆的落地运营提供必要条件，同时进一步扩展应用场景。多级 MEC 协同组网，5G 核心网元 UPF 下沉，实现区域级 MEC。区域级 MEC 与路侧 MEC、中心云结合，实现多级边缘计算架构。多级 MEC 协同架构的应用，实现了车辆违章、智慧路口、大范围协同调度等 MEC 与车路协同融合场景。

在行业创新突破方面，该项目实现了多技术融合及产业链多方联动。该项目融合自动驾驶车端技术、高精度定位技术与 5G 车路协同技术，借助园区内自动驾驶算法企业及车路协同设备制造企业强大的技术能力，补充 5G 车路协同能力，形成集通信、车辆、科研、软硬件设备、平台与运营企业的 5G 智能网联先导区产业高地，多技术融合应用并带动了车路协同及自动驾驶产业发展。同时，苏州高铁新城落地 IMT2020（5G）推进组第一批“MEC 与 C-V2X 融合测试床”项目，提供基于 MEC 与 C-V2X 融合的跨厂家、多感知方式、多路侧终端类型和多应用服务的测试床环境，进一步构建产业生态。

聚焦行业痛点，该项目的落地实施有效解决了单车智能技术瓶颈和感知能力局限，提供智能驾驶类应用，车路协同云平台结合 5G 车路协同网络，为智能驾驶车辆提供交通安全及效率辅助信息，全面提升先导区自动驾驶车辆行车安全性、业务运行可靠性。同时，基于“数据基础 + 平台能力”，苏州高铁新城实现全息路口可视化，打造多功能云控管理平台，助力公安机关、交通部门等政府监管运营部门提高数字交通服务、降低管理成本、提升管理效率、增强运管手段。

目前，自动驾驶的感知、计算、成本等局限性导致其落地困难，通过该项目打造的路侧感知、5G 网络、车路协同云平台，为自动驾驶提升了感知能力，加速自动驾驶应用落地。该项目推动无人驾驶示范运营，基于 5G 智能网联的无人驾驶公交车载客接驳服务、无人环卫车道路清扫服务、无人驾驶出租车载客服务、无人物流车即时快递等配送服务，打造国内首个 5G 车联网示范区综合性无人驾驶示范运营标杆。

智能仓储管理平台：为物资管理高质量发展赋能

参与企业： 中国水利电力物资集团有限公司、浪潮集团有限公司（简称“浪潮”）

案例简介： 智能仓储管理平台以最大限度地优化整体库存结构、降低资金占用、提升物资调配效率为目标，通过技术创新驱动，贯通供应链信息，实现自动化仓储作业，从人管物向物找人的模式转变，建设平衡利库与智能推选、联储寄售、大数据分析等应用，实现物资全生命周期管理，为物资管理高质量发展赋能。

应用成效： 智能仓储管理平台已应用于中国大唐集团有限公司（简称“大唐集团”）多个二级单位及基层企业，对优化库存结构、盘活库存、集中管控、降本增效效果显著，物资管理水平得到了极大提高。该管理平台的应用减少库存资金占用约10.2亿元，闲置物资占比降低16.9%，累计减少停机时间约40万小时，创造电量效益近1亿元。

从“人管物”到“物找人”

中国水利电力物资集团有限公司是电力行业历史最为悠久的能源商贸物流企业之一，隶属大唐集团。该公司围绕大唐集团打造成为“绿色低碳、多能互补、高效协同、数字智慧”的世界一流能源供应商的愿景，与 5G、工业互联网、AI 等方面有丰富研究和实践经验的浪潮合作，建成行业首个集团化的“智能仓储管理平台”。

该管理平台以最大限度地优化大唐集团整体库存结构、降低资金占用、提升物资调配效率为目标，通过技术创新驱动，贯通供应链信息，实现自动化仓储作业，从人管物向物找人的模式转变，建设平衡利库与智能推选、联储代储、代售寄售、大数据分析等应用，贯穿集团、省公司、基层企业三级应用，实现物资全生命周期管理，为物资管理高质量发展赋能。

打造仓储管理的新场景

智能仓储管理平台以技术创新驱动，将新技术、新理念转化为仓储管理中的新应用、新场景。

——基于互联网技术，智能仓储管理平台将业务全过程数字化，消除信息盲区，实现数据集成，业务流、信息流、数据流三流合一，提升业务处理时效。

——基于移动互联网、物联网技术，智能仓储管理平台在业务数字化的基础上，实现现场物资出入库、移位、盘点等操作过程中信息远端实时可视化，智能机器人自动化操作，管理不脱节，全过程可控、在控。

——大数据分析与人工智能计算推动物资管理和决策的智能化，实现业务智能处理、全景分析、全方位预警。

——智能仓储管理平台依托工业互联网与区块链技术，归集物资从生产到应用的全过程数据，对物资全生命周期信息实时溯源，实现与系统内单位、兄弟集团、供应商物资协同管理。

创造电量效益近1亿元

智能仓储管理平台投入使用后，优化了库存结构，实现了互利共赢，减少了库存资金占用额约为10.2亿元，闲置物资占比降低16.9%，实现代储物资72小时到货，风电事故备机96小时内调拨到场，累计减少停机时间约40万小时，创造电量效益近1亿元。

智能仓储管理平台为现代化发电保障体系赋能，运用新技术助力传统能源行业向绿色、智慧行业转型，利用协同共享，具备前瞻供应链变化能力，保障供应链协同安全。

目前，该管理平台已应用于大唐集团多个二级单位及基层企业，对优化库存结构、盘活库存、集中管控、降本增效效果显著，物资管理水平得到极大提高；同时通过联储代储、代售寄售模式与供应商深度合作，将物资管理关口前移，延伸物资供应链管理能力，建立供应链各主体单位协同发展、互利共赢的体系。

作为电力行业首家智能仓储管理平台，该管理平台成功上线后，在业内引起较大反响，赢得高度评价。智能仓储管理平台应用如图 1 所示。该项目的上线同时衍生了《集中化“数字仓储”体系在发电行业的应用探索》《数字仓储在大型发电集团的实践探索》《仓储物流智慧化管理创新应用》《强化政治引领，推进“大唐仓储”高质量发展研究课题》《巩固风清气正的政治生态，保障“数字仓储”高质量发展研究课题》5 篇论文，并获得 CN201620826130.5“一种基于物联网 RFID 技术的火电厂设备仓储管理系统”、CN201720162852.X“一种大数据处理平台网络架构”等专利。

图 1　智能仓储管理平台应用

“5G+AGV”提升特种物流工业“智造力”

参与企业： 北京航天云路有限公司、洛阳豫港龙泉铝业有限公司、中国移动通信集团河南有限公司洛阳分公司

案例简介： “5G+工艺车辆无人驾驶”项目主要解决目前国内电解铝行业铝液厂内周转过程中普遍存在的转运效率低、物流成本高、高温铝液运输安全风险大等问题。该项目通过构建智能调度平台，基于5G网络智慧调配AGV车辆，完成工业调度要素的协调联动，实现铝冶炼业务中工艺车辆运输的全流程智慧管控，实现厂内物流智慧调度、无人驾驶安全转运。

应用成效： 该项目具有先发优势，推广应用市场规模巨大，前景广阔。如果一家规模以上的铝行业企业部署10台“5G+无人驾驶AGV”，则通过本项目的应用推广，可以创造约20亿元的项目收入，为企业节约成本约10.68亿元，带动约3.2亿元的金融保险消费。

铝行业是有色金属资产贡献率最高的产业之一。我国铝行业运行态势良好，2020 年，氧化铝、电解铝产量分别为 7313 万吨、3708 万吨，规模以上制铝企业实现利润 628.9 亿元，同比增长 53.0%。其中，电解铝行业因其产品具有较高的可回收性，被认为是可持续发展的工业代表。

尽管如此，目前国内电解铝行业铝液厂内周转过程中，因采用铝液运输车辆 + 人工调度方式而普遍存在转运效率低、物流成本高、高温铝液运输安全风险大等问题。制铝企业提质降本增效的需求持续增强，铝行业转型升级需求愈加迫切。

北京航天云路有限公司响应铝行业企业降本增效、节能环保、安全生产的用户需求，面向体量巨大且发展态势良好的铝行业市场，推出“5G + 工艺车辆无人驾驶”与智能调度解决方案。航天云路“5G + 工艺车辆无人驾驶”如图 1 所示。

图 1　航天云路“5G+ 工艺车辆无人驾驶”

提升“智造力”，技术创新是“利器”

智能调度解决方案究竟有多智能？该方案利用语音压缩、卫星定位、数字通信、视觉识别等技术，结合 5G 大带宽、低时延、抗干扰特性，成功解决了 400kA 电解铝强磁场环境下的网络通信问题，实现了厂内物流无人化。

“企业应用了该解决方案后，可以进行更安全、更高效的特种运输。”北京航天云路有限公司副总经理宫夏屹从以下 4 个方面介绍了该解决方案的创新亮点。

一是打通数据烟囱，保证系统互联互通。该解决方案可对接用户生产经营系统，保证系统数据的互联互通、数据共享，为业务开展提供完整、统一和准确的数据支持，多系统相互协调，在保证数据信息安全的前提下，实现跨层次、跨地区交流共享和开发利用。

二是支撑“5G + 创新应用”场景。宫夏屹表示，该解决方案以 5G 即时通信网络为支撑，利用 5G 组网、切片和 MEC 等技术，实现大带宽、低时延、安全可靠的数据传输，为平台和车辆运行提供高并发、低时延的网络通道，满足了客户生产、办公、管理等应用的通信服务需求。

三是运用国际领先的无人驾驶控制技术。在宫夏屹看来，该解决方案采用类人运动控制等先进算法，提升 AGV 的运行速度和控制精度。“支持自主规划 AGV 运行轨迹，同时可以动态调整规划功能。”宫夏屹指出，根据道路宽度及各个区域的分布情况，动态生成路径，用最短时间、最短路径、最便捷的方式完成任务，提升生产效率。

四是组合保障安全防控。针对重载 AGV 工业应用场景的安全性问题，该解决方案创新性地集成了先进的多重安全技术措施，包括激光避障、保险杠感应紧急制动、声光报警、视频联动远程语音提醒、人工干预急停按钮、异常停止策略等，组合保障转运安全。

打通强磁环境的“信息壁垒”

智能化、数字化是传统工业企业转型升级的重要路径。“5G + 无人驾驶”技术的应用，能够有效确保行车安全。

2021 年 1 月 19 日，伊电控股集团有限公司的“5G + 铝工业工艺车智能驾驶”首测成功。北京航天云路有限公司总经理助理郑治介绍，“经与中国移动通信集团河南有限公司洛阳分公司合作，目前已成功解决了洛阳豫港龙泉铝业有限公司的 400kA 电解铝强磁场环境下的网络通信问题，保证了系统的稳定运行。”

“5G + 工艺车辆无人驾驶”与智能调度解决方案作为有广泛适用场景的工业应用系统，可以有效减少企业运行成本，提高企业生产运行效率，进而增强企业竞争力。同时，该解决方案中的重载 AGV 作为应用于厂内物流转运的硬件设备，随着该解决方案的大规模应用，必将推动相关 AGV 上游厂家的业务发展。

目前，我国规模以上铝行业企业数量约为 2000 家，如果按照10% 的目标市场应用比例，每家企业部署 10 台“5G + 无人驾驶 AGV”，则通过本解决方案的应用推广，可以创造约 20 亿元的项目收入，为企业节约成本约 10.68 亿元，带动约 3.2 亿元的金融保险消费。

由此可以看出，“5G + 工艺车辆无人驾驶”与智能调度解决方案为当地依托产业升级推动制造业高质量发展提供了有力的支撑。

第四章

5G+智慧电力

随着5G、人工智能时代的来临，数字服务创新应用不断涌现，“5G+工业互联网”技术与智慧电力融合应用逐步推进，高效泛在、天地一体、云网融合、智能敏捷、绿色低碳、安全可控的5G智慧电网不断优化，“5G+精准动态作业”“5G+配网差动保护”“5G+实时数据监控”等创新应用不断涌现，以控制类、采集类、移动应用类、多站融合为代表的电网新型业务不断普及。“5G+工业互联网”将持续为电力产业发展赋智、赋能，加速实现电力系统各个环节万物互联、人机交互，推动智慧电力发展向状态全面感知、信息高效处理、应用便捷灵活的数字化、智能化方向转型，推进“5G+智慧电力”应用创新与场景拓展，实现高质量的能源互联。

5G 网络切片赋能电力系统数字化转型

参与企业： 国网山东省电力公司、中国联合网络通信有限公司山东省分公司（简称“山东联通”）、山东思极科技有限公司

案例简介： 该项目选取电网业务全环节的12个场景开展应用建设，并以解决“新型电力系统”的灵活调控、新能源消纳、源网荷储互动等关键问题为目标，在配电自动化、智能配电台区、客户用能管理、智能充电桩等关键业务上规模化部署50.9万个5G通信单元。该项目还构建了生产控制大区、管理信息大区、互联网大区3类电力5G切片，部署18套专用UPF设备。

应用成效： 本项目实现了对10000余个分布式光伏项目的安全接入和全面感知；输电环节的巡检效率提升了8倍，现场核查维护工作量降低了60%；配电场景的智能终端平均通信时延降低至13毫秒，将电网故障隔离时间缩短至秒级，进一步减少了客户停电时长。

网络切片是 5G 有别于 4G 的技术特征之一，是 5G 赋能行业的关键要素。网络切片设计需要在面向业务性能和安全需求的基础上，总体考虑空口频率、基站、承载网、核心网及切片管理等端到端的资源分配、组网方式。

“5G + 智能电网”应用优势凸显

在智能电网中，依托中国联通 5G 的大带宽和广覆盖优势，让高清监控“随时随地”接入，监控手段更丰富，监控数据更安全。同时，5G 在电网中的应用，通

过UPF下沉可以让敏感数据不出园区，通过5G独有的网络切片技术，可保障不同业务的完全隔离，使公网专网化变为可能。

山东联通依托5G优势，与国网山东省电力公司通力合作，搭建了首张拥有广域独享控制面以及端到端业务硬隔离能力的5G网络，精准满足了电力5G专网生产控制大区的业务需求。山东联通打造了广域切片的混合专网，满足了电力5G专网管理信息大区的业务需求，为国网山东省电力公司提供了量身定制、灵活高效的差异化网络服务能力。山东联通建设了5G网管平台，利用5G切片技术统筹监控管理各个大区的网络运行情况，为高比例新能源接入后的电力网络提供了新型管理手段，实现了新能源的可视、可控，提升了新能源消纳水平。

后期，结合国网山东省电力公司的5G专网规划，山东联通将在自运维管理平台、数字孪生、差动保护等场景持续投入，与国网山东省电力公司共同创新和探索，全力支持其打造“5G电力示范网”，推动电力与通信新技术的跨界应用，助推智能电力发展和数字化转型。

电力5G切片构建示意如图1所示。

生产控制大区业务5G切片

生产控制大区业务主站位于地市供电公司，为实现业务本地分流，在地市供电公司中心机房部署电力专用UPF设备，双机热备，并部署2套承载网设备，与运营商承载网对接，形成双归结构，保证承载网升级过程中业务不中断。山东联通在国网山东省电力公司试点运营商核心网资源池中划分硬件资源，部署电力独享专用SMF及AMF网元。

生产控制大区5G专网信令及业务流向示意如图2所示。

生产控制大区5G切片做端到端硬隔离。承载网部分，为生产控制大区划分1个FlexE切片，切片内划分VPN做逻辑隔离。核心网部分，UPF独立部署，由电力专用独享供生产控制大区业务使用，业务在UPF上做逻辑隔离并试点控制面电力独享专用SMF及AMF网元方案。空口部分，生产控制大区业务做基于5G业务质量标识（5G QoS[1] Identifier，5QI）的优先级调度，并在山东省开展空口物理资源模块（PRB）频率资源块预留试点。

注：1. QoS（Quality of Service，服务质量）。

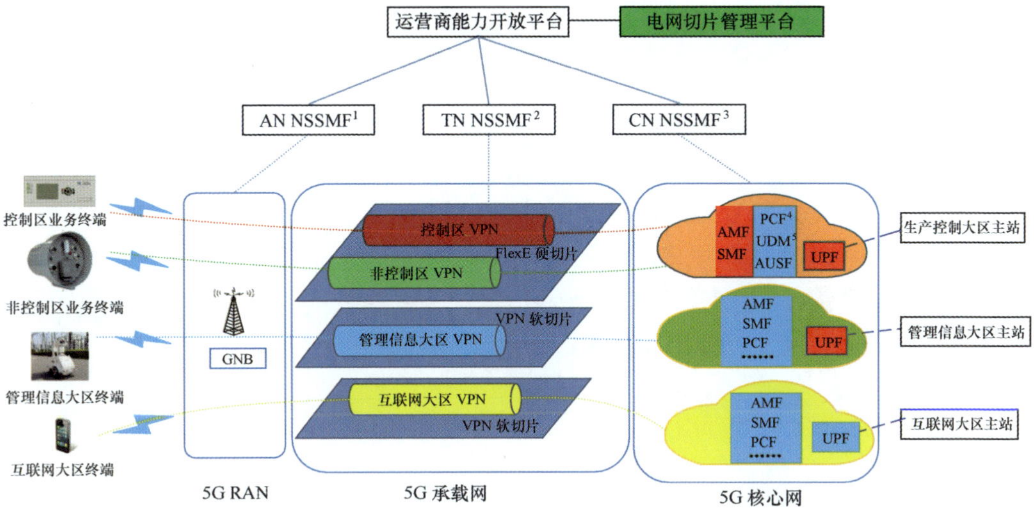

注：1. AN NSSMF（Access Network–Network Slice Subnet Management Function，接入网切片子网管理功能）。
2. TN NSSMF（Transport Network–Network Slice Subnet Management Function，传输网切片子网管理功能）。
3. CN NSSMF（Core Network–Network Slice Subnet Management Function，核心网切片子网管理功能）。
4. PCF（Point Coordination Function，点协调功能）。
5. UDM（Unified Dimensional Model，统一维度模型）。

图 1　电力 5G 切片构建示意

管理信息大区业务 5G 切片

管理信息大区业务主站集中部署于国网山东省电力公司，为实现 5G 网络与业务架构匹配，在国网山东省电力公司的中心机房部署电力专用 UPF 设备，双机热备，并部署 2 套承载网设备，与运营商承载网对接，形成双归结构，保证承载网升级过程中业务不中断。

基于以上网络资源，划分 1 个电力管理信息大区 5G 切片。空口部分按需做基于 5QI 的优先级调度。承载网部分，划分 VPN 与其他公网业务做逻辑隔离。核心网部分，部署独立的转发面 UPF 供电力独享，核心网控制面网元均与运营商共享。

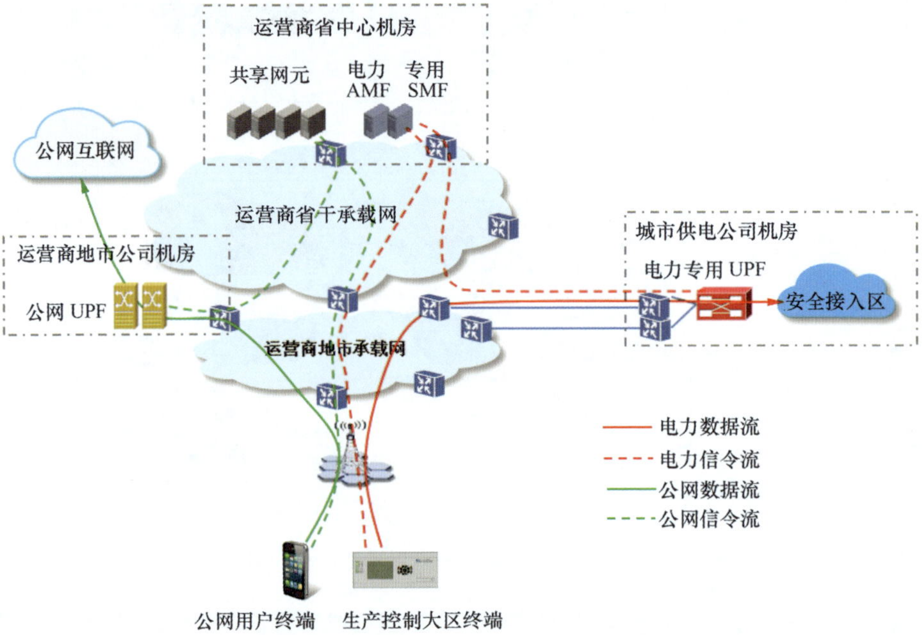

图 2　生产控制大区 5G 专网信令及业务流向示意

管理信息大区 5G 专网信令及业务流向示意如图 3 所示。

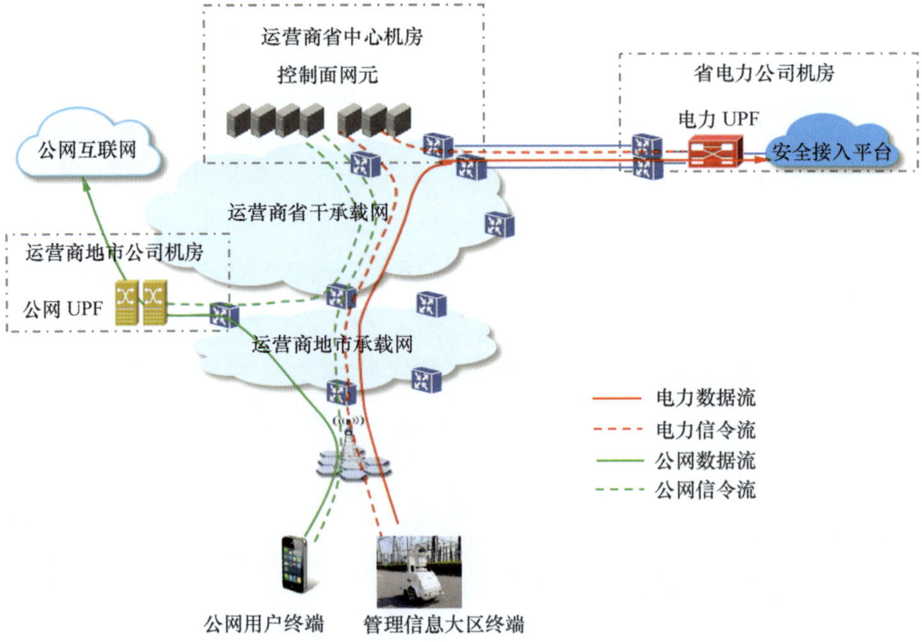

图 3　管理信息大区 5G 专网信令及业务流向示意

互联网大区业务 5G 组网及切片方案

互联网大区业务主站集中部署于国网山东省电力公司，采用虚拟专网方式构建了 1 个电力互联网大区 5G 切片。共享运营商 UPF，开通专线至国网山东省电力公司机房，实现 N6 接口与互联网大区主站对接。

互联网大区 5G 专网信令及业务流向示意如图 4 所示。

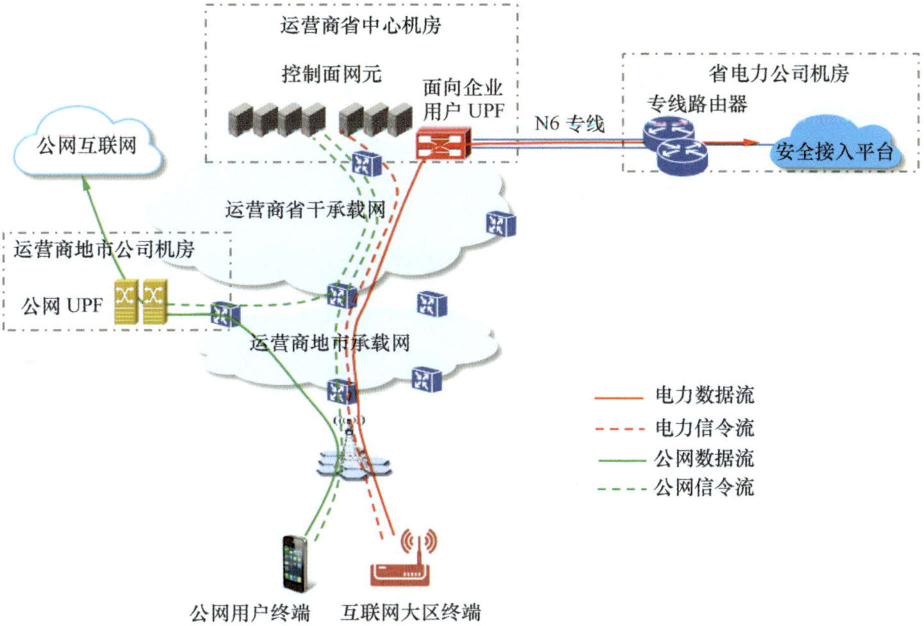

图 4　互联网大区 5G 专网信令及业务流向示意

项目经济社会效益显著

该项目针对“以新能源为主体的新型电力系统”的新能源高比例接入、电网高弹性灵活调节、源网荷储多元互动等迫切需求，积极推动 5G 在智能电网中的应用，探索电力 5G 网络和切片建设，并自研芯片模组，突破 5G 芯片目前存在的相关问题，高度契合国家电网公司“一体四翼”的发展布局。工程分 3 年建成后，国家电网公司将部署 50 万台 5G 终端，电力行业将成为国内 5G 应用的领头行业。该项目将有力促进 5G 在垂直行业的应用落地，培养 5G 电力应用生态，充分体现中国联通和国家电网公司的央企担当。

管理效益。该项目强化电力统一部署，强化 5G 大带宽、高可靠、低时延技术，加快推进 5G 技术在能源互联网的应用，从而提高 5G 切片业务管理应用水平和 5G 物联网卡网络资源使用效率，强化规范管理，进一步提高国家电网公司对自身业务的自主可控能力，持续提升 5G 技术水平和应用价值。

社会效益。该项目在一定程度上可以为国家电网公司建设“具有中国特色国际领先的能源互联网企业”的战略目标和服务经济社会发展的目标做出重要支撑，推动 5G、北斗卫星导航系统在电力行业的全方位应用，促进关键核心技术加速成熟，提高电网本质安全水平。此外，山东联通将充分发挥企业优势，进一步聚合 5G 产业生态，加速新型基础设施建设进程，持续开放网络平台接口能力，不断完善网络在用户侧自主管理、自主服务的能力体系，推动 5G、大数据、物联网及人工智能等新技术深度嵌入千行百业的生产、管理场景，努力在工业互联网、智慧城市、智慧旅游、智慧生态等领域再树“齐鲁新样板”。

经济效益。该项目探索合建 5G 的商业模式及合作方法。电力专网建设完成后，国家电网公司和中国联通共同运营 5G 网络，达到互惠双赢；对 5G 设备、电力专网开展实时管控、监测，定期评估资源利用率，优化调整资源，提升资源利用效率。

高效打造基于 5G 的智慧电力

参与企业：中国移动通信集团浙江有限公司（简称“浙江移动”）、中国移动上海产业研究院

案例简介：浙江移动提供了一张覆盖浙江省主要地区的5G专网，基于5G专网提供应用，同时提供5G网络的运营开放能力，实现国家电网公司对业务的可管可控。

应用成效：该项目实现了源网荷储各类资源的可观、可测、可控、可调，解决了电网尖峰供电能力不足等问题，提高机组运行负荷率和新能源消纳能力，每年可减少约1340万吨二氧化碳排放，拓展安全稳定防线，提升电网灵活调节能力，避免或减少由于拉闸限电给用户带来的经济损失，提升用户的用电体验，助力电网安全、效率双提升。

为响应国家“碳达峰、碳中和”的战略决策，更好地消纳新能源，同时满足浙江省日益增长的用电需求，国网浙江省电力有限公司全面开展高弹性电网建设工作，推动电网从“源随荷动”向“源荷互动”的模式发展，新模式带来了海量终端远程接入等新需求，对电力通信提出了新挑战。

从 2021 年开始，国网浙江省电力有限公司全面启动基于 5G 的智慧电力建设，基于 5G 切片、MEC 等技术打造国内首张端到端隔离的省域电力 5G 专网，创新“软、硬”两种 5G 切片商业模式，成功投运国内首个电力虚拟专网综合平台，承载秒级精准负控、配网自动化等 14 类电力业务，推动“源随荷动”向“源荷互动”升级，

加速打造浙江省高弹性电网，计划“十四五”期间开通超 20000 站。

浙江省 5G 电力专网一体化管控平台实时动态如图 1 所示。

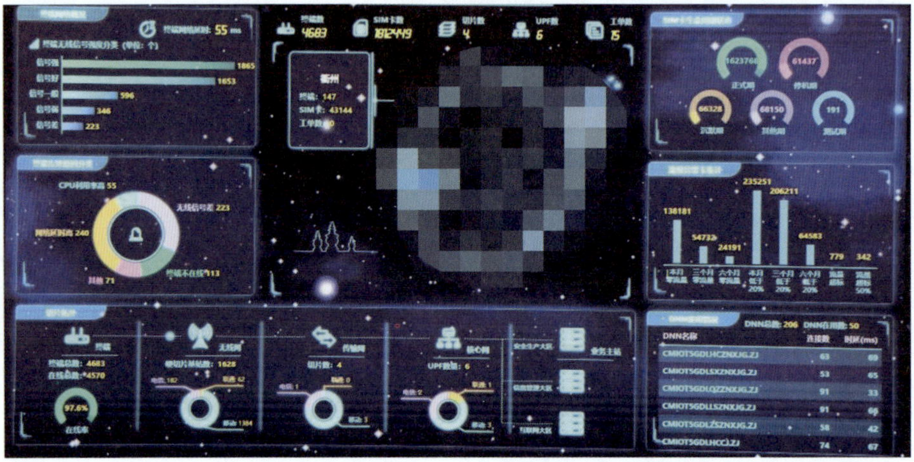

图 1　浙江省 5G 电力专网一体化管控平台实时动态

技术亮点

5G 专网采用“专享”模式交付。按照电力业务不同，浙江省构建“软、硬”两种 5G 切片商业模式。在浙江省电力及杭州、宁波等部分地市机房部署 MEC，并利用 5G 切片技术在移动 5G 公共网络的基础，构建一个端到端、安全隔离、按需定制的 5G 电力专网，实现电力专网数据在 5G 网络广连接、大带宽、低时延等多项需求。

浙江省 5G 电力专网组网方案如图 2 所示。

该方案提供泛在的电力无线专网，规划开通 3 个 5G 切片、156 个深度神经网络（DNN），从而构建浙江电力 5G 切片管理体系，完成浙江电力有效支撑 14 类电力业务规模商用，加速实现业务创新。

该方案打造了清晰合理的 5G 切片商业模式。基于中国移动 BAF[1] 商业体系，浙江移动简化收费科目，创新打造“软、硬”两种 5G 切片商业模式，明确了国网浙江省电力有限公司的建设模式和结算流程。

注：1．2020年，中国移动面向政企市场提出了BAF商业模式，即基础网络（Basic）、增值功能（Advanced）、个性化服务（Flexible）。

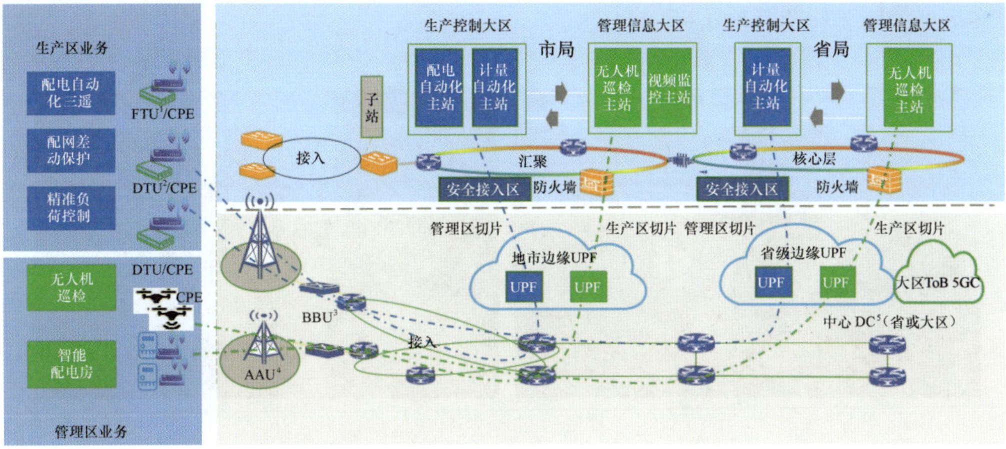

注：1. FTU（Feeder Terminal Unit，馈线终端）。
2. DTU（Distribution Terminal Unit，配电终端）。
3. BBU（Building Base band Unit，室内基带处理单元）。
4. AAU（Active Antenna Unit，有源天线单元）。
5. DC（Data Center，数据中心）。

图 2 浙江省 5G 电力专网组网方案

此外，该项目中形成的浙江电力广域 5G 虚拟专网方案，以及基于中国移动 BAF 商业体系创新形成的浙江电力 5G 切片价格体系对推动 5G 行业虚拟专网落地应用具有积极作用。以虚拟专网方案与商业模式为“双轮驱动”，有效推动了国网浙江省电力有限公司 5G 切片在全省范围内大规模商用，具有极强的可执行性和参考价值，能够在极大程度上指导其他垂直行业的规模商用。

应用部署

通过 5G 电力专网，国网浙江省电力有限公司实现了首个百万千瓦秒级可中断负荷终端安全接入工程，调节的负荷规模已达到 200 万千瓦时，在浙江省的发电、输电、配电各地实现配网自动化三遥、配网差动保护。

配网自动化三遥。配网设备通过连接 5G 网络，实现设备与配网自动化主站间的数据通信能力，实现遥测、遥信信息上报，具备遥控能力，达成配网自动化三遥通过 5G 网络实现业务功能的目标。配网自动化三遥现场解决如图 3 所示。

配网差动保护。配电线路两端节点的实时电流值交互及比对，可判断连接线路是否出现问题。出现问题后，快速自动切断配电线路，进行故障隔离及定位，避免连锁反应；在有备用线路的情况下，快速进行线路切换，实现故障恢复。配网差动保护现场解决如图 4 所示。

图 3　配网自动化三遥现场解决

图 4　配网差动保护现场解决

智能化巡检。在输变电路监测应用领域，工作人员利用视频监控技术，通过视频采集设备将采集的图像、视频、激光点云数据等传送至巡检调度中心，对架空输电线路本体、附属设施、线路通道等进行检查，完成线路日常巡检、故障巡检、动态巡检、检测工作。

秒级精准负控应用。浙江省百万千瓦秒级可中断负荷终端安全接入工程是浙江省内首个 5G 大规模商用实施应用。该工程利用 5G 通信技术从主变高压侧直采电流、电压信号，跟踪监测用电负荷大小，当负荷超过所设定负荷定值时，采取先报警提示、后跳闸切断负荷来保护用电线路的监测控制技术。根据不同的控制要求，控制系统分为实现快速负荷控制的毫秒级控制系统和更加友好互动的秒级及分钟级控制系统，控制对象精确到生产企业内部的可中断负荷。该工程通过精准控制可优先切除可中断非重要负荷，例如电动汽车充电桩、工厂内部非连续生产的电源等。精准负荷控制显示大屏如图 5 所示。

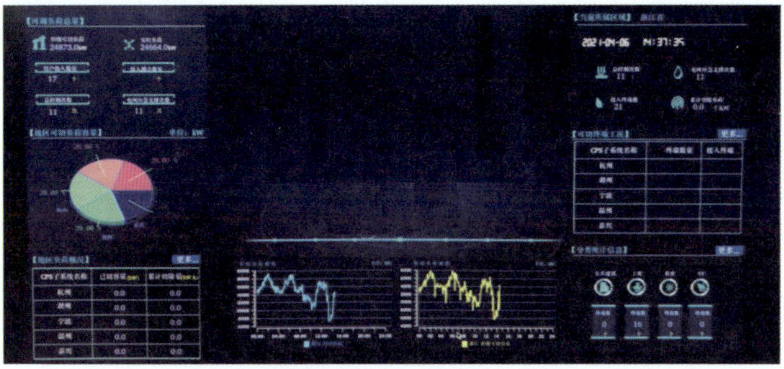

图 5　精准负荷控制显示大屏

5G 配电房。在配电房部署 5G 轨道式机器人，可实现设备的状态检测、环境的实时监控、行为的安全防控等功能，并将数据实时传送至远程监控中心，实现配电房多方数据协同的综合监控和管理，完成小区配电房的无人化巡检。配电房巡检现场如图 6 所示。

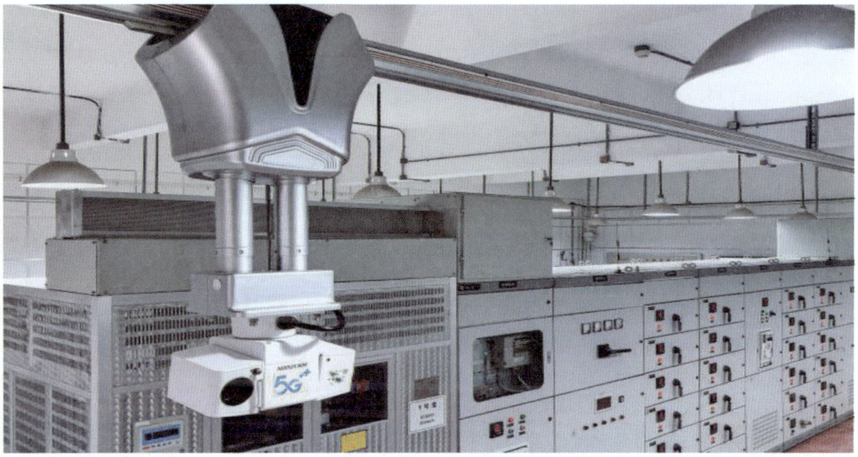

图 6　配电房巡检现场

5G 是落实国家“碳达峰、碳中和”战略目标的关键，也是落实国家“新基建”战略的重要内容。通过 5G 切片技术打造广域 5G 电力虚拟专网，国网浙江省电力有限公司实现了在全省范围内的广域 5G 覆盖和规模化业务承载，助力国网浙江省电力有限公司建设源网荷储友好互动的多元融合的高弹性电网，从而实现内外资源极大调动、调节模式极大优化，有效提升了清洁能源并网消纳能力。国家电网公司作为中央管理企业，在落实国家规划和发展方面为其他行业的 5G 应用起到示范推动作用。

“双碳”背景下的智能电网5G规模化应用

参与企业：中国移动通信集团山东有限公司（简称“山东移动”）、国网山东省电力公司、北京智芯微电 子科技有限公司、中国电力科学研究院有限公司、华为技术有限公司、中移（上海）信息通信科技有限公司

案例简介：山东移动联合国网山东省电力公司共同打造了全国首套省域5G电力示范网，项目聚焦“双碳”背景下的新能源高比例接入、电网高弹性灵活调节、源网荷储协同互动等“新型电力系统”需求，在国网山东省电力公司“发、输、变、配、用”全环节12个业务场景规模化应用30万台5G终端，解决智能电网“最后一公里”可靠通信问题，助力“双碳”目标实现。

应用成效：该项目实现了光伏、地方火电等厂站安全接入，大幅节约光缆建设、维护成本。5G特性赋能无人机、变电站机器人智能巡检，有效提升了电网业务运行效率。该项目推动了“双碳”目标的实现，为源网荷储协同互动提供可靠通信保障，支撑“以新能源为主体的新型电力系统”构建。

山东移动与国网山东省电力公司密切合作，在山东省统一构建了电力生产、管理信息、客户服务3类5G切片网络，总计下沉部署数据转发网元UPF设备20套，接入电力5G终端7000余套，应用基站超过7万座，实现山东16个地市全覆盖，形成国内最大规模的5G电力行业应用。该项目上线了目前国内自管理、自运营程度最高的5G行业专网平台，率先推广应用5G嵌入式通信单元，大幅降低了5G规模化应用的成本和施工难度，并与中国信息通信研究院、中国电力科学研究院等

开展多项 5G 行业标准编制，解决了 5G 规模化应用的技术标准问题，是 5G 赋能山东数字强省建设、助力新型电力系统发展的新成果。

该项目在国网山东省电力公司“发、输、变、配、用”全环节 12 个业务场景中实现规模化应用，此处列举 3 个主要场景。

场景一：发电环节

分布式能源场景如图 1 所示。

图 1 分布式能源场景

该项目基于 5G 技术实现大规模分布式光伏的监控和调度。在边端，加装 5G 台区智能融合终端，它可以实现光伏电站信息的采集和控制指令的下发。在网端，建成全国首张省域电力 5G 专网，部署 20 套 UPF 设备，应用基站超过 7 万座，在基站侧预留 2% 的资源块（Resource Block，RB），承载网使用了 Flex E 技术，有效满足了电力监控业务的要求。在云端，搭建电网多元协同控制系统，通过整合采集到的功率、电流、电压等光伏发电数据，以及温度、日照、降水量等天气数据，训练人工智能模型，实现对光伏发电的精准预测。目前，山东省已经部署约 7000 台 5G 台区智能融合终端，实现超过 1 万座分布式光伏电站的监控和调度。对比单站约 30 万元的光缆投资，节省成本近 18 亿元。

场景二：电力输电环节

电力输电场景如图 2 所示。

图 2　电力输电场景

输电线路是电网的“大动脉”，直接关系到电网安全供电，传统巡检往往需要徒手爬塔、肉眼检查，而在山区，一个熟练的输电工人翻山越岭，一天也只能完成 2 ～ 3 座铁塔的巡检工作。为了提高巡检效率，企业可采用“5G + 无人机”智能巡检。无人机集成了“5G + 北斗 + AI”技术，具有两大突出优点：一是通过北斗精准定位，实现无人机自动巡检线路，省去飞手的操控；二是 5G 大带宽支撑巡检视频实时安全回传，实现绝缘子、杆塔、小尺寸金具等 9 个大类 30 余个小类缺陷的自动诊断，大幅提升巡检效率。目前，山东省 500kV 及以上的线路已经实现了 100% 无人机巡检，巡检总量超过 20 万座基站，累计收集缺陷样本图像数据超过 1600GB。

场景三：电网“枢纽”变电环节

电网“枢纽”变电应用场景如图 3 所示。

图 3　电网“枢纽”变电应用场景

在济南 CBD[1] 供电中枢——220kV 志远变电站自动巡检展示，5G 智能机器人

注：1．CBD（Central Business District，中央商务区）。

巡检室外高压设备形成可见光成像和红外成像，实时回传设备状态、主动发现设备缺陷。同时该项目还试点研发了5G VR机器手臂，远程操作人员佩戴VR眼镜可实时获取现场高清视频，通过沉浸式作业方式控制变电站机器人执行操作。

目前，山东省已有1213台巡检机器人投入运行，实现了变电站人工例行巡检的智能替代，逐步将全部实现5G升级。

除了上述3个典型场景，还有5G用电信息采集、移动作业办公等9个场景，实现了电力全环节5G规模化应用，为5G技术在整个电力行业的规模化推广应用奠定了基础。

该项目的重要意义是在国网山东省电力公司应用30万台电力5G终端，实现规模化应用，这是目前单个垂直行业最大规模的5G应用项目。在电力行业领域规模化推广应用5G，是构建高速、移动、安全的新型数字基础设施，落地“网络强国”战略的有力举措。该项目的成功实施有助于推动“双碳”目标的实现，在能源生产侧，提升风电、光伏等新能源的消纳能力。同时，该项目带动了产业链发展升级，推动轻量化工业芯片、模组的研制和规模化应用，还有效降低5G行业应用成本，加快5G网络建设和在行业中的普及应用，进一步推动我国5G芯片、终端、系统等完整产业链的创新发展，抢占5G在全球范围内的发展先机。

5G 加持，水力发电高效更安全

参与企业：中国电信股份有限公司十堰分公司、威特技术有限公司

案例简介：该项目采用“终端+5G无线专用网络平台+AI识别系统+MEC服务器”方式，对水电站每层主要作业现场和危险区域进行全方位无死角深度覆盖，通过在施工、运维人员活动区域部署超宽带高精度定位基站，结合5G网络基站定位，通过5G摄像头、巡检机器人、无人机巡航对临时施工、检修区域、重要水域进行监控，实现人员厘米级高精度定位和危险区域电子围栏功能，AI识别工作人员未佩戴安全帽、着装保护不到位等不规范行为进行报警等，从而提升电厂的安全综合管理水平。

应用成效：该项目的实施解决了生产流程烦琐、智能需求迫切；备品种类多、维护人员少；安全要求高、运维压力大等现实问题。该项目采用智能设备，机器替代人，向科技要效益；系统融合联动，建立大数据模型，向数据要效益，确保项目有较高的投入产出比。

湖北黄龙滩水力发电厂地处秦岭东麓，位于湖北省十堰市张湾区黄龙镇以西4000m 的峡谷出口处，紧邻襄渝铁路和 316 国道。湖北黄龙滩水力发电厂位于汉水最大支流——堵河的下游，距离“南水北调”水源地丹江口水库约 40000km，是堵河上一颗璀璨的水电明珠，主要任务是发电、供水、防洪。

湖北黄龙滩水力发电厂可视化安全生产辅助系统项目采用了“5G +MEC+ 天翼云 + 物联网 + 无人机技术 + 智能 AI 比对技术”，对重要水域、重点部位、厂区

公共区域进行可视巡检、智能管控、主动预警，实现智能决策。另外，该项目还能对电厂综合环境进行监测，起到全方位保障安全生产的作用。

湖北黄龙滩水力发电厂相关负责人表示，该项目的逐步实施，不但提高了该电厂的综合管理能力和水平，也实现了降本增效，节省了运营成本、人力成本等，同时也为重点区域的反恐应急工作打下基础。

有了这一项目成果，在枢纽园区可实现六大功能：一是智能监控，可对重点出入口、通道、检查站等区域机非人全结构化；二是入侵报警，通过视频周界防护、热成像、震动光纤、雷达等感知设备对电厂周界入侵进行防范；三是出入口控制，对进出人员、车辆进行识别、布控、预警；四是水域防范，通过重型热成像云台、雷达对水面船只或漂浮物等进行监控；五是低空防范，通过无人机反制系统对“地慢小”进行管控；六是应急指挥，建立电厂应急指挥系统，实现一键指挥、一呼百应、一体联动、一览无余，防范于未然。

另外，该项目在生产区也可实现五大功能：一是智能监控，对大坝、发电厂房、升压站、出线场等进行视频全面多维监控；二是联合巡检，自动识别设备运行状态及预警，助力智慧电厂少人/无人化值守；三是作业管控，远程自动监控厂区工作人员穿戴及工/器具规范使用情况，确保工作人员安全；四是设备测温，热成像测温可对生产设备异常发热进行识别，故障隐患早发现、早定位、早排除；五是环境监测，对环境温浓度、气体浓度、气象信息等进行实时监测。

该项目的运行实现了少人/无人化值守，改变了现有的电厂运行模式及管理模式，安全性和生产效率大大提升。技术人员预测，应用这一系统，可减少事故发生概率。同时，这一系统也对坝区水域安全、环境安全等方面提供了直接依据，为应急救援增加了更多的技术手段和基础数据。

专家表示，电厂安全及少人/无人化值守将成为电厂后续的发展趋势。该项目的逐步建成，一方面对地区水力能源运行提供了一种安全生产、提质增效的运行模式，将为地区的安全稳定有序发展奠定基础；另一方面也为整个水力行业提供一套全新的管理模式，有助于提升整个水力行业信息化水平。

5G 为电网运行插上智慧的翅膀

参与企业： 中国移动通信集团湖北有限公司孝感分公司（简称“孝感移动”）、国网湖北省电力有限公司孝感供电公司（简称“孝感电力”）、中兴通讯股份有限公司

案例简介： 前期孝感城区配电自动化主要使用光纤通信，但该应用存在诸多难点。为解决敷设光纤成本高、实施难及故障停电影响时限长等问题，孝感移动联合孝感电力运用5G技术低时延、高可靠的优势，定制配电自动化专用5G切片，为孝感电力提供了一条专属安全高效的通信通道切片，做到有5G覆盖的地方，就可以快捷部署实施配网自动化三遥业务。

应用成效： 孝感5G智慧电力项目是湖北省首个正式实现基于5G网络的线路智能开关远程遥控试点项目。该项目的落地标志着孝感城区配电系统能够更高效地实现瞬时电力故障自动恢复（故障区自动隔离、非故障区自动恢复供电等）的电网自愈功能。该项目缩短了故障停电恢复时限，进一步提升了民众用电的满意度。

5G 是具有高速率、低时延、高可靠等优势的新一代移动通信技术。5G 等新一代信息技术基础设施建设已被写入 2020 年《政府工作报告》。同时，2021 年《孝感市政府工作报告》也提出，要大力开展包括 5G 基站在内的新型基础设施建设，发展数字经济。

加强 5G 基础设施建设

为进一步落实孝感市委市政府关于 5G 建设的要求，湖北移动与孝感市人民政府签署了“5G +”战略合作协议，并安排专职人员在孝感市经济和信息化局设置的“孝感市 5G 建设指挥协调工作领导小组办公室”常驻办公。

孝感移动相关负责人介绍，为加快推进孝感市中心城区 5G 网络全覆盖，打造 5G 精品网络基础设施建设，2020 年湖北移动追加了孝感 5G 网络建设与产业发展投资共计 1.8 亿元，占湖北省总规模的 6%。

在孝感市委市政府的大力支持下，以及孝感市经济和信息化局、孝感市自然资源和规划局、孝感市城市管理执法委员会等职能部门的指导和协助下，孝感移动克难奋进，现已全面完成 2.6GHz 频段 988 座 5G 基站开通，168 个传输机房和 249 个集中化无线接入网（Centralized-Radio Access Network，C-RAN）机房已建成并投入使用。

积极探索创新行业应用

孝感移动不仅努力加快 5G 基础设施建设，同时也积极响应党和国家的号召，配合各行业开展基于 5G 的行业应用探索创新。

调研发现，前期孝感城区配电自动化主要使用光纤通信，但存在光纤敷设难、成本高、核心城区光纤覆盖率低等难点问题，难以满足规划的需求。而 4G 网络的安全性和时延性能也无法满足业务承载需求。在资金投入、人员维护及业务调动灵活性上存在一系列问题。当故障发生时，只能通过人工到故障现场进行排障操作，无法快速排障，民众用电感知体验较差。

“为解决敷设光纤成本高、实施难及故障停电影响时限长等问题，孝感移动联合孝感电力运用 5G 技术低时延、高可靠的优势，定制配电自动化专用 5G 切片，为孝感电力提供了一条专属安全高效的通信通道切片。”孝感电力相关负责人介绍。有了专用 5G 切片后，有 5G 覆盖的地方就可以快捷部署、实施配网自动化三遥业务，同时孝感电力每年可节约使用成本 150 万元。

“5G 端到端时延可控制在 50ms 以内的优势，可用于当出现站房供电范围内部故障时，实现站房电源自动投切，就地自动隔离，降低故障停电影响。根据测试恢复供电可缩短到 5s，提升了民众用电满意度。”孝感电力负责人补充道。

5G 让城市电网运行更便捷

孝感移动独立建成的 2.6GHz 频段 5G 网络，已实现孝感市中心城区及 6 个县市城区全覆盖，5G 基站数量占孝感 3 家通信运营商总数的 65%。可以说，5G 让城市电网运行更便捷。

好的项目既让民众满意，也得到专家认可。5G 智慧电网项目的落地，《湖北首个配网‘5G’遥控送电在孝感实现》先后被《人民日报》、新华网等媒体报道。2021 年 9 月，在由中国信息通信研究院、IMT-2020(5G) 推进组联合主办的第四届“绽放杯”5G 应用征集大赛上，“湖北移动 5G 智慧电网安全评测”项目荣获优秀奖。中国移动申报的“5G 电力应用安全测评体系创新与标准化推广”项目荣获一等奖。

随着首个基于 5G 网络的线路智能开关远程遥控试点项目的成功，不仅民众用电更方便、更有保障，电力部门也感受到 5G 技术的强大作用。“孝感电力将逐步对全市的配电自动化升级改造，将 5G 技术充分应用到电力生产中。”孝感电力相关负责人说。

中国移动实操场景如图 1 所示。

图 1　中国移动实操场景

蓝卓supOS助力恒洋热电打造5G专网“未来工厂”

参与企业：浙江蓝卓工业互联网信息技术有限公司、中国移动通信集团浙江有限公司嘉兴分公司、浙江移动信息系统集成有限公司、中移（上海）信息通信科技有限公司、中兴通讯股份有限公司

案例简介：浙江恒洋热电有限公司（简称“恒洋热电”）对工厂中的异构设备系统进行集成，实现全厂生产的远程集中监管，以supOS工业操作系统作为未来工厂底座，打造热电“智慧大脑”，建立生产运营统一门户；以5G专网为重要支撑，以共享共赢为理念，构建热电行业智慧化集中管控平台，实现多企业资源要素的高效配置。

应用成效：该项目通过建设热电企业未来工厂，不断强化管理，提升能源利用率，降低单位能耗。恒洋热电的调度及管理水平明显提高，有效降低了蒸汽系统波动、提高蒸汽输送及平衡效率，达到节能降耗、提质增效的目的。

5G专网支撑热电行业“智慧大脑”

在我国能源生产革命中，热电企业需要完成新的身份定位，完成新的角色转变，处理好与市场、清洁能源的关系，克服多年来发展的“思维定式”。恒洋热电提出要打造未来工厂，需要搭建统一的未来工厂底座，对工厂中的异构设备系统进行集成，实现全厂生产的远程集中监管，充分发挥5G网络的灵活优势，跨地域组建5G专网，连接各热电企业，最大化地发挥行业大数据的价值，减排降耗，提高效率。

该项目基于supOS工业操作系统打造未来工厂底座，打造恒洋热电“智慧大

脑”，建立生产运营统一门户。该项目以 5G 专网为重要支撑，以共享共赢为理念，建设“行业大脑 + 未来工厂”的“1+*N*+*X*”热电行业智慧化集中管控平台，实现多企业资源要素的高效配置，未来工厂的高效自动运行，从而走上减排降耗的绿色发展之路。其中，“1”为一个地区级热电“智慧大脑”，“*N*”为多个热电企业未来工厂，“*X*”为多项 5G 应用。

打造未来工厂底座

该项目可以根据不同用户的角色将业务系统的不同功能有效组织起来，为各类用户提供一个统一的功能和信息入口。一方面，该项目对生产情况进行实时监控、报警管理；另一方面，通过对数据的汇总分析，展示主设备的安全性、经济性和健康度，同时对自动化投运率、先进过程控制（Advanced Process Control，APC）投运率进行实时评价，掌握整体生产和运行情况。该项目应用了自动化技术、边缘计算、机理模型、大数据、人工智能、5G 及工业互联网平台等多种技术。

该项目将建设热电行业“智慧大脑”，联合区域内多家热电企业打造行业联盟，共享资源，降低备品备件库存，增强煤炭采购话语权。该项目的成功实施将有可能改变热电行业的运营格局，为行业的高质量发展带来新思路。

节能降耗与提质增效“双管齐下”

从经济效益角度来看，恒洋热电打造的 5G 专网“未来工厂”取得了很大成功。该项目提升了自动化投运率和控制精度，提高锅炉的生产效率，降低产汽煤耗 1% 左右。按照日均 700 吨耗煤，800 元 / 吨价格计算，每年降低煤耗 204.4 万元左右。从社会效益角度来看，该项目全面提升了企业的调度及管理水平，有效降低蒸汽系统波动、提高蒸汽输送及平衡效率。恒洋热电积极响应国家号召，在节能减排方面实现了突破，通过提高能源生产效率，节能减碳，助力“碳达峰、碳中和”战略目标实现。该项目促进了电力、蒸汽供需平衡，提高了运行人员整体技能水平，提升了运行人员应对突发事件的反应能力，并通过数字化手段提升了热电生产的安全性。

热电企业未来工厂的建设，为整个行业提供了新的发展思路：通过不断强化管理，提升能源利用率，降低单位能耗，控制运营成本，必将迎来新的发展契机，达到节能降耗、提质增效的目的，为服务城市经济发展和实现节能减排做出更大贡献。

面向MEC专网，打造“5G+智慧电厂”安全解决方案标杆

参与企业：中国移动通信集团浙江有限公司（简称“浙江移动”）、杭州安恒信息技术股份有限公司、中国移动通信集团浙江有限公司台州分公司

案例简介：基于5G专网、边缘计算和切片等技术，完成火电厂区的5G覆盖，实现巡航机器人、全景摄像头、无人机等厂区内终端的数据业务传输。通过加强融合边缘云的安全性，一是提供云、边网络安全解决方案，实现端管可信、云边协同、业务可用；二是提供端、管、云、边网络安全解决方案，实现端可用不可见、数据可见不可用的主动防御效果。

应用成效：本项目作为浙江移动在“5G+智慧能源”方向上的标杆，主要应用成效包括降低了常规安全产品的使用成本，提高了安全产品的覆盖面和可推广性，强化了物联网终端安全、数据传输安全和应用系统安全。

台州发电有限责任公司“5G＋智慧电厂”方案通过5G专网、边缘计算和切片等技术，完成火电厂区的5G覆盖，实现巡航机器人、全景摄像头、无人机等厂区内终端的数据业务传输。

“5G＋智慧电厂”方案可以低成本、高效率地实现能源企业数字化、智慧化转型。但是该方案在提升效率的同时，也带来了融合边缘云安全性、电厂业务平台及业务数据安全性等方面的安全风险。“5G＋智慧电厂”方案应用需要构建以业务为核心、以安全为保障的解决方案，实现技术转型和安全运行的目标。台州发电有限责任公司“5G＋智慧电厂”方案主要通过安全资源池、安全软件开发工具

包（Software Development Kit，SDK）及零信任安全防护体系，实现融合边缘云、5G 终端及业务应用的安全。

建设云安全资源池

针对融合边缘云，浙江移动建设与其相匹配的云安全资源池，通过安全能力资源化、安全资源服务化等技术手段，加大“智能网络安全能力”部署，快速适应新的网络安全需求，形成行业标杆，加速产业链协同升级，让基础安全能力按需、自主地为融合边缘云平台及云上租户业务提供服务。

“智云领航”网络安全运营平台如图 1 所示。

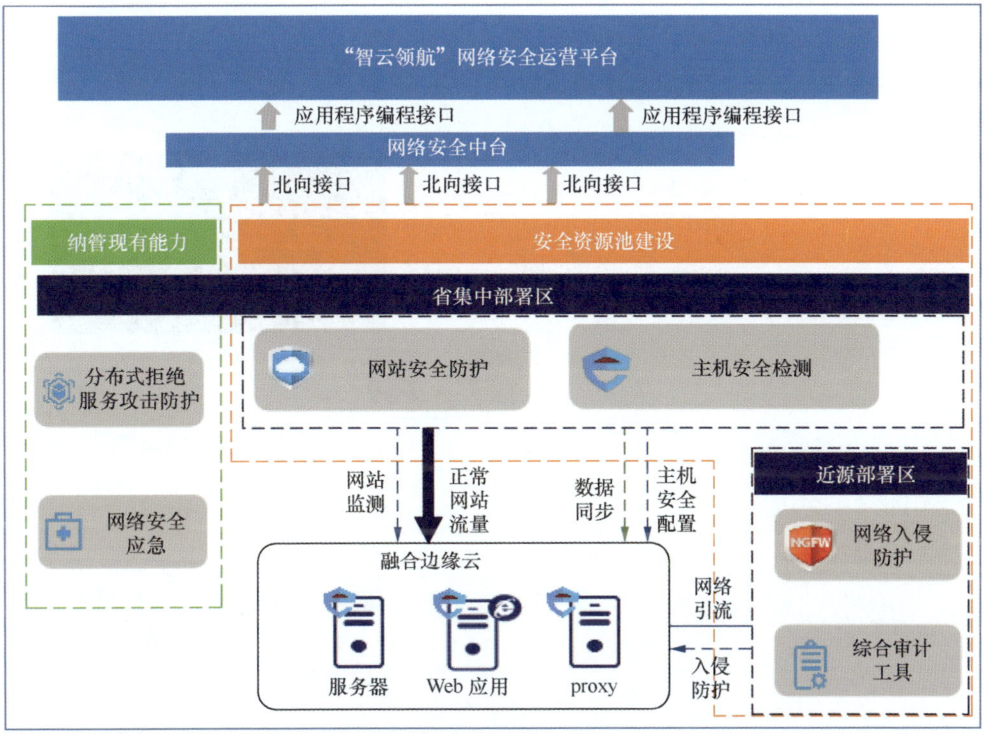

图 1　“智云领航”网络安全运营平台

在集中化安全能力方面，浙江移动部署了 1 套集中化的安全资源池，能够以软件即服务（Software as a Service，SaaS）的方式为平台和业务提供远程监测、远程防护、远程扫描安全能力，IP 可达即可使用安全能力。在近源安全能力方面，浙江移动在台州融合边缘云侧部署了 1 套近源安全资源池，可提供流量镜像类、近源防护类安全能力。“集中＋近源”的安全能力，覆盖等保三级防护要求，可以为融合边缘云和业务应用系统提供覆盖区域边界、通信网络、计算环境及安全管理中心的安全防护服务。

部署安全 SDK 与管控平台

针对终端安全及终端与应用之间的数据安全，浙江移动部署了安全 SDK 和管控平台。采用“云＋端”的联动式防护架构，依托内核级进程文件防护技术、大数据安全分析技术、自适应安全防护技术和区域安全态势分析技术等多项关键技术，对海量物联网终端进行安全监控、传输加密和接入管控，建立物联网终端的区域安全态势分析和威胁感知评估方法，及时对物联网应用的物联网终端进行安全防护、数据加密、异常分析和态势感知。

物联网安全管控平台如图 2 所示。

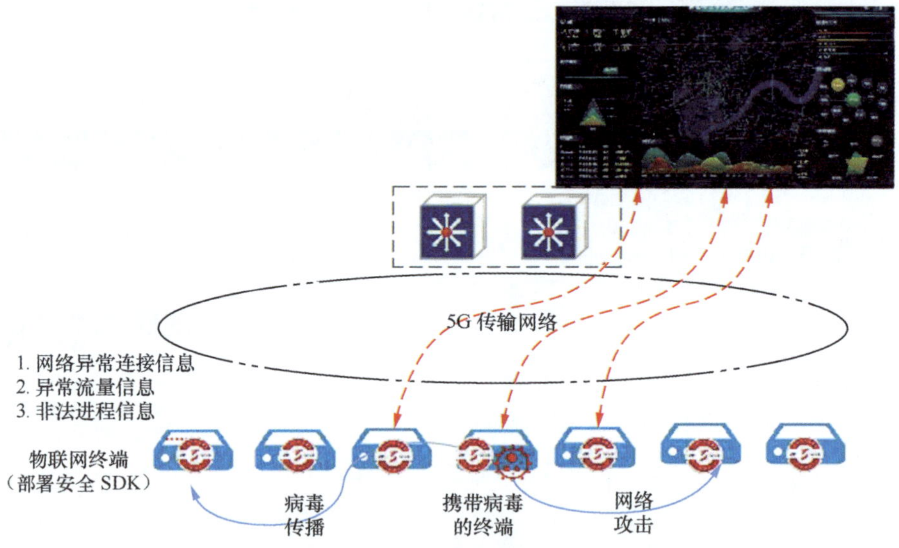

图 2　物联网安全管控平台

浙江移动对物联网终端嵌入安全心，结合物联网态势感知与管控平台，实现资产管理、威胁分析、密钥管理、安全审计，为物联网网络提供安全防护、数据加密、威胁感知和可信管控能力。安全心一端到端全流程加密如图 3 所示。

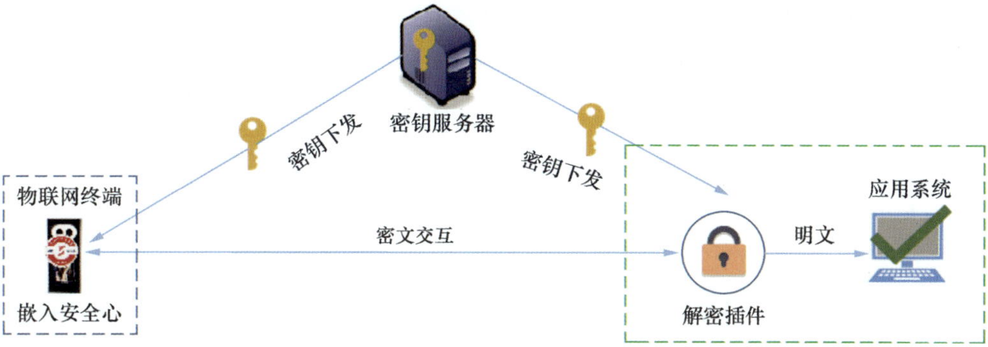

图 3　安全心—端到端全流程加密

打造零信任防护体系

零信任安全体系的核心逻辑组件分为控制平面与数据平面。控制平面的零信任控制台负责对主体进行认证和鉴权，判断是否授予主体资源访问的权限，与数据面的零信任代理对接，管理访问凭证，并负责发出启动、中止主体会话的信号；数据平面的零信任代理系统负责控制、启用、中止主体的连接请求，与业务资源之间存在隐式信任关系，负责控制应用请求及为访问主体构建安全访问通道。基于数据平面组件实际部署的不同位置与形态，零信任应用代理系统负责对主体的应用访问请求进行控制，并可以附加应用水印、应用流量管控等措施。零信任安全网关架构设计如图 4 所示。

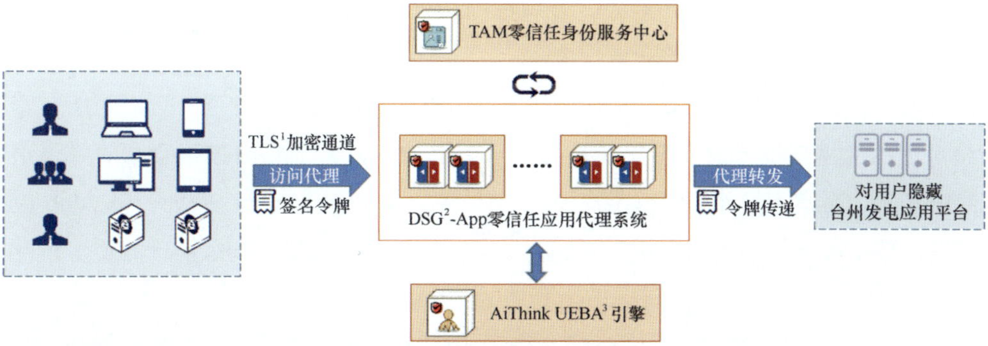

注：1. TLS（Transport Layer Security，传输层安全协议）。
2. DSG（Data Security Gateway，数据安全网关）。
3. UEBA（User and Entity Behavior Analytics，用户和实体行为分析）。

图 4　零信任安全网关架构设计

零信任安全体系的核心逻辑组件具备与外部系统灵活对接的能力，由零信任控制台提供外部接口，与终端/主机环境感知以浏览器/服务器(Browser/Server，B/S）门户形式联动，实现设备认证/识别和安全基线感知；与外部4A[1]等身份、权限服务对接，采集主体身份及权限信息，并扩展CA[2]、轻量目录访问协议（Lightweight Directory Access Protocol，LDAP）、生物识别等认证方式；通过向UEBA系统输入审计信息，由UEBA系统进行大数据模型分析，向零信任安全体系核心逻辑组件反哺主体的风险、基线、评分等信息，联动实现主体行为上报和用户行为感知。以上外部系统共同为零信任体系提供决策输入。

产业及社会效益凸显

截至2020年年底，全国有134万家电力相关企业，加上油气、矿山相关企业，我国能源企业数量庞大。随着清洁能源的应用，国家能源、环保、科技等相关政策的颁布，传统能源企业数字化、智能化改造需求强烈，通过将生产活动变得更加安全、可靠、高效、绿色，从而获得更大的竞争力。

“5G＋智慧电厂”方案主要涉及5G物联网终端安全、融合边缘云平台安全、应用安全，很多以电厂为代表的能源企业及其他制造企业都在进行数字化改造，实时性生产控制场景对5G低时延特性及安全专网有较大的需求。

在技术上，融合边缘云已经完成了集中节点和多个近源节点的部署，集中节点可以为所有网络可达的用户提供服务，近源节点可以为部署在融合边缘云上的所有用户应用系统提供安全防护能力，复用性高，可规模化复制；统一的运营平台可以提高用户体验感、减少运维运营成本。

本项目提供的集中化SaaS安全服务能力解决方案，覆盖性强，可以为所有网络可达的应用系统提供安全防护能力，可以有效覆盖浙江省内甚至全国的融合边缘云场景；SaaS技术有效提高了资源使用效率，单产品成本低。例如，云Web应用防火墙（Web Application Firewall，WAF）可以降低将近70%的计算资源和存储资源。

新基建是国家发展的重中之重，5G作为新基建的基础，成为超高清、物联网、

注：1. 4A是指认证（Authentication）、授权（Authorization）、账号（Account）、审计（Audit）。
2. CA是指证书的认证机构（Certification Authority），是公钥基础设施（Public Key Infrastructure，PKI）的核心。

AI、云计算、区块链等数字技术融合的基础和纽带，推动着我国新基建稳步向前。

“5G + 智慧行业应用”的安全事关经济发展、社会稳定和国家安全，是5G健康发展的基础和前提。本项目中采取的方案可以有效减少由于网络安全问题引发的安全事故或数据泄露事件。建设“5G + 智慧能源（电厂）”安全，可以有效推进5G技术和能源企业在数字化改造中的融合。

第五章

5G+智慧城市&智慧安全

随着5G网络的规模部署与“5G+工业互联网”融合应用的不断创新，利用“5G+工业互联网”为垂直行业赋能，已成为智慧城市、智慧安全发展中最受关注的话题。推动“5G+工业互联网”技术在基于数字化、网络化、智能化的新型城市基础设施建设中的创新应用，促进5G网络全面覆盖、行业应用深度融合及安全生态体系不断完善，将助力智慧城市、智慧安全的各项应用释放更大潜能，切实提高城市设施建设和治理水平，全面提高运行效率，保障安全生产，为城市经济高质量发展注智赋能、保驾护航。

“5G+新型智慧城市”探索县域城市治理新模式

参与企业： 中国移动通信集团有限公司（简称“中国移动”）、中移系统集成有限公司（雄安产业研究院）、华为技术有限公司、中国移动通信集团河南有限公司濮阳分公司（简称“濮阳移动”）

案例简介： 为有效破解濮阳县城市管理难题，濮阳移动结合濮阳县特色，通过顶层设计、可行性研究，建设濮阳县“5G+新型智慧城市”，探索出一套县域城市治理的新模式。

应用成效： 本项目实现了数据整合后的统一管理。运行一年来，发现并处置了城市管理事件2372件；受理了群众诉求事件3178件，办结3155件；解决了群众贷款难的问题，累计向4399户城镇居民授信2.5亿元；应急调度13次，应急事件包括特大暴雨和洪涝灾害；城市运行效率提升约25%，道路通行效率提升13%，城市治理效率提升37%。

濮阳县地处河南省东北部，近年来城镇化建设扩张迅速，但配套软实力严重不匹配，政府建设智慧城市，实现惠民、善政、兴业的意愿十分强烈。在此契机下，濮阳移动充分发挥管、战、建三级支撑优势，利用5G、云计算、边缘计算、大数据、区块链等新型信息化技术，为濮阳县政府搭建了完整的新型智慧城市体系，探索出一套县域城市治理的新模式。

该项目打造了“一云、一网、一台、一图+*N*项智慧应用体系”，包含城市运行一张图、13个城市运行监测系统等智慧应用。该项目建设一年来，给城市管理、政务服务、普惠民生、产业发展等方面带来了良好的社会效益和经济效益。濮阳县智慧城市技术架构如图 1 所示。

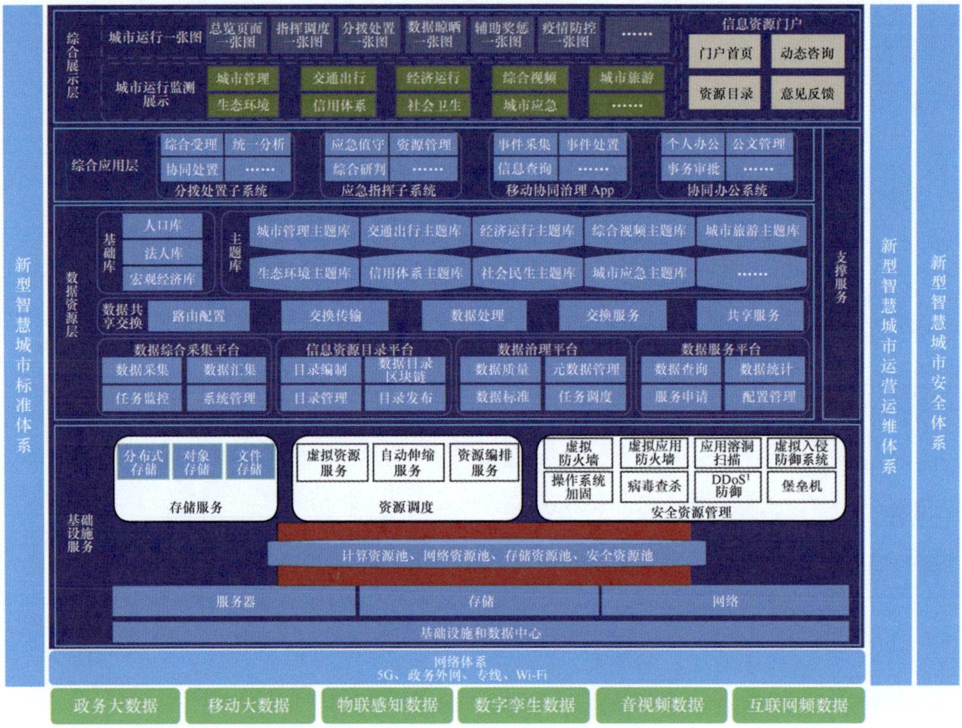

注：1. DDoS（Distributed Denial of Service，分布式拒绝服务）。

图 1　濮阳县智慧城市技术架构

城市数据共享交换平台

城市数据共享交换平台作为中国移动 OneCity 的核心能力平台，包含大数据基础支撑、共享交换、基础库等内容，完成濮阳县智慧城市建设的多源异构数据源接入、统一归集到大数据资源池、面向全量数据资源进行编目，支撑公用数据资源库建设的数据治理能力、支撑跨部门交换和中心落地的共享服务能力，以及统一运行监控能力，为城市应用提供基础数据能力支撑，并从基础、主题、应用等方面构建濮阳县大数据精细化管理体系，打造濮阳县大数据基础能力智能化建设。

城市运营中心

城市运营中心包含联合指挥大厅、城市会客厅、城市运营子系统 3 个部分。其中，联合指挥大厅可实现联合办公和联动指挥的目的；城市会客厅是智慧城市建设成果的互动体验场所、科技交流平台、学习教育基地及形象展示窗口；城市运营子系统包含城市运行实时监测、事件管理、辅助决策等监测平台，主要聚焦综合数据资源动态展示、监测预警、分析决策、突发事件跨部门联动指挥等。濮阳县智慧城市运营中心如图 2 所示。

图 2　濮阳县智慧城市运营中心

5G + 物联感知平台

前端接入感知设备包括空气站、智慧灯杆、智慧井盖、烟感、气感、油烟监控设备等，为城市治理提供自动发现能力的触手。物联感知架构如图 3 所示。

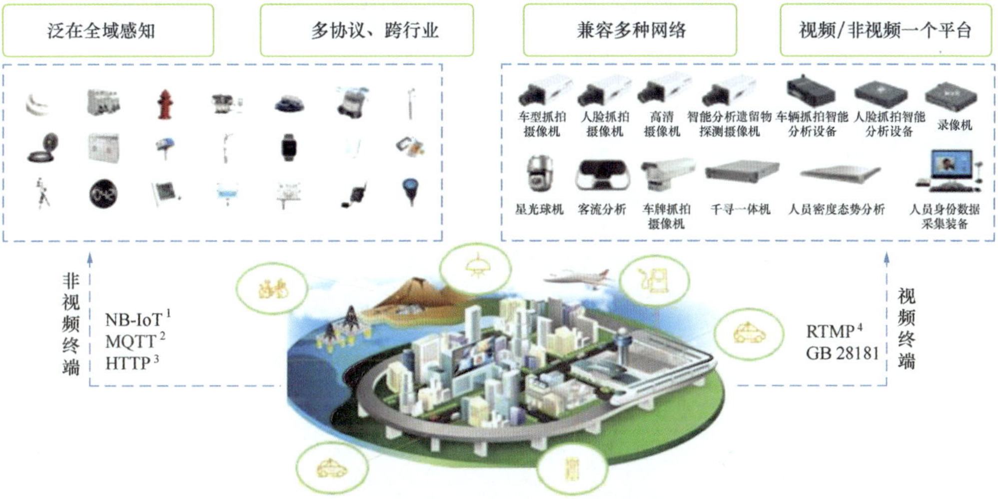

注：1. NB-IoT（Narrow Band Internet of Things，窄带物联网）。
2. MQTT（Message Queuing Telemetry Transport，消息队列遥测传输），是一种即时通信协议。
3. HTTP（Hyper Text Transfer Protocol，超文本传输协议）。
4. RTMP（Real Time Message Protocol，实时消息传输协议）。

图 3　物联感知架构

“5G + 无人机”城市治理体系

5G 网联无人机的引入，可实现实时超高清图像回传、远程低时延控制、实时在线等重要功能。“5G + 无人机”通过搭载有效载荷对区域范围进行高分辨率、广覆盖的巡航监测，可提供强大的扩展空间；通过 5G 边缘计算技术进行数据采集，可提升数据隔离度、数据安全性，确保政务数据安全运行。有线和无线融合的数据采集方式，丰富了数据采集通道，确保了技术的领先性。无人机巡航抓拍如图 4 所示。

图 4　无人机巡航抓拍

分拨处置平台

通过获取前端事件上报建立事件档案，分拨处置平台自动分派事件到各责任委办局，各委办局妥善处置后，由联合指挥中心工作人员审核结案。分拨处理平台结合政府实际工作需要，设计考核评价体系，通过群众满意度、办理实效等维度对事件办理情况进行评价，最终实现政府办公效能优化，提高群众满意度。分拨处置运行流程如图 5 所示。

智慧金融平台

智慧金融平台依托数据共享交换平台法人、自然人税收、收入及其他征信数据，结合各银行授信模型，计算法人、自然人的授信额度等要素对接银行系统。智慧金融平台利用区块链技术，保证个人、企业数据的安全，同时降低银行安全风险，最终实现县内小微企业及群众不需要到访银行即可线上办理贷款等业务，优化了营商环境，提高了群众幸福感和满意度。濮阳县智慧金融平台如图 6 所示。

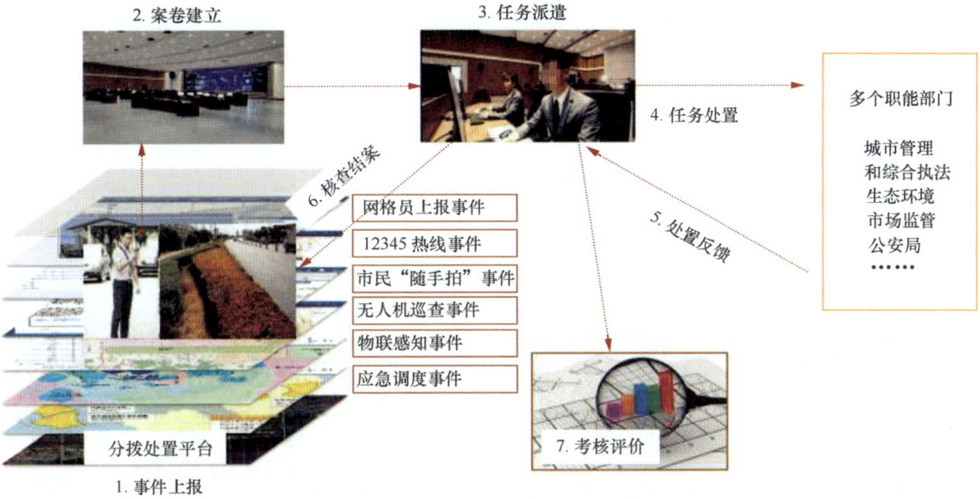

图 5　分拨处置运行流程

图 6　濮阳县智慧金融平台

视频联网分析平台

视频联网分析平台实现了县域公安、雪亮、明厨亮灶、社会综治等视频的资源整合及统一管理，借助AI算法丰富城市管理中发现问题的技术手段，完善城市管理的日常监管范围，提高了日常监管工作效率。视频联网分析平台代替了人工巡逻，自动识别街面违法、渣土车管控、违章建筑等违法行为，可在重点区域进行24小时在线值守，实现有效智能管理。街面违法现象抓拍如图7所示。

图7　街面违法现象抓拍

疫情填报系统

新冠肺炎疫情防控大数据整合政府监管、医疗、交通、运输、人口、运营商信令等大数据资源，利用云计算和大数据技术，实时监测中高风险地区的来源人口、中高风险地区人员流动区域，快速筛选确诊病例和疑似病例的活动轨迹，阻断病毒传播，提升疫情防控效率，助力企业复工复产。疫情填报系统如图8所示。

黄河滩区迁建管理系统

面向黄河滩区群众，濮阳县政府建设政策解读、房屋分配面积计算器等系统，方便居民计算迁建房屋面积；面向政府工作人员，建设滩区迁建房屋分房选房系统、房屋管理系统，实现迁建居民线上选房，集中管理，为滩区群众及政府工作人员提供了便利。黄河滩区迁建系统如图9所示。

图 8　疫情填报系统

图 9　黄河滩区迁建系统

城镇居民“随手拍”应用

群众可以通过视频、图片、语音等形式上报县城“乱象”事件，上报数据对接分拨处置平台，直接分派职能责任部门。市民“随手拍”系统将处理结果反馈给上报群众，实现链条闭环，为城市综合治理增添了一双“眼睛”。市民“随手拍”系统如图10所示。

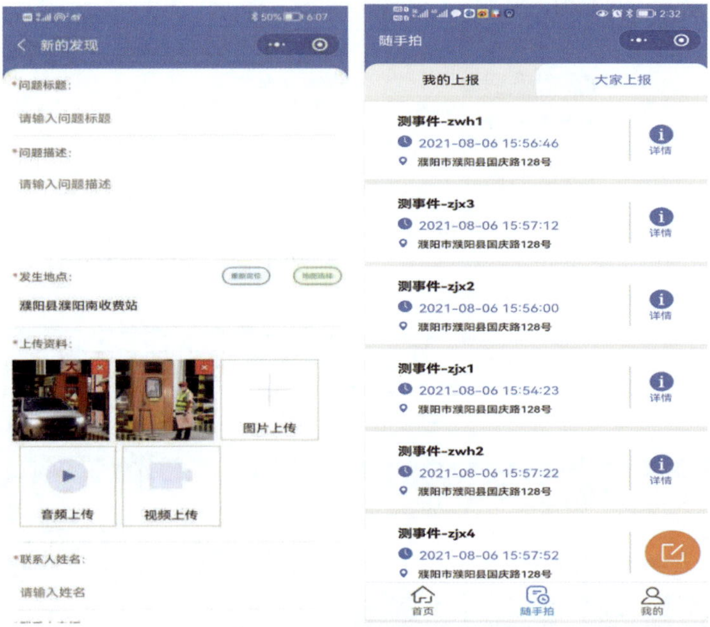

图10　市民“随手拍”系统

该项目是中国移动OneCity平台的首次商用，取得了较好的效果。该项目通过建设城市数据共享交换，实现了濮阳县政务数据集中化管理，解决了信息化系统“烟囱式”发展的困扰；通过建设分拨处置平台、应急指挥系统等，提高了县政府城市治理及应急处置能力；通过建设县域移动办公系统、黄河滩区迁建管理系统，提升了政府政务服务效率和居民满意度；通过建设智慧金融系统，解决了小微企业融资难、个人信贷流程烦琐等问题，优化了地方营商环境。

提升精准监测能力 确保生产安全智慧

参与企业： 中国石化扬子石油化工有限公司（简称“扬子石化”）、中国联合网络通信有限公司、江苏新塔物联网研究院有限公司

案例简介： 本项目旨在利用5G通信技术，将5G防爆基站与先进的光学检测手段结合，5G与北斗高精度定位技术结合、5G与石化安全应用结合，立足于现有化工厂完备的安全生产系统，进一步提升了工厂危险气体泄漏监测能力，达到准确、快速、全面、便携的检测目的。

应用成效： 本项目的实施预计可大幅降低化工厂的气体检测耗材成本和人力成本，降低生产人员、巡检人员、维护人员吸入有毒气体的风险，协助工厂和园区全面落实安全生产工作。5G网络的接入，赋能化工产业安全生产数字化转型，多个终端接入监控中心，提供实时监测数据，生成分析预测报告，协助工作人员做好提前预警，及时处理紧急情况，使工业生产更加安全、更加智慧。

扬子石化是我国大型炼化一体石油化工企业，主要从事石油炼制及烃类衍生物的生产、加工和销售，危险气体的泄漏会给工厂的日常生产带来重大的安全隐患。

作为中石化集团“5G + 工业互联网”试点单位之一，扬子石化利用 5G 通信技术，将 5G 防爆基站与先进的光学检测手段结合，5G 与北斗高精度定位技术结合、5G 与石化安全应用结合，立足于现有化工厂完备的安全生产系统，进一步提升工厂对危险气体泄漏的监测能力，达到准确、快速、全面、便携的检测目的。

打造5G安全专网

扬子石化在厂区建设了5G安全专网，共部署了22座宏基站、16座防爆微基站、2个MEC节点、1个企业侧5G专网系统、2个室内分布系统、2座内外网的北斗地面增强基站；升级改造环状光缆网络，实现5G与内网融合，5G网络覆盖全公司12平方千米。

厂区内建设了一个高速主干全光承载网络，将核心机房、厂区内的备份机房及边缘节点机房连接起来，厂区内各区域4G/5G等基站分别接入就近节点机房，再通过4G/5G基站接入多样的终端、物联网传感器等。各个节点机房兼做核心机房和边缘计算池，从而满足附近的光缆接入和边缘计算能力需求。

结合扬子石化专网需要和安全管控要求，扬子石化厂区建设5G专网，将其与企业内网在安全措施下相连，无线侧采用独立载波模式，核心网侧采用用户面专属、控制面专属模式，保障扬子石化业务服务质量（QoS）、数据隔离等需要，从“端－管－云”3个方面进一步提高物联网终端安全管控能力。

另外，扬子石化利用5G的广覆盖特性，结合北斗地面增强基站，研发5G和北斗的新型终端，利用低投资实现生产区内人员和车辆的高精度定位。对于进入扬子石化生产区域的所有人员和危化品车辆实现全过程实时管控，有效保证人员和车辆在生产区域的作业和行驶安全。

构建高效监测系统

在高危气体激光遥测监测系统组网中，手持式激光遥测设备通过蓝牙或无线模式，实现与5G巡检终端的互联，并通过互联的5G巡检终端实现监测数据及报警数据的回传，同时通过“5G＋北斗定位”，实时反馈监测地点。云台式激光遥测设备通过5G模块或5G数据传输单元（Data Transfer Unit，DTU），实现将云台固定或扫描的实时监测数据进行回传。通过移动＋固定式的高危气体激光遥测设备组网，实现生产区域内高危气体立体化监测。

相关监测数据上传到后台的气体激光遥测监测系统，实时记录产生的遥测数据，并结合巡检点位的空间信息或云台固定位置信息，实现遥测数据与巡检路线的对应；对终端产生的监测数据进行气体阈值分析判断，并给出实时告警，同时将监测数据和报警数据发送给现有的告警管理系统。

高危气体激光遥测设备分为便携式和云台式两种。其中，便携式手持激光遥测设备为单一气体激光遥测设备，巡检过程中可实现远距离气体监测，当发现气体浓度超标时，遥测设备会发出实时预警，并上报系统。高危气体激光遥测设备如图 1 所示。

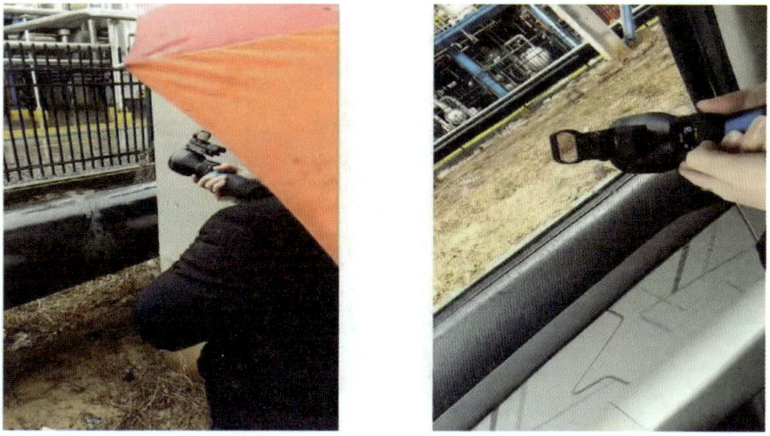

图 1 高危气体激光遥测设备

云台式激光遥测设备的一个镜头为气体激光遥测模块，另一个镜头为传统可视光模块（可根据需求更换为红外光模块），通过 5G 网络可实时回传各个方向上的气体激光遥测数据和方向视频，实现在系统上各个方向的气体激光遥测数据的对应。

部署关键应用

5G 防爆微基站。扬子石化受限于设备场地情况，光缆铺设困难、建设成本高，5G 的应用为远程抄表、危险气体监测、机器人巡检等提供了条件。但扬子石化的相关生产装置多为易燃易爆设备，在相关区域普通的 5G 设备无法安装，为了完成生产装置区的 5G 信号覆盖，扬子石化和江苏联通合作共同打造了石化行业的防爆 5G 基站。扬子石化生产装置区的防爆基站采用天线抱杆安装方式，安装高度为 2 ～ 10m，配备相应高增益的天线，并且所有接口做好防水处理，各个引入装置均配备防爆接头，减少射频馈线长度，减少信号衰减，完成生产装置区内 5G 信号全覆盖。经测试，相关地点 5G 信号均达到设计指标。5G 防爆微基站如图 2 所示。

激光遥测监测技术。激光遥测设备采用可调谐半导体激光吸收光谱术（Tunable Diode Laser Absorption Spectroscopy，TDLAS）。简单来说，就是使用一束特定波长的光束去穿透气团，根据光束变弱的程度，测量被穿过气团中气体的浓度，且只对特定气体有响应。该技术在工业、矿业监测控制和痕量气体检测等领域应用广泛。

图 2　5G 防爆微基站

“5G + 北斗定位”。当工作人员发现高危气体泄漏点后，要想快速反馈泄漏位置的具体信息，以便紧急抢修，需要采用“5G + 北斗定位”技术。为实现厂区内人员的定位，采取 5G 巡检终端方案。当室外北斗卫星定位信号良好时，个人定位设备可实时上报位置，由服务器信息管理系统结合地理信息系统（GIS）生成实时位置及运动路径。当人员进入装置区、受金属设备干扰、北斗卫星定位失效时，利用在关键位置布置的 5G 基站，通过相关高精度无线定位算法，测量人员的具体位置，将信息反馈给指挥部门，指挥部门以精准掌握高危气体泄漏位置，灵活部署抢修资源，达到高效处理事故的目的。

同时，通过工作人员配置的 5G 巡检终端，近距离记录承包商相关人员的施工过程，并定时将视频回传给数据平台。在数据平台上，对承包商相关人员进行施工行为分析，例如，有无长时间脱帽、是否穿合规的工装、是否存在不符合规范的动作行为等，对产生的意外紧急情况（例如，摔倒等）进行报警。“5G + 北斗定位”应用如图 3 所示。

本项目的实施大幅降低了化工厂的气体检测耗材成本和人力成本，降低了生产、巡检、维护人员吸入有毒气体的风险，协助工厂和园区全面落实安全生产工作，打造“5G + 智慧石化”安全应用场景。

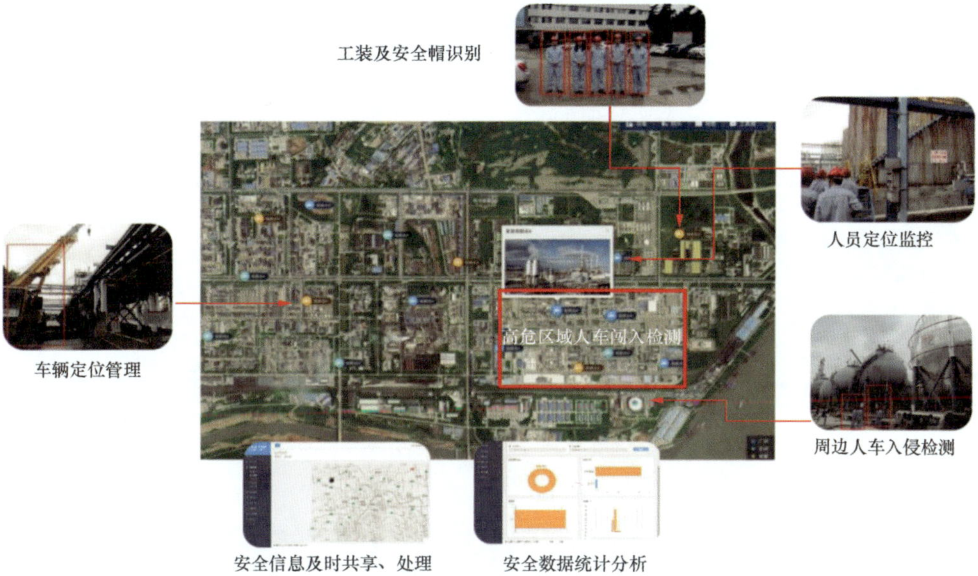
工装及安全帽识别
人员定位监控
车辆定位管理
高危区域人车闯入检测
周边人车入侵检测
安全信息及时共享、处理
安全数据统计分析

图 3　“5G+ 北斗定位”应用

建设5G防爆专网，构建安全型智慧石化产业集群

参与企业： 中国移动通信集团广东有限公司茂名分公司、中国石油化工股份有限公司茂名分公司（简称“茂名石化”）、中移（上海）信息通信科技有限公司、华为技术有限公司

案例简介： 面向茂名石化工厂的复杂环境，考虑覆盖、容量、信息安全、容灾备份，定制5G防爆专网，实现厂区5G全覆盖，打造“云+网+应用”一体化“5G+工业互联网”，构造安全型5G智能炼化企业。

应用成效： 该项目验证了5G对石油炼化行业应用的支撑效果，建立了石油炼化行业通用场景的示范样例，形成规模效应。

“建设5G防爆专网，构建安全型智慧石化产业集群”项目是在茂名石化5G智能工厂项目七大应用场景的基础上，解决5G防爆专网覆盖问题，打破5G防爆终端应用瓶颈，打造“云＋网＋应用”一体化的“5G＋工业互联网”应用示范。该项目已被国务院国有资产监督管理委员会（简称“国资委”）确认为国内首个石油炼化行业5G应用试点项目，并被列入国资委中央企业“5G＋工业互联网”重点任务清单。“云＋网＋应用”一体化方案如图1所示。

产品设计理念

面向茂名石化工厂的复杂环境，考虑覆盖、容量、信息安全、容灾备份，通过推进“5G＋智慧石化”部署和演进，深入探索基于5G技术应用的“两化融合”，采用公网切片＋防爆专网的灵活组网方式，为炼化企业的5G网络建设提供“一张标准5G网”，满足对吞吐、时延、可靠性、稳定性、连接密度等需求，提供高可靠性、

高安全性、个性化的运维服务。石化行业“一张标准 5G 网”如图 2 所示。

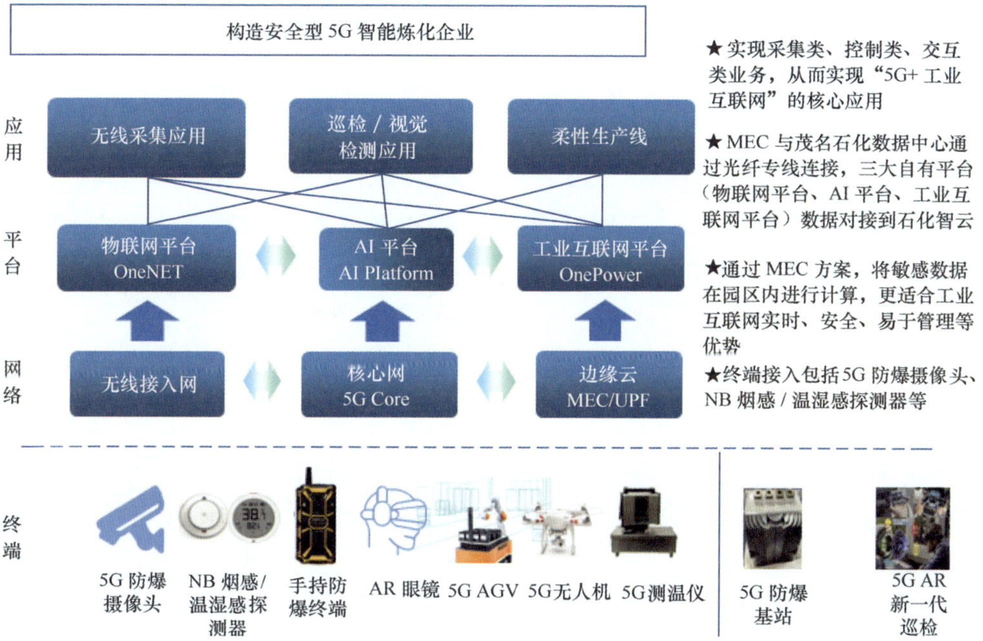

图 1　“云 + 网 + 应用”一体化方案

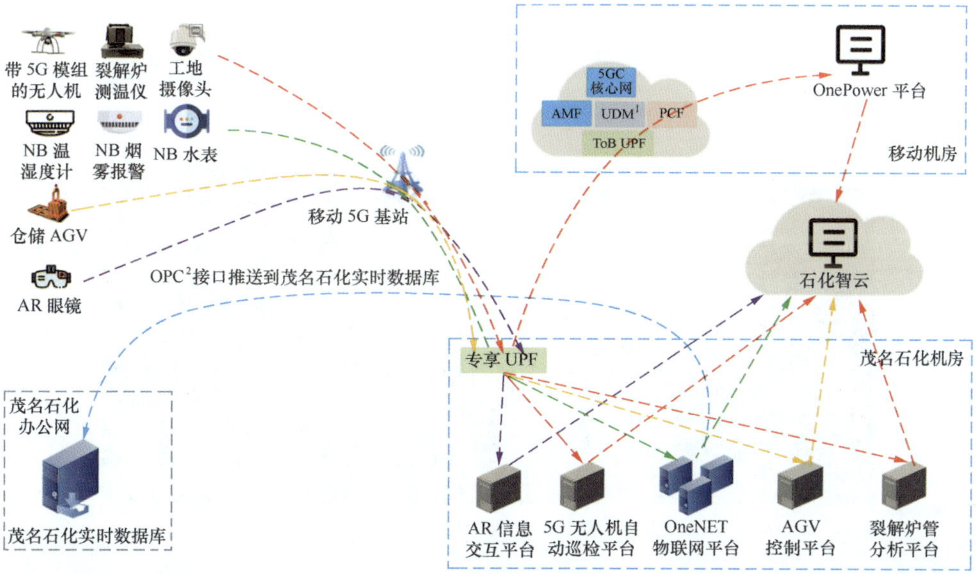

注：1. UDM（Unified Data Management，统一数据管理）。
　　2. OPC（OLE for Process Control，应用于过程控制的 OLE）。其中，OLE 是对象链接与嵌入，英文全称为 Object Linking and Embedding。

图 2　石化行业“一张标准 5G 网”

整体解决方案

本项目采用“云 + 管 + 端”的整体解决方案，依托中国移动 5G 网络优势和 OnePower 云平台通用技术能力，提供面向茂名石化的全套解决方案。整体解决方案以 OnePower 云平台和 OneNET 平台为基础，通过 5G 网络切片实现端到端按需定制，并保证数据的隔离性，从“安全生产、应急管理、封闭管理、环境管理、能源管理”五大方向出发，围绕客户需求，提供定制化的软件产品和 5G 创新应用。茂名石化研发防爆微基站、皮站并部署到装置区内使用，将防爆终端及模组部署在防爆区域内进行业务应用，实现网络及应用的全覆盖。

产业市场效益

作为 5G 在石油炼化行业的先行探索项目，本项目的成功实施验证了 5G 对石油炼化行业应用的支撑效果，通过借助 5G 网络大带宽、低时延、多连接的优势，打造高价值、典型应用的“5G + 应用场景”。其中，5G 防爆终端、5G 防爆微基站、5G 新一代巡检应用、5G 工地视频 AI 分析等 5G 应用场景的行业通用性较高，建立了石油炼化行业通用场景的示范样例，其他石油炼化行业可以快速复制，形成规模效应。该项目成功助力茂名石化成为安全型的 5G 智能企业，规模复制，覆盖到 70% 以上的炼化行业，后续被批量推广至全国 8000 多家炼化企业，创造了 10 亿元的市场空间。5G 工地视频监控及 AI 分析如图 3 所示。

图 3 5G 工地视频监控及 AI 分析

5G 助力九牧进入“智慧制造”时代

参与企业：中国电信股份有限公司泉州分公司（简称“泉州电信”）、九牧集团有限公司（简称“九牧集团”）、华为技术有限公司（简称“华为公司”）

案例简介：根据九牧集团的业务需求，中国电信携手华为公司为九牧集团打造福建省首个5G智慧产业园，实现产线数据采集、工业视觉检测、AGV 交互控制、施釉机器人控制、智慧园区应用等场景。

应用成效：该项目的实施有效提升了企业管理效能，节省人工成本20%，提升管理效率20%；有效提升了生产线产品质量，生产效率提升35%，产品不良成本率降低5个百分点；有效降低了企业各类能耗，能源用量减少7%，企业运营成本降低8%。

九牧集团是一家集科研、生产、销售和服务于一体的综合性整体厨卫制造商，品牌价值达 450.25 亿元，拥有 5000 多家高端卫浴店，20 万个销售网点，产品销往 120 多个国家和地区，在国内卫浴行业排名第一，也是亚洲排名第一的厨卫品牌，是全球泛家居定制生态引领者。

作为国家级智能制造试点示范企业，九牧集团在业内率先布局智慧智造数字工业，旗下的永春智慧制造产业园是“绿色、环保、节能、高科技”的陶瓷智慧产业标杆基地，建有全球首家 5G 数字智能陶瓷工厂。

九牧集团相关负责人介绍，公司的主要业务需求在于 5G 网络规划、能耗管理、园区管理等方面。九牧集团计划把永春智慧制造产业园打造成 5G 落地建设的新标杆，但九牧集团当前在 5G 建设方面能力不足；九牧集团每年在能耗上花费大量资金，因此，九牧集团非常重视园区的能耗管理、物料管理、质量管理。九牧集团希望打造安全、高效的智能园区配套系统，提高集团内部的运作管理水平。

经过细致的工作调研分析，泉州电信“对症下药”，为九牧集团开出了 5 个“药方”：一是机床数据采集终端通过“5G +UPF”专线组网方式将生产线采集数据传输到 MES，实现产线数据采集；二是在质检环节部署工业相机自动采集产品图像，识别分析马桶外观瑕疵，实现工业视觉检测，“5G + 视觉检测”如图 1 所示；三是通过“5G + 云 AGV”代替传统手工搬运方式，完成烧成区及检包区的产品自动运输，实现 AGV 交互控制，5G 调试 AGV 如图 2 所示，“5G +AGV”运用情况如图 3 所示；四是所有施釉程序直接下达给施釉机器人，减少更换施釉的时间，提高施釉效率，实现施釉机器人控制；五是底层使用了泉州电信物联网平台对接感知设备接入，中间层使用了九牧乐石 Nisboss 平台，应用层联合开发，实现智慧园区应用。

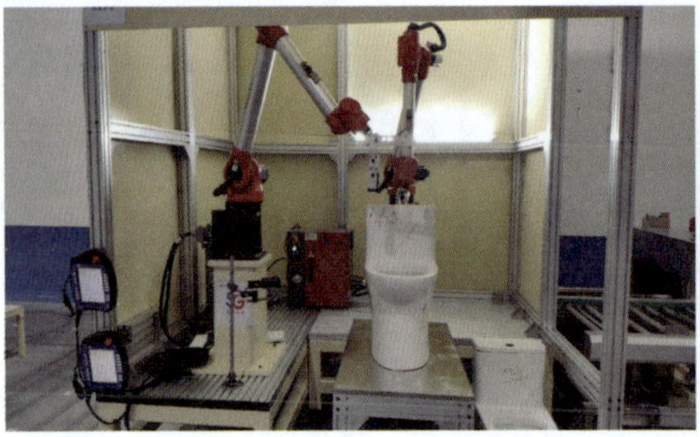

图 1 “5G+视觉检测”

图 2 5G 调试 AGV

图 3 “5G+AGV”运用情况

该项目还融入了多项先进性和创新性实践：5G 网络支撑数字化转型，通过 5G 网络覆盖，打造了多个生产 5G 应用场景；云网融合构筑数字化基座，天翼云聚合 PaaS 组件、AI 组件、SaaS 应用等，MEC 下沉，就近接入；提高安全能力保障工业数据安全，利用 5G 专网打造数据不出厂的网络。

如今，在九牧集团 5G 智能制造工厂，经常可以见到有序穿梭的 AGV，以及施釉均匀度达到 99% 以上的施釉机器人。“5G + 自动质检”“5G + 智慧仓储”等高新技术使九牧集团高效提高了生产效率，形成智能化、自动化、信息化“三化一体”的产品和价值生态链，解决了以往效率低下、人工负荷大的问题，成功实现了生产数字化、管理可视化、消费者对工厂（Customer to Factory，C2F）个性化快速定制、安全生产可控率达 99%、固危物控制达 100%、生产效率提升 35% 的数字化转型，这标志着九牧集团从“智能制造”升级到“智慧制造”，正式进入“智慧制造”时代。

5G 低空智联，为无人驾驶航空试验区保驾护航

参与企业： 南京浦口高新区、中国联合网络通信有限公司（简称“中国联通”）、南京长空科技有限公司

案例简介： 南京搭建了空域5G通信专网，承载空域监管与作业支撑系统的数据传输，通过自研机载5G终端完成飞行器数据采集与实时回传，并在网络化基础上，实现空域网格化、数字化和监管智能化。该项目最终实现了对低空航空器的可见、可知、可管、可控、可协同，成功开展了以长江为特色的低空多场景应用。

应用成效： 该项目建成了南京地区无人机产业发展的重要公共技术服务平台和江苏省唯一的经民用航空局认证的民用无人机试飞运行基地，成功获批建设南京民用无人驾驶航空试验区，并入选南京市科技助力“双循环”扩大内需深化开放促进发展重点项目。

江苏南京的低空应用场景丰富，产业基础良好，2020 年 10 月被民用航空局列入 13 个民用无人驾驶航空试验区之一。要实现低空繁荣发展，首先要解决怎么飞、怎么管的问题。目前低空没有连续网络覆盖，缺乏监管手段，不能有效支撑低空监管与运营需要。5G 的出现解决了航空器网联的需求。围绕长江经济带高质量发展和长江大保护等，南京试验区成立由地方政府牵头的校企地联合攻关团队，经过两年多的实践与探索，打造出 5G 低空智联环境方案，为南京试验区的安全运行保驾护航。

搭建 5G 通信专网

南京于 2019 年搭建了全国首张空域 5G 通信专网，承载空域监管与作业支撑系统的数据传输任务，经过两年多的不断测试、优化和迭代，形成一套低空网络覆盖经验模型。

南京将 3000m 以下的低空分为 3 层，在距地百米以下的超低空区域，由运营商的“5G 公网 + 切片技术”为低空场景应用提供专用服务，网络改动小、成本低；在距地 100 ～ 300m 空域内，运营商的 5G 公网有 40% 左右的覆盖空洞，非实时、非控制类业务采用“公网 + 切片”的低成本模式，为实时控制类业务构建 5G 对空专频专网，在距地 300m 以上的空域搭建 5G 对空专频专网。

构造 5G 低空智联环境

符合航空标准的 5G 机载数据通信终端研制成功，通过自研 5G 机载数据通信终端完成飞行器数据采集与实时回传，该终端经中国合格评定国家认可委员会（China National Accreditation Service for Conformity Assessment，CNAS）认证，具备防水、防尘、防摔、防振、防电磁干扰能力，完成了与多个无人机平台的连接与测试，承载飞控、图传和作业负荷数据的实时回传。

该项目实现了 5G 无人机管理指挥信息系统的开放接入服务，创新构建了低空智联监管和运营体系，并进行了有效验证。低空飞行器搭载试验区自研 5G 机载数据通信终端，通过时延低于 20ms 的 5G 低空专网，将飞行器的位置、身份、航迹、计划与飞行意图数据实时上传至空域管理平台，构建空间数字镜像，为空域内飞行器提供统一的航线安全、环境感知等信息服务，为监管单位提供数据支撑。使用人员通过机载高清视频感知作业全过程，敏捷操控以完成作业任务。

无感补给展现特色应用

5G 低空智联环境目前已经成功开展了以长江为特色的低空多场景应用。

长江是南京的母亲河，长江货运量在全球内河排名第一，每天经过南京的船舶近 3000 艘，靠岸补给需求量大。以 4 千吨级轮船为例，轮船靠岸补给一次，其燃油成本约为 700 元，综合成本近 1000 元。5G 低空智联环境为过往船舶无感补给创造了条件。

无感补给具体实现过程如下，无人机飞行计划由补给单位提前申请报备，当补给船舶距离补给点 5km 时，补给点触发备货流程，当补给船舶距离补给点 2km 时，无人机正式起飞，使用人员通过 5G 高清视频实时感知作业环境，无人机通过 AI 视觉自动识别船号，实现对目标的双重认证，按要求经右 / 左舷迫近、伴飞，完成地投或空投，任务结束后无人机载运垃圾以回收利用。整个补给过程要求网络不中断，使用人员操控要灵敏，视野要清晰，流程要紧凑。无感补给将单次成本由 1000 元降至 10 元；长江南京段每月有上万次的补给需求，无感补给可减少碳排放量近千吨、回收固体垃圾近千吨，该场景的应用既经济又减碳，可大范围推广应用。

南京试验区搭建了 5G 新技术应用验证的重要载体平台，新研 5G 无人机入选南京市科技赋能疫情常态化防控应用场景，推动了本地无人机产业集聚和生态建设，促成了中国民航 AOPA 无人机驾驶执照培训中心江苏考试中心落地西江基地，为相关产业链做大做强做出重要贡献。

孵化智能连接生态圈 打造惠州 5G“城市名片”

参与企业： 仲恺高新区经济发展局、中国联合网络通信有限公司（简称“中国联通”）、龙旗电子（惠州）有限公司（简称“龙旗电子”）、惠州中京电子科技有限公司（简称“中京电子”）、广东省威汇智能科技有限公司

案例简介： 惠州市仲恺高新技术产业开发区电子信息产业集群以高投资收益率（Return on Investment，ROI）的5G应用为突破口，以5G专网建设为载体，依托中国联通5G天极平台进行场景应用持续迭代深化，逐步将企业生产流程优化与5G专网建设相结合，不断优化集群5G应用生态，推动企业生产流程优化与5G专网建设相结合，加快培育新型制造模式和产业发展新动能，助力惠州打造万亿级电子信息产业集群。

应用成效： 在吸引高新技术企业落户仲恺高新区的过程中，持续搭建5G智慧园区基础环境，构建仲恺高新区“5G+工业互联网”新生态、新模式和新业态。通过推动5G规模商用，以技术革新加快孵化智能连接生态圈，最终打造惠州市的5G“城市名片”。

惠州市仲恺高新技术产业开发区是全国首批国家级高新技术产业开发区之一，曾获得国家电子信息产业基地等 14 个国字号招牌，聚集 TCL、德赛、康冠等 238 家规模以上工业电子行业企业，产业基础良好。

随着电子信息产业高速发展，传统网络的性能难以满足企业生产需求，生产过程中仍存在不少管理盲点及痛点，基础设施与 5G 产品研发测试未同步到位。对此，中国联通提出“通过 5G 高效益外围应用节能分成模式，投资 5G 专网，推动 5G 商用规模化”的创新集群发展模式，推动企业生产流程优化与 5G 专网建设相结合，

加快构建本地 5G 生态体系，通过数字产业培育和集群的持续运营，促进仲恺高新技术产业开发区招商引资，助力惠州打造万亿级电子信息产业集群。惠州仲恺电子信息产业集群实现路径如图 1 所示。

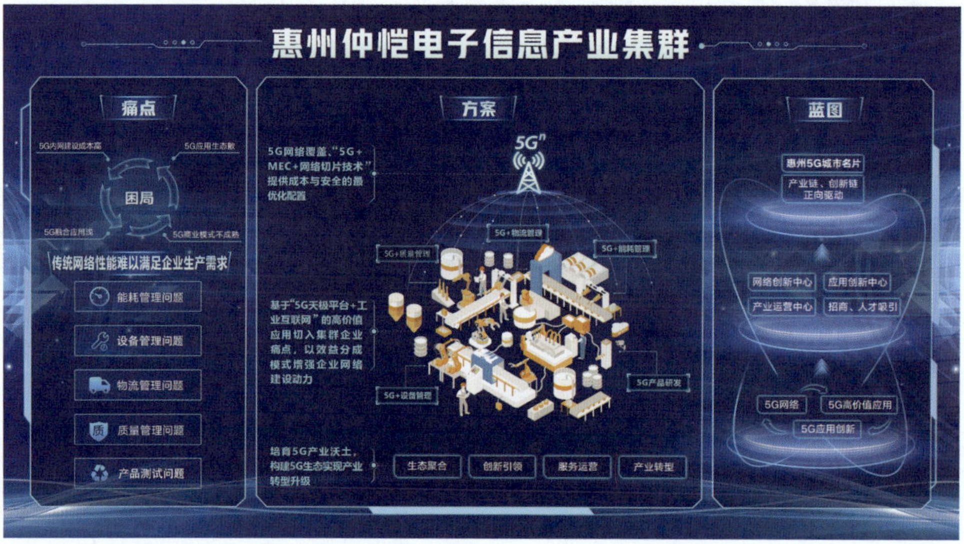

图 1　惠州仲恺电子信息产业集群实现路径

打造 5G 专网平台　降低企业部署成本

为实现 5G 云网与应用数据的深度融合、运营，驱动数据产生价值，中国联通自主研发 5G 天极平台。5G 天极平台作为集合生态、承载孵化“5G + 工业互联网”应用的载体，在集成平台即服务（integration Platform as a Service，iPaaS）层提供 5G 专网、MEC、分流、切片、物联网卡、基站等 5G 云网能力管理模块，在应用程序平台即服务（application Platform as a Service，aPaaS）层提供 IoT、AI、大数据、安全等能力模块，在平台层实现底层能力和应用的结合，具有边缘平台、中心云、边缘应用三大功能，拥有平台轻量化、“云 – 边 – 端”协同、一点接入、人工智能物联网（AI+IoT，AIoT）能力调用四大优势。

中国联通的 5G 天极平台面向集群企业，提供能耗管理、设备管理、物流管理、质量管理等八大场景应用，实现 5G 产品标准化、网络个性服务化，开创“5G + 工业互联网”创新模式；面向集群运营方 / 政府部门，首创 5G 能力指数，构建 5G 公共服务平台实现区域内 5G 应用的数字化运营；面向生态合作伙伴，提供原子能力赋能，降低 5G 创新门槛。5G 天极平台已联合蘑菇物联完成“5G + 空压站”云智控的 MEC 部署。5G 网络取代传统远距离无线电（Long Range Radio，LoRa）模式，使用中国联通安全能力保障稳定运行；边缘计算模块迁移到 MEC，降低成本超过 20%，生态应用成本也大大降低，加快了 5G 生态的规模化发展。

丰富 5G + 应用　提升生产管理效率

案例一：中京电子。中国联通与其生态伙伴已携手中京电子、亿纬锂能等企业打造了“5G + 空压站云智控”“5G + 制冷机水智控”等创新融合应用。“5G + 空压站云智控”创新融合了“5G 超低时延数据采集传输”“5G +MEC 边缘计算”“5G +MEC 边缘控制”“5G + 智造云平台一点接入”四大技术，帮助中京电子实现空压机节能管理方式的全新升级，实现实时监测、故障诊断、报表分析与展示，并可根据车间用气变化自动启停。“5G + 制冷机水智控”为中京电子解决了 LoRa 传输方式占用带宽大、抗干扰能力差的问题，实现小空间内动力设备多维数据的采集和实时传输，助力企业节能管理方式全面升级，帮助中京电子每年提升节能率 10%，年节约用能成本 85 万元。中京电子“5G + 空压站云智控”如图 2 所示，中京电子“5G + 制冷机水智控”如图 3 所示。

图 2　中京电子“5G+ 空压站云智控”

图 3　中京电子“5G+ 制冷机水智控”

案例二：龙旗电子。“5G +AI 合规监测”通过 5G 的大带宽、低时延特性，解决了单车间多路高清视频流的实时解码传输带宽不足的问题；利用边缘计算技术对采集的数据进行过滤、预处理等，缓解了数据传输、计算的压力；通过在边缘云中部署 AI 功能，自动对监控视频进行分析、识别和告警处理，大大提升了监管效率，助力龙旗电子完成小米事业部车间中对手机后盖板作业线关键工序的监管，实现产品良率提升 2%。“5G + 数据采集”打破了传统布线模式的瓶颈，切实做到数据无线传输，满足车间产线设备数据广连接的需求。目前，龙旗电子单车间已完成 17 条表面安装技术（Surface Mounting Technology，SMT）生产线上近 300 台设备的无线数据采集和低时延传输，解决了以往线路复杂、设备工艺场景多变等问题，实现“以移代固”，设备稼动率综合提升 5%，为柔性制造提供了坚实的基础。龙旗电子“5G +AI 合规监测”如图 4 所示。

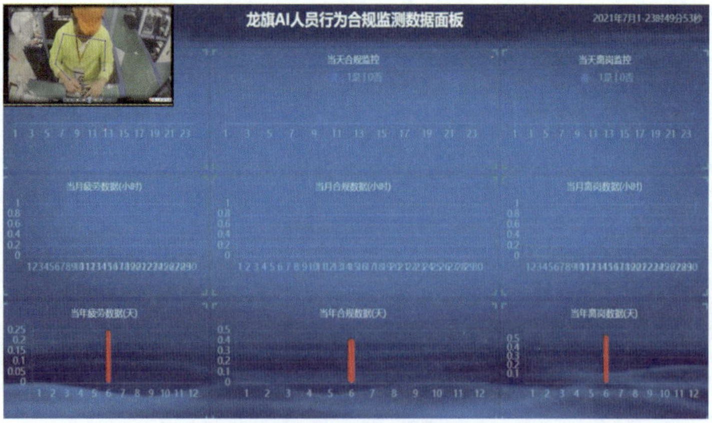

图 4　龙旗电子“5G+AI 合规监测”

案例三：德赛西威。“5G +AI 工业视觉检测”是基于深度学习的 SMT 智能检测系统，通过 5G 网络将检测数据传输到云端算力中心进行统一计算，为德赛西威 SMT 电路板质检构建了低时延的数据通道，实现数据实时回传、实时识别、实时判定。同时，通过对海量数据的精准学习和精准误测筛查，实现质检流程的自动控制，解决了德赛西威传统光学检测设备受检测工艺、光照环境、物料材质的影响极易出现误测并且需要二次复检的痛点，大幅降低了德赛西威人工复检的工作量，提高了生产效率，助力德赛西威降低误测率 30% 以上，SMT 电路板直通率提高至 70% 以上。此外，“5G +AGV 智能调度”采用 5G 专网承载 AGV，杜绝了传统 Wi-Fi 跨 AP 切换掉线、干扰等问题。在 5G 网络时延满足 AGV 无缝调度的基础上，叠加切片技术，实现 AGV 应用网络与其他业务隔离，保障 AGV 高可靠运转，实现仓库 + 车间的全场物料配送，满足企业大范围使用智能 AGV 实现物流运转的需求，预计可助力企业减少人员配比 50%，提升拣选效率 30%。

激发产业集群效应 打造 5G“城市名片”

仲恺高新技术产业开发区电子信息产业集群（“5G + 工业互联网”应用）项目将助力仲恺高新技术产业开发区引入 10 家高新技术企业落户，服务 10 家 5G 应用研发创新企业，打造 20 家集群标杆示范企业，推动 50 家企业完成 5G 内网改造，拉动 100 家企业实现上云上平台。下一步，该项目将形成可复制的 5G 规模商用和 5G 可持续性推广模式，助力惠州打造 5G“城市名片”，为全国产业集群 5G 规模化商用提供标杆示范。

以“资产全视角”打造智能工厂安全可视化方案

参与企业：奇安信科技集团股份有限公司（简称“奇安信集团”）、某智能制造企业

案例简介：奇安信集团建设的“可视化”安全管理平台，通过对网络流量的持续监测，实时将工业安全风险可视化，并且基于风险等级及告警进行溯源分析。该平台通过对资产管理、风险管理、漏洞管理、威胁情报、态势分析及工业场景分析，可全面了解当前的安全状况、对未来的安全进行判断，从而辅助企业做好预测管理。

应用成效：通过工业互联网企业可视化资产管理与运营平台，企业可以实时掌握全网安全风险、集中安全管理、预测管理、量化安全，从而降低安全运营成本、提升企业安全运营效率、完善工业互联网企业安全建设框架。

智能制造安全难题亟待解决

近年来，“5G＋工业互联网”与智能制造行业的融合不断深化，这不仅为智能制造行业带来了自动化、智能化的持续升级，还带来了大量的安全隐患。随着工业网络接入信息系统与互联资产的增加，工业网络的安全问题更加突出，网络安全风险更加严峻。

依托自身强大的工控安全研发能力和多年的智能制造行业经验积累，奇安信集团基于“5G＋工业互联网”环境为某智能制造企业开发部署了工业互联网企业可视化资产管理与运营平台，形成对企业工业网络资产的全面挖掘和高精度、细粒度

的识别，实现资产拓扑可视、策略可视、路径可视、攻击面可视、风险可视及变更可视。该平台帮助智能制造企业降低安全运营成本，提高企业安全运营效率，提高企业安全建设水平，完善工业互联网企业安全建设框架，提升工业信息安全保障能力。

“三位一体”深度消除安全隐患

奇安信集团通过“主动探测＋流量分析＋主机探针”的“三位一体”技术，全面、深入地发现网络环境内的资产及资产元信息。奇安信集团利用大数据分析对全网资产的安全漏洞影响面快速定位，应用资产价值、业务价值和业务连续性影响等数据，综合漏洞风险等级、漏洞类型、漏洞危害性等数据进行关联分析，给出漏洞处置优先级及处置建议。

通过采集工控环境中各类设备的运行信息及安全设备的监控信息，该平台以“资产全视角”的维度为用户提供威胁与异常监测及统一的告警响应能力，再通过统一的漏洞、事件、状态管理，从工控业务操作的视角进行各工业控制操作流程的健康性评估与风险定位，结合强大的关联分析技术综合分析海量监控信息，深入发现危害业务的可疑攻击操作及违规操作。

实现安全量化可视化

工业互联网企业可视化资产管理与运营平台的建设，实现了智能制造资产拓扑可视、策略可视、路径可视、攻击面可视、风险可视及变更可视。企业可以实时掌握全网安全风险、集中安全管理、预测管理、量化安全。

在“5G＋工业互联网”发展浪潮下，奇安信集团使该智能制造企业在应用新技术发展的同时，获得了安全建设的思路和基础保障，特别是得到了可靠有效的智能工厂安全可视化方案，降低了安全运营成本。这一项目为该智能制造企业后续的安全建设及其他大型智能制造企业推进安全可视化奠定了基础，同时，这一项目的成功实施为制造行业企业转型升级树立了行业标杆。本项目的专利成果丰硕，目前已经申请了 9 项专利。

搭建“智慧”平台，“大电厂”交出安全生产“满分答卷”

参与企业： 北京天融信网络安全技术有限公司（简称“天融信”）、三峡集团长江电力葛洲坝电厂（简称“葛洲坝电厂”）

案例简介： 该项目采用“一个中心，三重防护”的工业信息安全防护技术路线，提供基于业务模型和关键应用执行程序的可信体系，阻止非授权及不符合预期的网络访问或执行程序运行，实现对生产网络互联边界安全、主机安全、行为操作安全等的主动安全防御，降低了生产网络系统完整性及可用性被破坏的可能，为电厂生产控制大区信息网络打造了一套安全闭环纵深防御体系。

应用成效： 该项目保障了用户生产网络内数据的完整性和私密性，避免企业相关工艺信息、关键参数、隐私信息的泄露，提升了企业在同行业的知名度、信誉度。本项目采用多层次的安全防护技术手段，配置详细的安全防护策略，有利于企业规范员工的日常工作行为和上网行为，便于安全管理。

2021年，葛洲坝电厂以破纪录的方式交出了一份提气的答卷：全年发电量突破192.5亿千瓦时，刷新年发电量历史纪录，累计发电量突破6050亿千瓦时。同年，由天融信支撑的葛洲坝电厂的工业互联网实践项目——葛洲坝水力发电厂工控系统安全防护项目中的“网络安全国家标准应用实践”荣获“2020年网络安全国家标准优秀实践案例”二等奖。两家行业头部企业齐头并进，携手共绘了一份亮眼成绩单。那么，这两家企业是如何做到的呢？

事实上，面对葛洲坝电厂的安全需求，天融信严格遵循等级保护相关标准，对葛洲坝电厂 I 区、II 区生产系统的业务流程进行系统性梳理，并结合网络结构及控制逻辑进行针对性的网络安全解决方案设计。随后，天融信通过基于行为内容的访问控制、行为监测及以“白名单”为核心的计算环境管控手段，有效保障了葛洲坝电厂生产控制网络的基础安全，避免葛洲坝电厂因关键参数、重要信息被篡改导致生产过程中断。

天融信有关负责人介绍，该公司为葛洲坝电厂打造的工业互联网项目基于葛洲坝电厂中存在的安全风险及脆弱性，结合其业务特点，针对生产控制网络，依据政策标准从不同的安全防护点入手，采用了“一个中心，三重防护”的工业信息安全防护技术路线。

该负责人还介绍，作为最早一批开展工业信息安全研究和研发的企业之一，天融信自 1995 年成立至今为工业企业和工业互联网平台企业提供了大量优质的解决方案，覆盖电力、轨道交通、航空航天、能源、石油化工、机械制造、汽车、电子等 30 多个行业领域。未来，天融信将持续跟踪行业动态，聚焦客户需求，将工控安全与多年安全防护的技术积累相结合，细化行业解决方案，为工业企业客户顺利实现工业环境数字化转型提供持续有效的安全防护，保障生产业务安全运行，为国家关键信息基础设施保驾护航。

“5G+AR+ 微晶码”植保无人机探索智慧农业新路径

参与企业： 北京航天智造科技发展有限公司（简称“航天智造”）、安阳全丰航空植保科技股份有限公司

案例简介： 该项目主要是一个打造植保无人机工业互联网的解决方案，实现了设备、作业一体化全时域管理，基于“AI+工业大数据”实现预测性维护，基于“5G+AR+微晶码”实现远程运维。该项目使植保无人机运营、维护、售后的智能化水平迈上一个新台阶，适用于植保无人机运营、售后服务、植保站等植保无人机服务型企业。

应用成效： 该项目有助于无人机作业任务的供需对接、统防统治过程中的资源调度和作业任务监控，可激发无人机作业市场需求，通过需求带动无人机制造产业规模扩大，还将解决农业植保领域劳动力缺乏、机械化水平低、农药化肥过量使用等问题。

作为拥有 18 亿亩（1 亩约等于 666 平方米）耕地的农业大国，我国已基本实现机械化耕种，但农作物病虫害防治仍停留在传统模式，并成为农业全程机械化的瓶颈。在此背景下，植保无人机因其药液使用率高、农药漂移少、药液冠层穿透性好、作业效率高、劳动力投入少等特点应运而生。

提供创新新思路

近年来，随着我国信息、控制、新能源等相关技术的重大突破，无人机企业的研发制造能力快速提高，无人机性能不断提升，制造成本逐步降低，极大地促进了

无人机在下游应用市场的推广。

航天智造负责人表示，航天智造推出的“5G +AR+ 微晶码”植保无人机项目以提升植保行业服务质量为目标，打造植保无人机工业互联网解决方案，可实现设备、作业一体化全时域管理，基于“AI+ 工业大数据”实现预测性维护，基于“5G +AR+ 微晶码”实现远程运维，形成智慧植保新业态，提升整个行业的服务能力。

该负责人介绍，相比于目前主流的解决方案，“5G+AR+ 液晶码”植保无人机项目具有以下 4 点创新优势。一是实现无人机远程全生命周期监管服务。植保无人机能够进行远程可视化标准作业，规范无人机运行规则，保证无人机安全运行。二是实现全国无人机跨区域飞防作业，统一调配与管理，让使用价值最大化。通过平台汇聚无人机 GIS 信息数据、业务需求数据、运行状态数据、飞手信息数据，搭建跨区域调度系统，合理调配资源，满足不同地区作业需求。三是大幅降低售后成本。通过“5G +AR+ 微晶码”标识解析技术的融合应用，实现现场影像和图像实时回传，专家远程在线指导，降低对现场人员的专业性要求，节约 45% 以上的差旅和人工成本。四是降低维修时间和维修成本，提高作业效率。远程预测系统可以在部件发生故障之前，根据预测维护计划对部件进行更换，使设备停机时间最短，部件寿命最大化。

不难看出，“5G +AR+ 微晶码”植保无人机可为同行业提供可行的实施模式，为行业的创新发展提供新思路。远程运维植保无人机如图 1 所示。

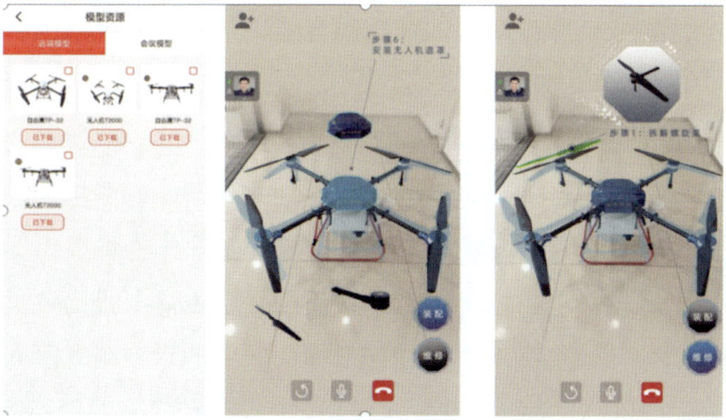

图 1　远程运维植保无人机

应用成效显著

植保站和无人机飞手是无人机的直接用户。在线下服务网络建设、服务模式形成、植保服务推广、作业需求响应、飞手培训等方面，植保无人机面临着营销成本高、市场响应速度慢、服务模式传统、培训成本较高、周期较长等问题，需要解决运营管理相关问题。植保无人机应用场景如图2所示。

图2　植保无人机应用场景

标普农业作为一家新型的农业现代化社会服务组织，通过线上信息系统建设与线下县乡镇村网点布局，联合上下游的行业资源，共同形成一个开放、生态的智慧农业综合体。

航天智造政务业务部负责人介绍，标普农业线上依据"基于'5G+AR+微晶码'的植保无人机远程运行维护解决方案"平台，将农机商、农资商、农技服务商、创业飞手等角色高度融合，实现对植保药剂的高效率流通、对农事服务供需双方的高精度匹配、对农作物种植过程的历史溯源、对农户的一站式综合农事服务。标普农业线下采用"总部+县级服务中心+乡镇村服务站"的模式运营：标普农业的县域服务中心在标普农业总部的指导下，承担本地化运营、站长培训、飞手培训、产品体验、售后服务等职能；县域服务中心根据本地的农作物种植情况，制订年度服务计划，并在本区域内针对种植者（农户或新型经营主体）推出会员招募计划。

"成效非常显著。"该负责人表示，如今标普农业的平台线上接入万余台无人机设备，注册飞手达10000余名，吸引3000多个农户和农资经销商家入驻；线下完成农资配套产品交易5000万元，组织800余次飞手培训，培育3万多名职业飞手，为约392万个农户防治了约5845万亩土地。经测算，与人工防治相比，节约用水63余万吨、节约药剂资金达1.63亿元、节省用工580余万个。

聚焦 5G 安全“新四化”助力制造业数字化转型

参与企业： 中国移动通信集团浙江有限公司（简称“浙江移动”）、中国移动通信集团有限公司（简称“中国移动”）、华为技术有限公司（简称“华为”）、中国移动通信集团金华有限公司（简称“金华移动”）、横店集团东磁股份有限公司（简称“横店东磁”）

案例简介： 该项目着眼于解决制造行业5G应用安全发展的关键矛盾，即5G应用快速增长的安全需求与制造企业自身能力不足、安全资金投入少之间的矛盾。依托中国移动安全服务能力目录和工具集，联合华为提出5G安全“新四化”，保障制造业数字化转型。横店东磁数字化转型项目被复制推广至金华28个5G智慧工厂类项目。

应用成效： 该项目探索全新的安全商业模式，基于安全服务能力目录，丰富安全服务内涵，助力安全产业规模快速增长，通过东磁未来工厂安全实践标杆示范创造了大量的安全需求，形成3项领先技术、6项行业标准，获得9项核心专利。

浙江是制造业大省，具有广泛的数字化行业需求，这既为 5G 安全能力复制推广创造了基本条件，又对安全能力的灵活度和可复制性提出挑战，具有较强的代表性。浙江 5G 安全服务能力目录的落地以浙江金华制造业为样板，围绕制造业数字化安全，研发并提供终端接入安全、数据安全、MEC 安全、边界安全等原子化安全服务能力集。通过横店东磁数字化转型项目，催熟 5G ToB（面向企业）安全服务化能力落地，并基于优秀实践输出标准、专利等成果，将成果推广到相关产业。浙江移动与华为 5G 网络安全联合创新中心能力孵化方案如图 1 所示。

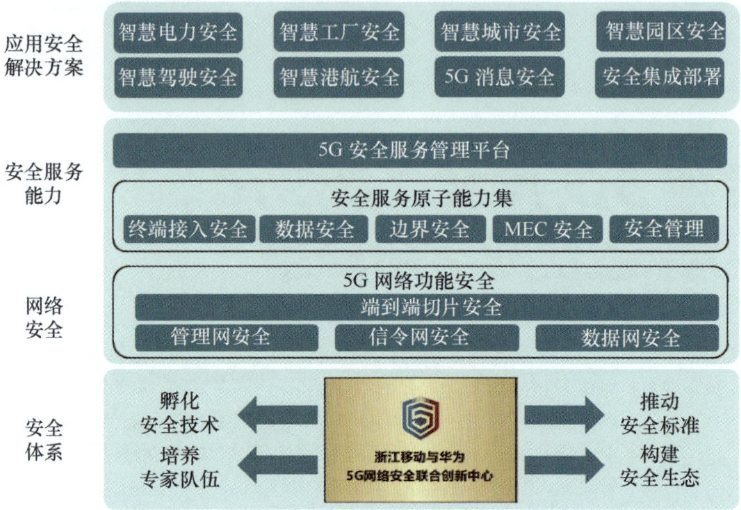

图 1　浙江移动与华为 5G 网络安全联合创新中心能力孵化方案

基于“新四化”理念，设计 5G 应用安全需求解决方案

横店东磁是全球最大的永磁铁氧体和软磁材料制造企业，是全国磁性行业的头部企业，经营磁性材料、新能源和器件三大产业。横店东磁投资 7.2 亿元启动电池片六厂建设，与金华移动共同打造 5G 智慧工厂，主要包括“5G 边缘计算”“5G AGV”“5G 数采联网”等应用。目前，横店东磁在网络安全方面存在的痛点主要包括终端接入、数据安全、MEC 应用、5G 安全管理等。

5G 安全能力目录遵循“服务化、原子化、标准化、产业化”的安全“新四化”设计理念，打造安全可靠的 5G 网络，满足制造行业的业务安全诉求。安全服务平台的定义和关键属性见表 1。

表 1　安全服务平台的定义和关键属性

概念	定义	关键属性
安全（微）服务	• 可以独立开发、测试、构建、部署的安全软件实体 • 单个安全服务尽量专注一件事情，高内聚、低耦合 • 服务与服务之间至少做到进程级隔离，通过契约化的网络协议接口通信	• 安全服务自治 • 安全服务接口契约化 • 安全服务独立可视 / 可管控 • 技术无关（不用统一编程语言）

服务化。浙江移动以服务、数据为中心，构建服务化、组件化架构，具备灵活、按需组合的安全能力。一个个安全服务就像一个个“原子”一样紧密结合，构成了安全服务平台的综合开放能力。

原子化。安全服务平台具备开放性，会衍生出各式各样的安全能力，安全能力之间也会产生交叉应用、相互调用，进而产生更为丰富的安全能力，用户也会越聚越多，从而产生生态效应。浙江移动基于统一的云网资源，提供安全服务能力接口，实现层次化、服务化的安全能力封装，已支持 66 个原子化安全服务能力，并基于联合创新中心不断创新孵化、反复迭代。

标准化。浙江移动面向千行百业，提炼出 ToB 安全原子能力集，并以服务化的方式服务于千行百业；同时，将安全架构和原子能力推广到中国通信标准化协会（China Communications Standards Association，CCSA）、3GPP、全球移动通信系统协会（Global System for Mobile Communications Association，GSMA）等国内外标准组织，形成行业效应，实现规模复制。

产业化。横店东磁安全解决方案是一整套制造行业切实可行的 5G 安全方案和流程，为 5G 安全在制造行业的规模应用打下坚实基础，支撑工业企业向“工业 4.0”发展，保障制造业数字化转型，加速制造业 / 工业互联网的发展。

凭借领先技术，实现标准输出

技术方面，该项目实现多个“首次”。全球首个 5G 终端零信任接入落地，结合电信网络的安全能力，通过电信网络高度可信的信令和业务流量数据，持续监测终端行为（包含终端类型、位置、接入制式），动态评估用户和终端身份、操作权限；全球首次制造行业落地核心网“风筝模式”，如果大网被攻击瘫痪，依然能够保证企业终端到服务器网络正常运行，确保在极端场景下的业务连续性；全球首次构建行业单片系统（System on Chip，SoC）生态，助力 5G“出海”。本项目联合行业 SoC 合作伙伴 Hansight，定义规范接口对接 SIEM[1]，由 SIEM 转换为行业客户 SoC 能解析的 Syslog(满足 RFC 规范)。

标准方面，基于本项目的优秀实践，输出了多项行业标准。该项目首次发布 5G 安全服务能力目录，指导建设安全服务能力；联合 GSMA，全球首次发布 5G

注：1. SIEM（Security Information and Event Management，安全信息和事件管理）。

安全知识库，指导5G行业应用降低安全风险；中国移动与华为在CCSA牵头立项《5G网络密码技术研究报告》《5G数据安全管理要求》《5G网络安全态势感知系统技术要求》《5G企业园区安全技术要求》4项标准；在IMT-2020（5G）推进组牵头立项《5G安全知识库》《5G业务应用安全要求》《5G行业安全分级研究报告》等；联合工业互联网产业联盟共同发布《5G边缘计算安全白皮书》（中/英），联合GTI[1]发布《5G垂直应用安全指南》等。

专利方面，项目技术创新成果不断涌现。目前，该项目已申请9项专利，专利成果见表2。

表2　专利成果

专利名	状态
边缘节点切换控制方法、系统、装置、介质及产品	受理
CIoT：一种通信方法、装置和系统	授权
CIoT：安全校验方法及装置	公开
2B认证：一种通信方法及设备	授权
2B认证：一种鉴权方法、设备及系统	授权
2B认证：鉴权的方法、终端和服务器	授权
2B安全控制：控制终端与网络连接的方法及装置	授权
2B安全控制：一种限制终端设备接入的方法及装置	授权
uRLLC：一种通信方法及其装置	授权

注：1. GTI即Global TD-LTE Initiative，TD-LTE全球发展倡议。

“5G+ 数字协同治理”助推工业绿色发展

参与企业：中国移动通信集团浙江有限公司绍兴分公司（简称“绍兴移动”）、绍兴市固体废物管理中心

案例简介：绍兴移动与绍兴印染企业、医疗机构等合作，利用5G、大数据AI、云计算、区块链等新技术优势，形成固废从产生、运输到处置的闭环管理，形成企业“无废”综合管理新模式。该项目利用搭载5G传输模组的医废监管助力车，实现对医废的重量、种类数据收集、反馈和精准及时的操控，助推绿色产业高质量发展。

应用成效：该项目加快构建了固体废物源头产生量最小化、资源充分循环利用，深入推进固废产业提质转型，培育更具竞争力的固废产业，加快固废产业高质量发展。该项目通过建设固废监管信息系统，实时掌握工业固废产业信息，保证监管的及时可靠。

在绍兴工业数字化转型升级的浪潮之下，绍兴移动利用 5G 手段，通过 5G 大连接、低时延的特性对污水处理设备的各环节实时监控，使高温、高压、“蒸笼”般的高污染印染车间逐渐退出绍兴的印染行业，推进企业走上绿色发展道路。此外，在新冠肺炎疫情防控常态化之下，企业需要借助智能化管理手段让医疗废物管理更加高效。目前医废监管已覆盖绍兴全市 200 余家县、市级医院 / 卫生院。

对于产废企业，绍兴移动大力推进工业固废处置利用基础设施建设，不断提高工业固废减量化、资源化、无害化“三化”水平，助推绿色工业高质量发展。

结合5G特性，构建四大类应用场景

该项目实施过程中，利用绍兴移动5G特性，构建四大5G应用场景，实现管控环节全闭环，统筹五大类固废，融合新技术，实现全过程管理，推进工业绿色化发展。

“5G +4K高清视频”全流程监控。针对固废产生源、固废运输、违规倾倒、固废处置利用等环节，该项目针对性地进行5G网络的覆盖和信号补强，进行全流程高清视频监控。针对垃圾车、垃圾处理设备等部署5G高清摄像头，实现高清视频实时传播，保证固废全流程监管的及时性、可靠性。“5G +4K”高清视频全流程监控如图1所示。

(a) (b)

图1 “5G+4K”高清视频全流程监控

“5G +AI”智能识别与预警。针对运输化工、医疗等危险废物的场景，将5G视频与AI机器视觉技术结合起来，具体应用场景包括：非法进入禁区，对特定危险区域进行电子围栏监控，对进入电子围栏的人、物进行预警；非备案车辆进厂，对进入特定产废、用废企业的车辆进行监控管理，防止车辆私自运输违规废物进入处置厂；危险驾驶，对运输危险废物驾驶人员的闭眼、低头、抽烟、拨打电话等行为进行综合分析、智能预警；运输车辆违规倾倒/撒漏，对工业及危险废物沿途抛洒、在违规区域倾倒等行为进行分析和智能预警。“5G+AI”智能识别与预警通过AI视觉发现异常/违法违规行为，及时向平台上报并预警提醒，有效降低风险指数，提高绿色工业建设监管水平。无废城市示范项目工程渣土运输车如图2所示。运输危险废物车辆安装高清视频监控如图3所示。

图 2　无废城市示范项目工程渣土运输车

图 3　运输危险废物车辆安装高清视频监控

“5G + 区块链”医废监管助力车。区块链具有“去中心化”、非对称加密和智能合约等特征，可应用于“无废城市”建设企业信用管理领域，有助于打破“数据孤岛”，实现各节点信用信息的共享，拓宽企业信用信息维度。在医废监管助力车上加装移动 5G 传输模组，通过 5G 网络实现与中心平台的高效信息传输，同时还搭载区块链应用，实现医废的重量、种类及收集过程中的取证视频等数据的反馈和精准操控。该设备已经量产，被投放到各种规模和类型的医疗卫生场所，实现医废全流程管理及信息可追溯。医废监管助力车如图 4 所示。损伤性废物收集箱如图 5 所示。

图 4　医废监管助力车

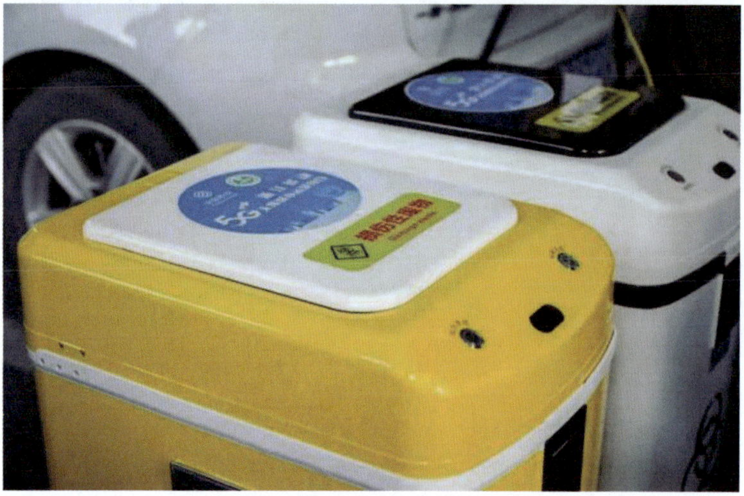

图 5　损伤性废物收集箱

“5G + 废水废气”安全治理监管。近年来，在数字化改革中，废水废气监测是绍兴特色印染“产业大脑”的典型场景。在这个契机下，绍兴移动利用 5G 网络，通过 5G 大连接、低时延特性，实时准确地采集污水处理设备的各环节数据。从标准化管理、数据采集、监控预警、数据分析、专家诊断等方面进行建设，建立数据中台和展示窗口，提升管理效率，降低运营成本，创建“无废工厂”，实现企业生产运营数据“一屏展示、一图总览、一网感知”，推动废弃物的源头减量化、资源化利用、无害化处置。“无废工厂”如图 6 所示。

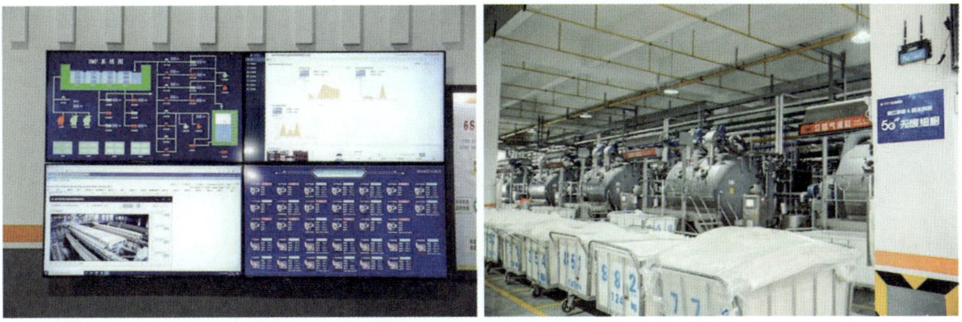

图 6　“无废工厂”

5G 成为助推绿色产业发展的有效手段

该项目开创了印染领域应用 5G 的先例，产线控制时延在 30ms 以下，实现产能、产品规格远程数据的上传和设备精准控制，节约布线成本约为 30%。从提质增效的角度，避免了低效率环保问题的产生。该项目符合节能减排和可持续发展的国家基本政策，可以引领印染企业向数字化、智能化制造转型，推动行业迭代升级。除了印染领域，在新冠肺炎疫情影响下，该项目成果将被运用到医疗领域，实现医废的科学收集和智能存放，能够清晰汇报医废的处置情况，极大地助力医疗卫生的运营及监管效率，也会降低病菌传播概率。

“5G + 工业互联网”是新一轮科技革命和产业变革的关键驱动力量，是壮大数字经济的新引擎。5G 以其超低时延、超高可靠性、海量连接、超大带宽等特性，为工业互联网的实现打下坚实基础。在工业发展的过程中，我国高投入、高消耗、高排放的粗放模式，使工业固体废物的产生量巨大，这对生态环境和人类健康造成了极大的危害，制约了可持续发展。工业固体废物资源的综合利用是节约利用资源、提高资源利用效率的有效手段，是解决大量固废长期堆存带来的环境安全隐患的重要措施。

5G工业内网助美的打造智能制造新模式

参与企业：佛山市顺德区美的洗涤电器制造有限公司、中国联合网络通信有限公司（简称“中国联通”）

案例简介：2021年7月，中国联通携手美的集团厨房和热水器事业部共同打造了广东省首个5G全连接智能制造示范工厂。该项目基于中国联通5G室内基站和MEC专网架构，本地化部署融合定位引擎，提供“5G+蓝牙到达角（Angle of Arrival，AOA）”方案融合定位能力，成功对接美的生产系统。在应用场景的背后，是数字到数智的蜕变，更是制造链条效率的蝶变与价值增值。

应用成效：该项目孵化了多个5G硬件及应用，有效带动产业链纵深发展。该项目的创新将会引领一场5G“智造革命”，直接辐射1.5万亿级家电制造行业及10万亿级电子设备制造行业的数字化转型，同时促进5G智能制造产业人才培养，带动同行业仓储物流数字化发展，落实低碳环保绿色发展，起到良好的社会示范作用。

美的集团创立于1968年，总部位于广东省佛山市，是中国家电行业的头部企业。2021年7月，中国联通携手美的集团厨房和热水器事业部共同打造了广东省首个5G全连接智能制造示范工厂。该项目以2套独立下沉的MEC集团化部署，7套UPF工厂边缘侧分流，构建了大型离散制造集团的区域5G工业专网，并规划了智能仓储、智能车辆管理、AI智能监测、EHS[1]管理等19项应用和600多个5G

注：1. EHS是环境（Environment）、健康（Health）、安全（Safety）的整合。

连接的落地实施方案，借力 5G 大带宽、低时延、广连接的特点，全面建成 5G 全连接工厂，从根本上提高生产效率和效益，深度打造“5G + 工业互联网”智能制造新模式。

远程控制协助指导

碗篮是洗碗机的核心工艺件，碗篮浸粉的生产制造大量依赖自动化设备。钣金车间冲压设备也是如此，但自动化设备故障率高（各类设备一天内故障的总数为 40 次）。基于“5G + 浸粉故障预测”系统，利用 5G 网络实时回传电机的运行状态参数，建立设备运行模型，分析设备的实时数据与故障，可准确预测故障的发生时间，提前进行检修处理，减少停机时间，每年可为工厂降低成本达 10 万元。

借助 5G 大带宽和低时延的特点，该系统满足 AR 眼镜单台上行带宽大于 10Mbit/s，时延低于 50ms，产线工人佩戴“5G +AR 眼镜”，可将现场情况和设备情况第一时间传送给不在生产现场的工程师，工程师实时查看现场画面，通过实时标注方式，协助指导以快速解决问题。该系统还可以实现相关数据实时上传记录，远端工程师可实现 1 对多的支持，减少差旅成本 70%，提升员工培训效率 40%。

精准定位分类导引

家电行业竞争不断加剧，其中，物流成本占整体销售成本的 35%，特别是仓储成本的上涨非常明显，如何有效地控制并降低物流成本，是企业提升竞争力的核心手段。在物流过程中，信息不畅、流程烦琐、无效作业是企业主要面临的 3 个痛点，针对这些问题，我们以融合定位为基础，来实现物流端到端数字化转型，打造端到端的 5G 智能物流体系，可以实现账实一致、流程高效、少人化和全面无纸化 4 个目标，而只有 5G 能满足多种定位方式融合、网络稳定性要求高、并发带宽大、接入点多等要求。

该项目采用了 5G 融合定位创新赋能智能仓储。5G 融合定位实现了对叉车的实时定位和库位信息互通，解决了成品入库过程中不可视、无法精细化管理的难题，实现货物出入库记录有源可寻。

成品装箱后，由机械臂完成成品分类堆垛。工人驾驶夹包车完成货物入库（堆垛货物搬移到指定存储仓位）、出库（从指定仓位搬移到货车交接进行货物装卸）。牵引车在 2 个仓库及室外废料区间进行货架搬运流转。夹包车 / 牵引车的实时位置信息不可知，无法量化评估工作效率，车行道普遍允许两车并行，易拥堵，需要合理规划行车路线。夹包车规划路线展示如图 1 所示。

图 1　夹包车规划路线展示

夹包车运送货物入库后，信息流截止，无法确认货物的存放位置，货物尾单不准确，时常发生取货位置与订单不匹配，影响发货，现有系统只能进行库位推荐，仓储空间利用率不高。中国联通通过“5G +AOA”融合定位连通了叉车的实时定位和库位信息，实现了成品入库全程可视化管理，货物出入库记录有源可寻，通过设置安全距离及电子围栏实现了人车分流主动安全，实现人车碰撞事故率降至 0 ，项目投入使用后，平均找货时间缩短 80%，仓库人工成本下降 21%，装柜效率提升 55%。

生产现场合规监测

现场物料是生产产品的原材料，物料的准确运用和及时提供直接影响着班次的生产量及目标的达成。该项目实现“5G +AI”的图片影像采集，现场摄像机利旧，与现场合规性考核要求结合，设置合规特征标识，有效代替人工巡查管理，基于物料摆放现场多路视频，实现物料摆放的异常行为监测，大幅降低监管人员时间成本，提升合规性监管智能化水平，同时可与工厂现有的 MES、WMS(仓库管理系统) 等系统进行集成，人工巡检成本下降 70%。监管人员巡检场景如图 2 所示。

图 2　监管人员巡检场景

5G +AI 视觉检测

电子车间的“5G +AI 视觉检测”场景主要针对电控板的板面元器件，电控板的元器件都是比较小且密集的，以往检查电控板元器件都由人工完成，长时间的目测很容易造成员工的视觉疲劳，从而会有异常的元器件没有得到及时处理，导致进入波峰焊接环节后还要进行人工拆解维修。现在我们运用工业相机进行不间断的拍照，通过 5G 高速率、低时延的网络，将工业相机采集的照片传输到服务器，服务器端的 AI 算法自动分析、比对，再实时将检测结果回传到现场的客户端，出现失误后，语音播报相应元器件的名称及位置信息，员工及时处理后，产品自动流入波峰焊接。这项应用在 2020 年 11 月试点应用成功后，2021 年已经被复制到了 7 条产线，产品一次合格率提升至 99.3%。“5G +AI 视觉检测”如图 3 所示。

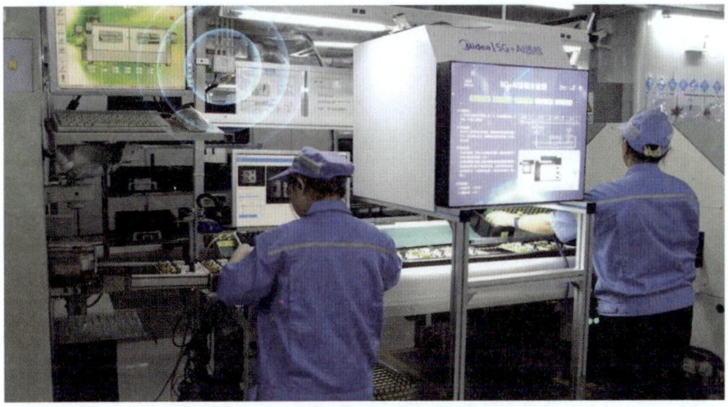

图 3　“5G+AI 视觉检测”

美的集团厨房和热水器事业部顺德工厂是中国联通携手美的集团联合打造的 5G 全连接工厂，这也是美的集团全面数字化、智能化战略在生产制造领域的一次标杆实践，结合 5G 等新一代信息技术，真正实现传统制造向 5G 智能绿色制造模式的转型升级。

360公司助力天津市工业互联网安全建设“排兵布阵”

参与企业：三六零科技集团有限公司（简称“360公司”）、天津市通信安全中心、中国电信股份有限公司天津分公司（简称“天津电信”）、中国移动通信集团天津有限公司（简称“天津移动”）、中国联合网络通信有限公司天津分公司（简称“天津联通”）、天津天大求实电力新技术股份有限公司

案例简介：该项目围绕天津市工业互联网设备、控制、网络、平台和数据等多层次要素，建成工业互联网安全态势感知平台，为天津工业互联网的发展提供强有力的保障。该项目建设的系统主要分为网络侧和企业侧，包括数据采集、基础库管理、监测分析、业务支撑、安全保障5个子系统。

应用成效：天津工业互联网安全态势感知平台的建设，提升了工业互联网设备、网络、业务系统的实时监测和安全检测能力，实现重点企业和行业工业互联网整体安全态势感知和风险防范，为数字经济、新基建、新业态保驾护航。

安全态势感知平台为工业互联网发展护航

在“新基建”与5G的加持下，工业互联网拥有不可低估的发展潜力。根据《国务院关于深化“互联网＋先进制造业”发展工业互联网的指导意见》中对“推动安全技术手段建设，提升隐患排查、攻击发现等技术能力”的要求，建设国家、省、企业三级协同的工业互联网安全监测与态势感知平台的指导意见，360公司牵头实施了天津工业互联网安全态势感知平台项目。

项目实施期间，360公司充分发挥国家平台资源集中、技术领先的优势，全面

评估工业互联网行业安全风险，依托网络安全威胁监测与处置机制，及时向存在风险的单位提供预警信息，支持安全隐患整改，提升天津工业互联网态势感知和应急响应能力，护航工业互联网飞速发展。

引入多项创新技术确保项目先进性

天津工业互联网安全态势感知平台项目通过结合创新的技术优势，确保了项目的领先性。

首先是多源安全知识库与先进检测技术融合。基于 360 安全大脑在全网大数据、威胁情报、知识库的积累，结合强大的监测能力，该项目采用符合工业场景的高容错数据采集方式、工业资产发现、工业高级长期威胁（Advanced Persistent Threat，APT）发现，以及工业攻击行为精准溯源等技术，打造安全监测体系。

其次是业务数据与安全数据的有机结合。通过深入行业用户，该项目实现了工业业务数据与安全数据的有机结合，实现安全服务于生产业务。

再者是人工智能赋能安全态势感知。立足实时感知建设态势感知模型，系统以数据驱动模式实现安全监管，掌握天津网络安全态势。同时为相关企业和用户开展资产监测，实现精准、实时的安全监测预警。

最后是深度解析 5G 网络流量，形成强大的安全运营平台。该项目在实施中与三大运营商合作，采用机房配置策略等手段，实现工业企业流量采集与识别，从而形成强大的 5G 数据安全防护与运营系统。

助推工业互联网安全产业服务化进程

天津工业互联网安全态势感知平台的顺利交付将会提升国家、天津对于区域内工业互联网设备、网络、业务系统的实时监测和安全检测能力，实现重点企业和行业工业互联网整体安全态势感知和风险防范。该平台的打造将助推工业互联网安全产业服务化进程，有利于工业互联网及安全产业生态的应用推广，形成行业带动效应并在其他省份应用推广。

该项目通过部署安全监测平台，可实时监测企业安全态势，有效减少因为网络安全问题导致企业停工停产而带来的经济损失，提升工业互联网安全产业的应用和推广价值，最终助力产业及企业的数字化在有效的安全保障下实现更多的创新，可以更快速地发展。同时，对于企业使用 5G 通信时，可以从互联网接口处进行安全监测和防护，有效保证企业业务的连续性、安全性。天津工业互联网安全态势感知平台如图1所示。整体系统设计方案框架如图2所示。

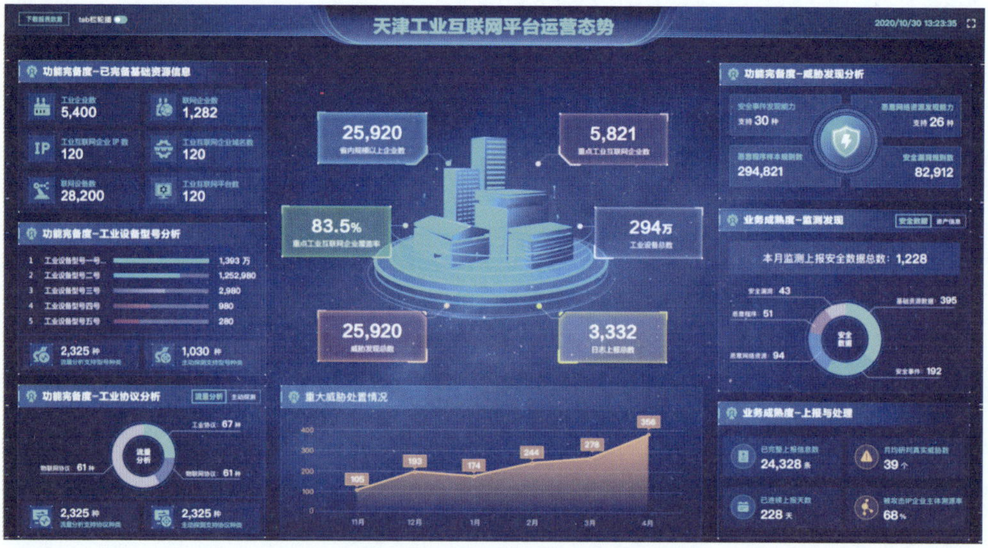

图1　天津市工业互联网安全态势感知平台

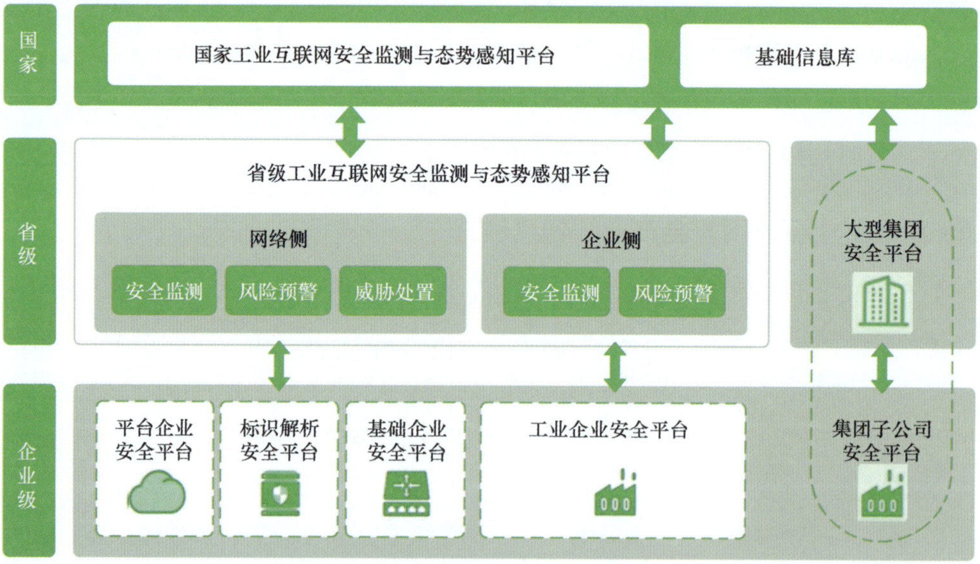

图2　整体系统设计方案框架

第六章

5G+智慧平台赋能

“5G＋工业互联网”是经济高质量发展的“助推器”，“5G＋工业互联网”技术发展及规模化应用将助推多个国民经济产业发展的质量变革、效率变革、动力变革。“5G＋工业互联网”以强化智慧平台建设为开端，进而实现为千行百业赋能、赋智、赋值。产业链各方持续加强沟通衔接，积极畅通跨部门、跨行业、跨领域协作，不断丰富应用场景，加速规模复制推广，深入推动“5G＋工业互联网”覆盖国民经济更多门类，切实促进“5G＋工业互联网”融合创新应用更好地赋能实体、造福社会、服务人民，为经济社会高质量发展做出新贡献。

工业互联网平台助力大足五金产业振兴

参与企业：中国移动通信集团重庆有限公司（简称“重庆移动”）、重庆精耕企业管理咨询有限公司

案例简介：该项目主要是建设大足五金制品行业二级节点，推进大足五金工业互联网1+*N*标识解析服务体系建设，逐步推广应用工业互联网标识解析规模化服务，推动标识解析系统与工业企业信息化系统的集成，利用标识实现供应链系统和企业生产系统间的精准对接，促进信息资源集成共享。

应用成效：大足五金工业互联网平台实现了线上线下营销资源共享，突出国内外新生市场需求信息的挖掘和聚合，带动和催化五金企业分工协作化、五金产业数字化，助力重庆五金企业人均年产值提升10%，库存资金占用下降30%，生产交货期缩短20%，产业规模增长50%以上。

大足五金工业互联网平台是重庆首个建成的园区模式新基建工业互联网平台。大足区政府以“共建共享、互联互通、抱团发展”为理念，积极引导五金企业“内提品质、外拓市场，精益生产、敢于溯源”，并以建设五金行业二级节点为基础，以工业互联网平台为抓手，以工业互联网运营中心、创新中心、实训中心和电商直播基地为支撑，推动工业互联网在人才管理共享、产品研发协同设计、设备互联产能共享、全过程质量追溯、供应链集采集销、产融合作等环节的覆盖、渗透、融合和集成，建立客户、供应商、产品、设备和人的全面连接。

2020 年，大足五金工业互联网平台在“数字赋能·智惠大足”工业互联网助力中小企业发展高峰论坛上成功发布。该项目入选了“2020 年重庆市十大 5G + 工业互联网示范项目”，同时入选了《2021 年重庆市十大 5G + 工业互联网案例集》，

成为国内首个五金行业工业互联网平台。

补齐产业数智短板

大足五金工业互联网平台综合应用了 5G、人工智能、大数据、数字孪生、云计算、物联网等新一代信息通信技术，建设了一个可复制及推广的数字化、智能化工业互联网平台体系，并通过高效的网络实现互联互通。该平台为确保数字化应用能力，从基础网络架构设计到各个制造环节实现了互联互通，实现工业互联网背景下的多系统 SaaS 综合应用与集成，为企业提供一站式 SaaS 集成应用。

大足五金工业互联网平台覆盖标识解析二级节点、云销售、云制造、云采购、云财务、云质量 / 云工艺、云仓库、云看板、云设计和云人才十大应用，可提供集采 / 拼单、电商 / 直播带货、资源共享、协同设计、咨询服务、技术服务、物流服务和金融服务八大聚合驻地服务，帮扶企业从平台获得大市场、大生产和大采购数据连接能力，并通过产能协同、数字化供应链、电商和网红平台，为大足五金行业补齐“数智”短板，助力五金企业实现开源节流和提质增效，实现单点补贴到平台赋能的新基建实战落地。

标识解析应用架构如图 1 所示。

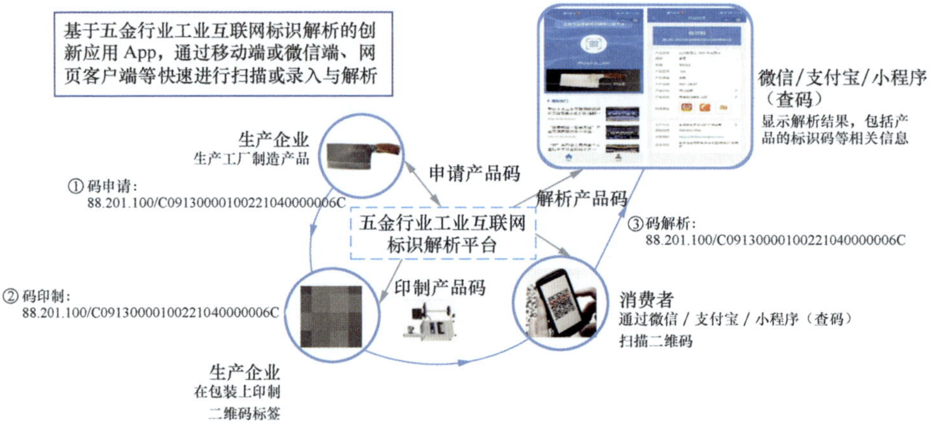

图 1　标识解析应用架构

企业降本提质有成效

企业上云、上平台、上标识可以帮助企业开源、降本、提质、增效，帮助企业发展新三线，为企业插上“新翅膀”。重庆桥丰五金制造有限公司二级节点赋码激光终端改造完成后，节省成本 15 万元 / 年；重庆飞舸机械制造有限公司、重庆德卡汽车零部件制造有限公司、重庆市大足区水利刀具有限公司、大足县川江机械铸造厂、重庆市乐珐机电有限责任公司、重庆市大足区光头刀具有限公司等公司的企业资源计划（Enterprise Resource Planning，ERP）、云码系统、MES 系统投入使用后，生产效率提升 18.5% 以上，库存周转率提升 33.5% 以上。

2021 年，大足五金工业互联网平台的端架构搭建和功能模块开发基本完成，引导 20 家以上企业完成生产过程信息数字化。企业通过较小的投入，迅速实现产、供、销、存的数字化、可视化、智能化，预计人均年产值提升 10%，产品及在制品库存资金占用下降 30% 以上，生产交货期缩短 20%，准时交货率提升 60%。平台端交易服务中心和结算中心性能得到发挥，初步具备协同研发和制造能力。

有效加快全国推广应用

大足五金工业互联网平台已有 451 家企业完成注册，五金标识解析二级节点平台接入 67 家企业，108 家企业上线运行工业互联网平台，其中，有 102 家上线企业云码、ERP 系统、云制造系统，2 家企业上线数字化工厂、仓储管理系统，入驻工业互联网平台的上下游企业达到 200 家以上。使用服务 / 应用的企业有 122 家，使用标识解析二级节点应用的企业有 10 家，赋码量共 4.89 亿个，解析 2.08 亿次。相关数据统计如图 2 所示。

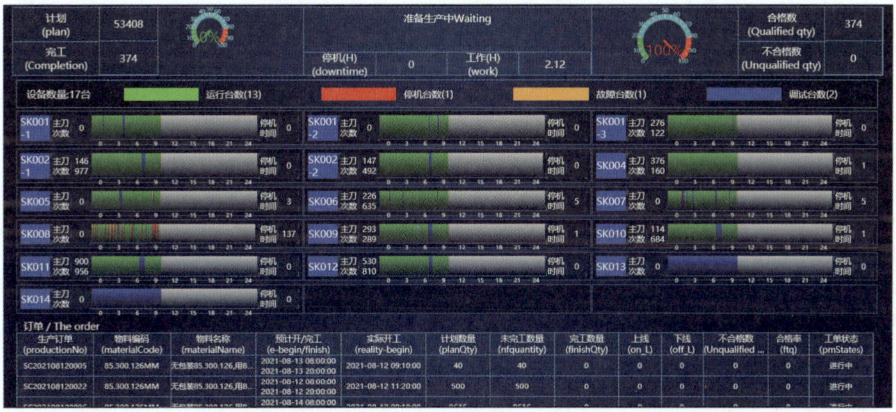

图 2 相关数据统计

未来，平台系统功能将进一步完善。预计 2022 年有超过 500 家的上下游企业入驻，平台将汇集具有丰富行业经验的设计工程师、品质工程师、设备工程师等专业人才达到 1000 人以上，在线提供服务，研发、检测、孵化、金融等服务全方位发力。计划到 2023 年，重庆本地五金企业完成生产过程信息数字化采集达到 95% 以上，入驻平台端的本地企业达到 90% 以上，通过行业标识解析体系向全国五金行业推广应用。

发挥 5G 优势 赋能智慧养殖

参与企业：国农（重庆）生猪大数据产业发展有限公司、中国联合网络通信有限公司（简称“中国联通”）

案例简介：该项目旨在通过推动生猪规模养殖场向科学化管理转变，实现生猪生产过程全面数字化，引领生猪产业智慧化发展。重庆市荣昌区智慧畜牧综合服务平台和智慧养殖（生猪）示范场通过物联网仪器设备配合收集数据，最终形成智慧生猪养殖生产规程和模式，利用大数据对生猪全产业链数据进行分析，制定智慧生猪养殖技术规范。

应用成效：该项目的建成对实现生猪生产过程全面数字化，生猪生产数据资源标准化，生猪养殖绿色化、生态化，引领生猪产业智慧化发展具有积极作用，为探索生猪产业数据化、数据产业化提供实践，同时加速推动构建荣昌区生猪数据标准体系，释放数字红利，培育壮大生猪产业发展新动能。

信息通信技术具有鲜明的高科技特征，与传统的畜牧业结合能够擦出什么样的火花？中国联通与重庆市荣昌区联手，将 5G 技术与生猪养殖结合起来，推动生猪规模养殖场向科学化管理转变，实现生猪生产过程全面数字化，引领生猪产业智慧化发展。

传统畜牧业期待信息化

重庆市荣昌区拥有以生猪为核心的畜牧产业，已经形成链条完整、科技含量较高、富有特色的产业集群。近年来，重庆市荣昌区大力发展畜牧科技城，其中包括智慧畜牧数字经济功能区。

生猪行业信息化在发展中遇到了不少难题，有些难题是规模化养殖场的共性问题，以荣昌区为例，主要体现在以下 2 个方面。

数据问题。历史数据单一，虽然不少猪场已经进行信息化改造，但考虑到猪只移动性强，猪舍有线和 Wi-Fi 线路改造、施工困难，多数猪场更关注信息化平台，导致数据汇集维度少，来源单一；同时，在一些特定场景下，4G 和 Wi-Fi 时延较高，稳定性、接入能力不如 5G。

自然条件限制。荣昌区实施点地理位置分散，猪场都在丘陵山区，养殖面积大；猪只成千上万，活动时长不定，活动范围杂乱，传统组网（例如专线、Wi-Fi 等）支撑力度不够，Wi-Fi 覆盖范围有限，同频干扰问题突出。

为此，国农（重庆）生猪大数据产业发展有限公司、中国联通联合开发了荣昌区智慧畜牧综合服务平台和建设智慧养殖（生猪）示范场，探索信息技术与生猪养殖的结合之路。

五大场景实现智慧养殖

智慧养殖（生猪）是将 AI 与养猪相结合，应用 5G、AI、大数据等技术，实现智能环控、精准饲喂、健康识别、数字屠宰等，使猪场生产管理实现信息化与数字化，大幅提高养殖效率，降低养殖成本。

该项目基于视频 AI 实现智能环控、精准饲喂、健康识别等 5G 农业场景应用，实现智慧养殖（生猪）示范场的合理建设。面对不同规模的场景应用及网络现状，本项目利用中国联通 5G 网络，以切片服务实现各场景覆盖，高灵活、低成本、快速部署。

智能环控。猪场的环境在很大程度上影响着猪的生长、繁殖、疾病传播等，适宜的温度、湿度等条件可以切断病毒传播途径，确保猪场稳定生产，有效提升猪场的生产效率和经济效益。智能环控主要监测猪场的温湿度、二氧化碳、负压值、风机等，控制水电，同时配合 AI 视频进行盘点，实现新型智能环控。得益于 5G 高容量、大连接、低时延特性，智能环控系统融入了猪只图像特征，使猪只特征维度大幅增加。

精准饲喂。通过 5G 低时延的应用，智慧养殖（生猪）示范场控制端可与后台系统及时联动，结合 AI 相机，精准饲喂具有以下特点：食物投放可以精确到克，实现食物和水均匀混合；探测食槽剩余厚度，按需投食，使饲料新鲜、不浪费；智能补水，猪进餐结束之后，控制端可自动给槽补水，既满足猪大口喝水的习性，又能清洗食槽残余饲料，避免了饲料浪费和变质；智能学习，自动分析采食量、采食时段和频次，采用最佳投食方式。

健康识别。猪只个体识别是生猪智能化、精准化养殖的重要基础，5G 耳标可实现大规模猪只个体体温、运动量等信息的高效采集，同时通过滑轨机器人定时巡航对猪只行为进行高清采样，结合猪只声音采集识别系统，利用 AI 及大数据分析，识别猪只的异常行为和情况，实现猪只健康监测和疾病预警。

数字屠宰。生猪行业整体出现养殖规模化、运输冷链化、屠宰地本地化。在这 3 个趋势下，各地的肉食屠宰加工头部企业将迎来一个非常好的发展机遇，以前粗放的管理模式会朝着精细化、信息化的方向发展，企业对数字化的应用非常迫切，主要体现在屠宰过程精细化，采集生产全过程的数据，进行实时、敏捷地成本控制和成本决策。

VR 展示系统。依靠 VR 全景监测技术，智慧养殖（生猪）示范场将原有的平面化管理，改变为立体式、全景式、沉浸式的远程管理，员工可以近距离实时观测每栋栏舍生猪的生长情况，并下达工作指令，提高了工作效率。为防止病毒进入养殖场区，猪场实行了全面隔离，运用 VR 技术后，人与猪接触的频率大大降低，尽可能地减少了病毒的传播途径。智能猪场养殖监测如图 1 所示。

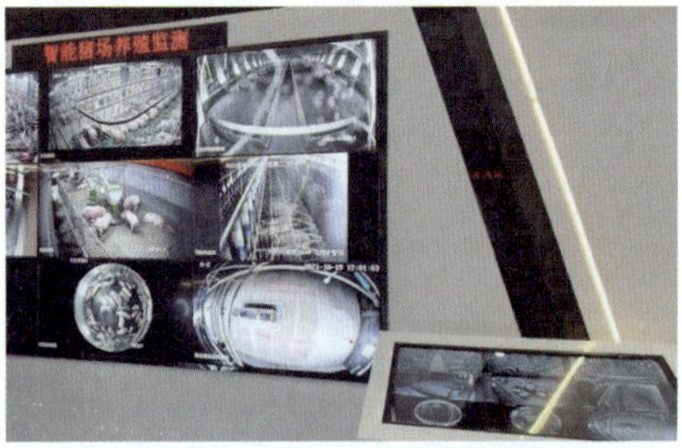

图 1　智能猪场养殖监测

该项目的建成对实现生猪生产过程全面数字化，生猪生产数据资源标准化，生猪养殖绿色化、生态化，引领生猪产业智慧化发展具有积极作用。该项目为探索生猪产业数据化、数据产业化，提供实践，同时加速推动构建荣昌区生猪数据标准体系，释放数字红利，培育壮大生猪产业发展新动能。

5G 智慧医疗打通急救新通道

参与企业： 中国移动通信集团有限公司政企客户分公司（简称“中国移动”）、上海市医疗急救中心、中国移动通信集团上海有限公司、中移（成都）信息通信科技有限公司

案例简介： 在上海市应急医疗系统升级的大背景下，中国移动与上海市医疗急救中心合作打造了5G急救医疗行业标杆案例，实现了5G技术与急救车的融合，提高了急救医生、随行人员与院内门诊专家间的配合度，缩短了急救时间，优化了急救流程，为患者带来更优质的服务，抢占急救“黄金4分钟”。

应用成效： 中国移动与上海市医疗急救中心合作打造了5G急救医疗行业标杆案例，在5G急救车部署5G智慧医疗接入网关，用大带宽、低时延、高稳定性的5G网络为医疗急救赋能，提高急救效率，优化急救流程，实现“上车即入院”，助力医疗行业信息化。本案例的成功应用，有助于中国移动加快5G垂直行业布局，推动5G医疗行业终端规模化，促进5G医疗专网建设，拓展5G医疗行业应用市场，引领5G医疗行业生态发展。

5G 脉搏一号构建智慧专网

2021 年，由上海市卫生健康委员会牵头，上海市医疗急救中心负责，上海市应急医疗系统升级工作启动，建设覆盖全市应急救援定点医院的院前院内一体化系统，进行全市 5G 急救车改造。因为 5G 行业终端匮乏，医疗属性不明显、不符合医疗行业标准、不适用医疗应用场景，不满足医疗行业特殊需求，这些因素制约了

5G 医疗专网规模化发展，所以 5G 智慧医疗接入网关应运而生。

中国移动肩负着建设 5G 医疗专网重任。按照工业和信息化部等九部委印发的《5G 应用“扬帆”行动计划（2021—2023 年）》，中国移动率先进行 5G 智慧医疗接入网关产品研发，发布了首款 5G 智慧医疗网关——5G 脉搏一号，5G 脉搏一号如图 1 所示。

图 1　5G 脉搏一号

5G 智慧医疗网关是为医疗行业定制的、国家权威机构认证的医疗级 5G 通信设备，解决了医疗行业抗菌消毒、电磁兼容性、传输可靠、移动医疗等方面的痛点，使能医疗设备原生接入 5G 医疗专网，并在应急救治、远程医疗和智慧医院三大应用场景广泛试点。

5G 智慧医疗网关具有四大功能特性。

适用医疗设备接入。5G 智慧医疗网关可提供医疗器械接入接口，全面适配医疗器械设备，接入医疗器械；内置蓝牙网关，可穿戴设备能够通过蓝牙接入。

专业为医疗行业定制。5G 智慧医疗网关的抗菌外壳符合医用电器环境要求的国家标准，电磁兼容性符合医用设备电磁兼容性要求的国家标准，安全标准符合医用电气设备安全要求的国家标准。

满足移动医疗场景要求。5G 智慧医疗网关为双路冗余电源，外置电池可独立供电，适用于移动医疗场景；支持壁挂、抱杆、吸顶等多种安装方式。

“5G + Wi-Fi 6”高可靠、低时延保障。5G 智慧医疗网关支持 5G（SA/NSA）/4G，原生接入 5G 医疗专网；由平台统一运维，通过中国移动 5G 医疗边缘云接入认证，可远程配置或升级。

5G 智慧医疗网关荣获第四届“绽放杯”5G 应用征集大赛通用产品专题赛一等奖、2020 年当代好设计奖和 2021 IF 设计奖，入选了中国移动《2020 科技创新成果集——百大成果汇编》和《核心能力及自主产品清单（2021 年第 1 版）》。

5G 急救车赋能智慧急救

基于与上海市医疗急救中心的长期战略合作协议，中国移动为 5G 急救车提供了 5G 医疗专网试点使用服务，所有 5G 急救车全部采用中国移动自主研发的 5G 智慧医疗接入网关。目前，首批 5G 急救车已完成试运行，集中投入一线使用。5G 技术与急救车融合应用如图 2 所示。

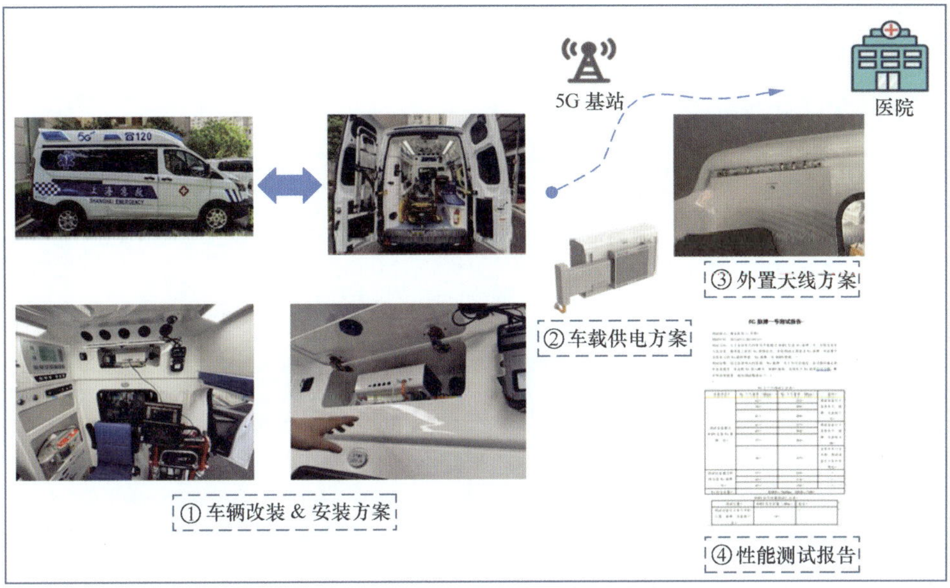

图 2 5G 技术与急救车融合应用

5G 急救车内置 5G 智慧医疗网关，可支持医疗设备连接 5G 医疗专网，利用 5G 大带宽、低时延、高稳定等特性实时传输患者的高清医疗影像、视频信息至医院，实现急救车、急救中心和院内专科之间的远程会诊。

根据 5G 急救车装配图及现场测试摸底，5G 智慧医疗网关在 5G 急救车上的安装方案主要包括：采用拉远天线盒部署在驾驶舱的方式来改善 5G 信号质量；急救车自带的 AC220V 工作电源可作为 5G 智慧医疗网关供电电源，需增加 AC220V 供电口，主机电源开关默认打开，车载电源开启后设备自启动，减少设备操作量；为保障主机工作性能，设备舱盖板需要增加足量的散热孔，以保证主机能够正常散热；为提高急救车内整体布局的美观度，天线馈线走车体内饰，在车顶内隐藏。

该项目引起了上海市领导的高度重视，上海市市长莅临现场进行指导，上海市卫生健康委员会组织全市医疗机构现场学习。另外，新华网、上海市电视台等多家官方媒体还对该项目进行了报道。

未来，中国移动将继续以“1+1+*N*”模式为产品布局，深化云网融合应用体系，突出医疗互联化、远程化、智慧化应用，打造云网一体、云边协同、云智融合的 5G 智慧医疗服务体系，联合业界合作伙伴，优势互补、强强联合，构建共创共赢的智慧医疗行业生态，在智慧医院、远程医疗、区域医疗卫生等领域不断打造数字化创新应用，助力提升医疗服务水平与效率。

5G 赋能促教改 创新实践提质量

参与企业： 中国移动通信集团江苏有限公司南京分公司（简称“南京移动”）、南京市玄武区教师发展中心、南京市电化教育馆、中国移动通信集团江苏有限公司（简称“江苏移动”）、中移（成都）信息通信科技有限公司

案例简介： 5G跨区域教学创新共同体实践项目顺应“双减”形势，依托地理、教育资源优势，运用5G技术赋能教育，建设了“5G + 城市小农夫”“5G + 全息艺术课堂”“5G + 人工智能实验室”“5G + 智慧足球”等场景，是“政、企、学、研”相结合的跨区域教学应用模式的协同创新实践。

应用成效： 5G跨区域教学创新共同体实践项目覆盖内容广泛，应用场景丰富，推进互助模式转变，推动课后服务改变，项目动态变化调整明显，对相关技术产业链的拉动效应明显，启发产业链各方寻求5G与教育各细分领域的碰撞，带动教育产业链在AR设备、体育艺术、劳动教育等方面的新投入，丰富5G背景下的教育创新模式。在跨区域合作方面，该项目促进一点与多点、教育发达地区与落后资源地区进行更多的合作。

发挥 5G 优势 化解突出问题

5G 网络通信技术，凭借高速率、高可靠性、低时延、低功耗、大规模连接等特点，为重构学习方式、丰富教学手段、促进师生协同发展、解决教育教学问题等提供了基础条件和技术支持。

南京市玄武区教师发展中心依托南京的地理优势，联合陕西商洛市电化教育

馆，与江苏移动、南京移动、中移（成都）信息通信科技有限公司共同合作，以立德树人为核心理念，基于“政、企、学、研”协同模式，创新信息化教学方法、教学形式，组建了 5G 跨区域教学应用模式协同创新实践共同体，南京市玄武区教师发展中心立足南京、辐射苏陕，通过跨区域教学应用模式协同创新实践促进强校优势互补、弱校对口帮扶，坚持“五育”并举，共同实现创新人才培养目标。

5G 跨区域教学创新共同体实践项目（简称“共同体项目”）顺应社会环境变化及教育创新需要，有效促进了跨区域教学方法的提升，推进了教育模式创新和教育资源共享。

促进教育资源互补。陕西省商洛市地处偏远地区，师资力量较为薄弱，教育资源相对匮乏。“5G + 全息艺术课堂”可跨区域解决偏远地区师资力量不足的问题，将教育资源丰富地区的内容同步输出到偏远地区，促进教育资源交流，增强地域间教育互动。同时，商洛市农业资源丰富，具有很多农业专家，可以结合南京本地的“5G + 城市小农夫”应用开发更多有趣的课堂。

增加学生参与劳动教育和素质教育的机会，提升身体素质。新课程改革强调须引导学生进行课外实践，提高身体健康素质。在实际推进中，课程教学存在缺乏科学手段对学生课外劳动教育成果、体能情况进行测试与监控，以及学生劳动实践与素质教育因放假易断档、不持续等难题，“5G + 城市小农夫”“5G + 智慧足球”有效解决了这些困难。

增强跨区域教学的互动性。在传统的教育模式下，尽管学校能够通过视频和语音教学解决跨区域授课问题，但艺术类、体育类课程在传统授课模式下存在师生之间互动不多、表现力不足等问题，影响了学生对知识的吸收。同时，学生的劳动教育往往局限于本校和本地区，与外界沟通较少。“5G + 全息艺术课堂”“5G + 城市小农夫”应用有助于增强区域内部和区域之间的教学互动性。

共同体项目的落地实施，有效解决了课程改革现存的一系列痛点问题，推进了农村义务教育薄弱学校改造计划的落实，加强了素质教育和劳动教育，促进了教育均衡，实现了跨区域的教育互动。

坚持“五育”并举 应用亮点纷呈

美育：“5G + 全息艺术课堂”。以南京市玄武区教师发展中心为中心点，利用 5G 大带宽、低时延的特性，在南京、商洛两地建立多间全息艺术学习课堂，采用全息投影的方式，以真人等比例大小，清晰展示授课老师的形象、动作、声音，进而打造“面对面”教学模式，实现跨区域的教学互动。“5G + 全息艺术课堂”让南京和商洛的孩子们体会到艺术之美，将“有温度”的艺术教育惠及更多孩子。

劳育德育：“5G + 城市小农夫”。以南京理工大学实验小学“实践园”为中心，在南京、商洛两地部署 5G 超高清 VR 摄像头，对植物生长进行 AI 分析，邀请南京、商洛两地的农业专家，结合视频素材编制植物 VR 课程，并进行远程教学。南京理工大学实验小学建立了全国首创的“5G + 城市小农夫”特色课程，此课程入围了南京市“十三五”规划课题，南京理工大学实验小学入选了“长三角新劳动教育 20 校联盟”，目前为南京唯一上榜的学校。

智育：“5G + 人工智能实验室”。以南京市为中心，利用 5G 广连接、低时延的特性，建立 5G 人工智能实验课程，通过“5G +AI”激发学生的学习兴趣，探索新型“智育”评价体系，切实提高师生的信息素养。目前，“5G + 人工智能实验室”覆盖了南京 45 所学校，在江苏省范围内得到了广泛认可和复制推广。江苏移动还负责协办江苏省“领航杯”人工智能大赛、南京市机器人“师生共创”培训。

体育：“5G + 智慧足球”。以南京市为中心，借助 5G 技术，助力“阳光足球”运动。通过部署 5G 超高清全景摄像头，实现足球场大广角、无盲区拍摄，边缘云快速分析，结果实时反馈，深度挖掘学生的运动特长，提升校园足球教学质量。该项目是全国首创的“5G + 智慧足球”平台，与中央电视台合作，举办了 10 场市级以上的足球大赛，起到标杆示范作用。

深化科技赋能 创新教育发展

共同体项目各应用场景的落地和实施，取得了良好的经济效益和社会效益，具有极高的社会服务、文化、民生价值。

在经济效益方面，以“5G+ 人工智能实验室”12 万元 / 校计算，南京市覆盖 200 所学校，可创造收益 2400 万元。假设江苏省 7400 所学校，3 年覆盖 40%，则市场规模超 3.5 亿元。“5G+ 智慧足球”10 万元 / 校，南京覆盖超 100 所学校，收益 1000 万元。江苏省复制千所学校，市场规模可超亿元，全国市场规模可超几十亿元。在社会效益方面，共同体项目的实践成果得到了教育部科技司、中央电化教育馆的高度认可，已入选中国信息通信研究院等单位共同编制的《智慧教育发展及产业图谱研究报告》，入选了 2021 年南京市委“创新名城建设”100 个应用场景，同时获得第四届“绽放杯”5G 应用征集大赛智慧教育赛道一等奖。

与此同时，共同体项目的实践成果还促进了教育部门和学校加强教育基础工程建设，夯实智慧教育基础，丰富教学模式，进行教育创新，推进区域教育治理现代化，构建泛在智慧环境，提升区域教育服务供给体验。共同体项目使学生劳动实践环节有了较大的改善，身体素质得到提升，以及增加了跨区域的教育观察与交流机会，助力教育精准扶贫，在社会上形成良好的传播口碑，深刻影响教育行业的未来发展。同时，共同体项目解决了 5G 赋能数字时代给教育公平带来的挑战，提升了教育资源共享效率，促进教育公平。

5G 赋能智慧教育发展，使更多学生获得了丰富的教育资源和更多的教育机会。“5G+ 全息教学课堂”“5G + 城市小农夫”应用，可以让教育资源匮乏的地区和学校，同步享受发达地区的教学资源，在一定程度上缓解教育失衡，实现教育精准扶贫，弥合数字鸿沟，彰显科技对人文的关怀，以及 5G 对教育的重塑。技术赋能跨区域教学，实现了跨域教育互动，拉近了城市与城市、城市与乡村之间的距离，是一项“功在当代，利在千秋”的伟大事业。

数字孪生让自动驾驶测试更高效

参与企业：襄阳达安汽车检测中心有限公司（简称“达安中心”）、中国电子技术标准化研究院、大连理工大学、深圳市腾讯计算机系统有限公司

案例简介：达安中心数字孪生自动驾驶测试评价体系主要由数字孪生测试工具平台、云场景管理平台、测试评价平台及数据监管与展示平台等构成。该体系结合虚拟仿真工具、V2X通信设备、真实测试车辆等功能单元，在虚拟世界中还原真实的驾驶环境，利用信息交互技术实现虚拟复杂场景的自动驾驶实车测试验证，支持各环节自动驾驶算法验证测试信息交互等技术，充分利用5G通信和互联网的优势，实现了测试场景大批量高速下载，保障了虚实交互低时延、数据回传监管同步。

应用成效：该项目作为智能网联汽车测试三支柱法的新型虚实结合测试手段，可提供高效率、低成本和高安全性的测试平台，为各大主机厂商、零部件供应商或自动驾驶系统供应商提供高经济性、高安全性的测试评价服务；同时，新型评价体系可助力周边汽车产业的发展，吸引相关新势力造车企业、自动驾驶系统供应商、传感器控制器等设备供应商入驻，扩大产业规模，健全产业体系，助推产业发展。

从狭义角度看，数字孪生就是构建数字模型，使用传感器模型接收物理实体的真实数据，在虚拟空间中完成映射，并实时与真实物理实体交互，以反映、控制对应实体的全生命周期过程。在未来，物理世界中的各种事物都可以使用数字孪生技术进行复制。在工业领域，数字孪生技术的应用将大幅推动产品在设计、生产、维

护及维修等环节的变革，助推工业互联网事业的发展。

巧用“5G＋工业互联网”，实现数字孪生创新应用

近年来，工业经济不断向数字化转型，并向网络化、自动化、智能化深入。在进一步实现降本增效的过程中，数字孪生技术在航空航天、工业互联网等领域的优势逐步凸显。

项目负责人、达安中心智能网联专业总工程师周正表示，在智能网联汽车飞速发展的趋势下，汽车检测手段应与时俱进、拥抱变化，数字孪生和5G技术的应用将为汽车测试技术升级开辟一条全新的道路。

达安中心率先将数字孪生技术应用于自动驾驶汽车测试领域，构建了高度开放的数字孪生自动驾驶测试评价体系。

“该评价体系主要由数字孪生测试工具平台、云场景管理平台、测试评价平台、数据监管与展示平台、标准体系和知识产权体系构成。”周正介绍，该评价体系结合虚拟仿真工具、V2X通信设备、5G通信、高精度地图建模、AR、测试场景库等功能单元，在虚拟世界中还原真实的驾驶环境（包括道路和气象模拟等），利用信息交互技术实现虚拟复杂场景的自动驾驶实车测试验证。其中，场景下载、测试数据回传、信息交互等技术充分利用5G通信优势，实现了测试场景大批量高速下载和信息回传，保障了虚实交互低时延、数据回传监管同步。

新理念激发新干劲，数字孪生赋能成效显现

为了完成数字孪生自动驾驶测试系统建设，达安中心组建了一支结构完整、专业能力强的团队开展项目研究。各级管理者、技术专家、工程师等在项目中同心协力、锐意进取，促成了数字孪生技术在自动驾驶领域的研究落地，并在研究过程中对数字孪生有了更深、更新的认识。

达安中心电系统及网联部部长张帆认为，技术规划要有前瞻性，实施方案要有实用性，要聚焦现实问题解决具体矛盾。在他的带领下，团队同事在工作实践中精诚合作，积极推进各项研究工作有序开展，为保障项目取得预期成果做出了突出贡献。

达安中心数字孪生自动驾驶测试的关键特点在于“虚实结合”，将真实车辆和虚拟复杂交通场景紧密联系，并在测试过程中实时交互，这就相当于给汽车“戴上”

了 VR（虚拟现实）眼镜，让其在虚拟世界中运行，该评价体系可即时对其动作进行测试评价，网络在其中扮演着消息互联的角色。达安中心数字孪生自动驾驶测试评价体系如图 1 所示。

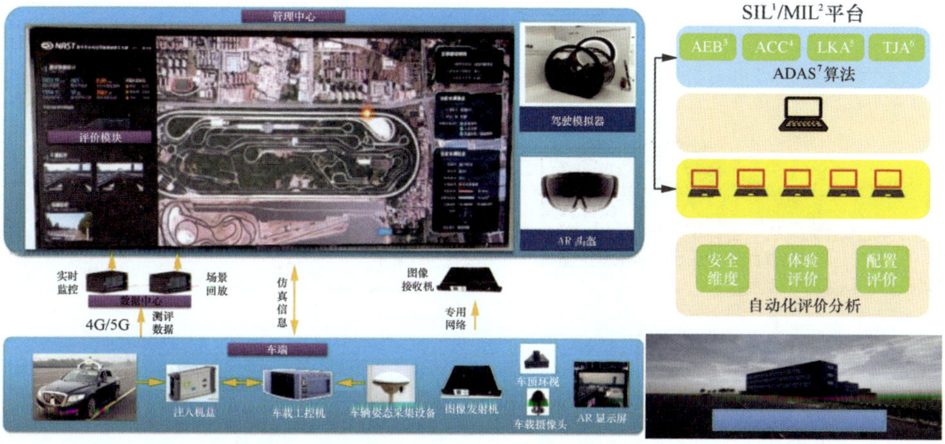

注：1. SIL（Software in the Loop，软件在环）。
2. MIL（Model in the Loop，模型在环）。
3. AEB（Autonomous Emergency Braking，自主紧急制动）。
4. ACC（Adaptive Cruise Control，自适应巡航控制）。
5. LKA（Lane Keeping Assist，车道保持辅助）。
6. TJA（Traffic Jam Assist，交通拥堵辅助）。
7. ADAS（Advanced Driver Assistance System，高级驾驶辅助系统）。

图 1　达安中心数字孪生自动驾驶测试评价体系

周正表示，相较于传统的智能网联汽车测试，达安中心数字孪生自动驾驶测试可在柔性空白场地内实现贴合自然驾驶场景的连续测试，节约场地建设成本；数字孪生自动驾驶测试基于数字试验场，可快速适应自动驾驶技术升级带来的新测试需求，测试效率高、场景可复现、可拓展性好。

紧跟技术发展，深化数字孪生测试影响

智能网联汽车数字孪生测试标准体系和知识产权布局的构建，有利于助推我国汽车检测行业的转型升级，为建设汽车强国助力。

该项目成果是对国家智能网联汽车行业政策的积极响应，可作为智能网联汽车测试三支柱法的新型补强测试手段，充分应用互联网通信技术提升传统智能网联测试的经济性、效率和安全，加快智能网联汽车产业的发展。

“达安中心建设的数字孪生自动驾驶测试评价体系，加速推动了智慧襄阳、数

字襄阳的建设，5G 网络、LTE-Vehicle 网络、V2X 路侧设备等通信设备，支持将路侧感知设备等智慧基础设施快速接入智慧城市平台，可实现政企数据互联互通。”襄阳市政府相关负责人表示，该项目成果的核心知识产权、核心数据资源池等将为城市数字经济发展提供有力支撑。仿真平台模拟场景及叠加后场景如图 2 所示。

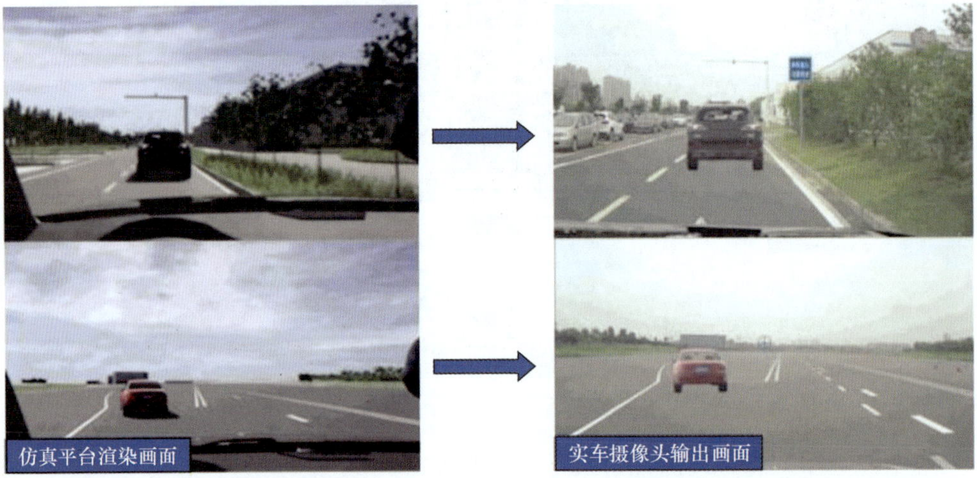

仿真平台模拟的虚拟场景和障碍物　　注入虚拟障碍物，叠加到真实环境

图 2　仿真平台模拟场景及叠加后场景

未来，达安中心将继续深入研究数字孪生技术应用，加大“5G+ 工业互联网”在数字孪生自动驾驶测试中的应用，打造数字孪生测试云平台，实现从云端下发测试指令到测试数据生成端，再到测试数据存储中心，最后到测试数据评价中心云端连接的全流程运转，以进一步提升自动化测试评价程度。

张帆表示，下一步达安中心将利用 5G 和云计算等技术实现分布式测试平台的研究建设，加速自动驾驶可靠性测试，做好自动驾驶失效预测。同时，达安中心将努力挖掘项目优化产生的知识产权，做好标准化工作，更好地为地区、行业做出贡献。

5G 赋能生产创新助力智能制造升级

参与企业：绿点科技（无锡）有限公司（简称“绿点科技”）、中国移动通信集团江苏有限公司无锡分公司（简称“无锡移动”）

案例简介：该项目率先引入了中国移动F03X 5G模组的边缘智能数采网关，通过网关侧的边缘计算能力进行分布式运算而取代集中式运算，用5G网络侧的速度弥补边缘数据处理的时延，应用于柔性产线上3000多台设备的超大日志传输、程序下发、数据交互、概念测试（Proof of Concept，POC）阶段的远程控制；依托IoT平台，该项目将数据服务部署为单独服务模块，确保数据间的关联性、可追溯性。

应用成效：该项目每年为企业节约成本超1500万元，体现了工业互联网的行业价值和市场前景，展现了新基建下运营商网络的生命力和延展性；减少了企业员工的工作复杂度和重复劳动率，也为后续其他企业的生产应用的升级革新打下基础。

绿点科技成立于 2005 年，位于江苏省无锡市国家高新技术产业开发区，绿点科技无锡工厂现有员工 49205 人，是无锡用工规模最大的企业。绿点科技是世界知名手机大厂最信赖的供应商之一，在 2020 年帮助其母公司捷普集团在原始设备制造商、原始设计制造商代工领域超越伟创力国际有限公司，使捷普集团跃居世界第二，产品全球市场占有率高达 15% 以上。

绿点科技无锡工厂的生产情况呈现明显的淡旺季特点，车间产能随客户订单随时增减，产线更新换代较快，需要根据苹果公司等上游客户的不同需求做快速调整（至少每月调整产线 2 次），厂区 3087 台计算机数控（Computerized Numerical Control，CNC）设备和机械臂原来均采用传统的网线方式布线，缺点是工期长、费用高、调整难、效率低。绿点科技实际生产时为黑盒生产，对设备的利用率和维护管理存在欠缺，同时缺乏可视化监测手段。目前，设备数据采集频率高、点位多，依赖较强的综合算力且要求端到端时延稳定在 50ms 以内，以保证数据交互的实时性，对通信稳定性及实时性要求极高。绿点科技无锡工厂场景如图 1 所示。

图 1　绿点科技无锡工厂场景

聚焦发展痛点 开拓应用场景

针对绿点科技无锡工厂的生产问题，无锡移动在本项目启动之初就拟定了相应的解决方案，利用 UPF 下沉构建高可靠、低时延的 5G 专网，将厂区的 CNC 设备和机械臂分批加装 5G 网关进行 5G 联网改造，使产线调整免受布线制约，规避了工业 Wi-Fi 面对高并发海量数据时的制约和 4G 网络下传输链路过长导致的时延问题，车间扩充产能更具备弹性、更敏捷。同时为了应对海量设备接入导致的中心云算力不足的问题，本项目定制开发了 5G 边缘智能数采网关，将协议转化、数据筛选分析等功能集成到 5G 网关中，数据包高速上传至云端并与绿点科技 MES 极速交互，完成判断和标记。本项目基于底层的设备联网采集，构建了上层的数据分析平台，进行有针对性的接口开发与数据转换工作，帮助绿点科技实现对关键设备和生产全过程数据的监控和异常处理，为绿点科技实现智能制造、生产模式创新提供关键支撑。

无锡移动针对绿点科技想要快速打造设备智能管理、产品质量追溯、数字孪生工厂等智能工厂服务应用，实现数字化转型的愿景，设计了 5G 全连接工厂的 4 个主要应用场景。

一是海量设备接入 5G 专网。无锡移动将车间内需要联网的 3087 台机械臂和 CNC 设备加装工业级边缘计算网关，实现设备 5G 联网和边缘侧的数据加工。5G 边缘计算网关与设备端一对一直连，当出现断电或服务器故障时，可缓存数据并在故障被解决后继续上传数据，保证了数据的完整性；同时，边缘端分析计算，将分析好的数据包上传至云端，服务器分布式集群部署，负载均衡，处理性能高效，可支撑高并发海量数据计算。绿点科技无锡工厂机械臂如图 2 所示。

图 2　绿点科技无锡工厂机械臂

二是 IoT 数采可视化平台。该平台主要用于汇聚和分析采集的数据，囊括了所有和数据相关的工作，包括存储、加工、采集和标记四大主要功能。数据处理需要重点建设数据标记功能，快速产生样本数据，以便提炼出模型能对新数据进行推理预测。IoT 数采可视化平台如图 3 所示。

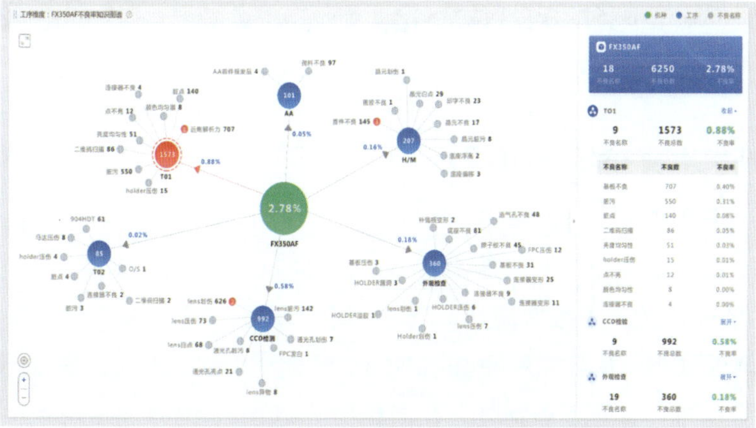

图 3　IoT 数采可视化平台

三是基于底层数据的建模和工艺仿真。针对设备使用情况与设备故障维修情况进行大数据挖掘与建模，绿点科技建立了设备质量评估指数、设备预测性维护模型，通过工艺仿真创建设备故障维护知识图谱和产品质量大数据模型。例如，针对马达预测性维护，通过 IoT 数采可视化平台收集马达的电压、电流、扭矩等数据，建立数据分析模型，进行寿命预测。设备预测性维护模型对设备进行预测性维护，预计可减少 50% 的单次维修时间。

四是远程控制。为改变每个工位都需现场调试和配置的情况，该项目通过对联网设备的反控实现远程控制验证，同时在平台侧开放设备远程控制系统。远程控制系统可显示机台的实时状态并推送报警信息，通过远程控制系统解除对应机台的报警，修改机台参数、程序，以此做到作业信息透明、远程监管有力、操作智能。现场调试和配置如图 4 所示。

图 4　现场调试和配置

项目成果丰硕 市场空间广阔

该项目已对 3087 台设备进行改造入网，在 5G 专网环境下实现柔性制造和设备通信，减少每月 2 次产线调整带来的综合布线、现场实施费用，与 2020 年同期相比预计可减少布线费用 800 万～ 1000 万元。5G 边缘智能数采网关集成最新 5G 通信模组，现场实现峰值 10Gbit/s 的数据传输；5G通信模组支持最新的 5G uRLLC 标准，实现设备命令下发时延小于 20ms，有效满足现场反向控制场景时延小于 25ms 的需求。通过嵌入边缘计算能力并附着 5G 专网，5G 边缘智能数采网关的实时计算能力较过往增长了10倍，异常事件响应时间减少了15分钟，为绿点科技实现智能制造、生产模式创新提供了关键支撑。工厂CNC设备5G无线联网如图5所示。

图5 工厂CNC设备5G无线联网

该项目每年为企业节约成本超1500万元，体现了工业互联网的行业价值和市场前景，也能体现出新基建下运营商网络的生命力和延展性。该项目可减少企业员工的工作复杂度和重复劳动率，提升员工幸福感，也为后续其他企业的生产应用的升级革新打下基础。

该项目创立了“按需接入、按量收费、弹性扩充”的新商务模式，符合中小型企业对设备联网的长期需求。该项目在模组调优挂测、5G专网部署、无线局部增强、边缘网关缓存、协议适配解析等多方面已形成固有的推进流程和解决方案，同时还结合无锡每年举办的世界物联网博览会进行宣传推广。目前，江苏省内CNC设备和六轴机械臂保有量超1000台的精密加工企业超过4900家，按照接入量推算，未来市场空间达百亿量级。

工业声纹质检技术，媲美老师傅的耳朵

参与企业：浙江讯飞智能科技有限公司（简称“讯飞”）

案例简介：讯飞通过工业声纹识别技术深入企业生产场景，研发落地工业声纹质检系统。该质检系统通过麦克风阵列、声纹识别、深度学习等技术，结合产线自动化改造，以非接触的方式实现对工业产品的实时声音检测预警功能，同时根据企业需求不断迭代，提升检测效率。

应用成效：该项目有效推进了电机行业的创新发展。在工业声纹质检系统的落地过程中，基础设施建设投入为企业固定资产，可重复利用。新增改造设备有效提高了产品生产速度，显著提升了生产效率。

电机产品质检面临的困境

工业领域中目前仍存在大量依赖工人听觉的非标准化工厂场景。声音是电机设备健康状况最重要的综合表征之一，电机设备的传统质检环节需要老师傅现场听设备的声音，判断设备的品质，这依赖老师傅多年的经验。

这种质检方式存在 3 个问题：第一，人工质检通过人工检测，难以形成统一的标准，且主观随意性大，存在错检、漏检的风险；第二，发现缺陷后难以溯源和反馈，无法有效改善当前的产品工艺流程；第三，随着人口“红利”的消失，用工难将成为企业面临的难题。

为线性电机产品质量提供技术支撑

工业声纹质检系统具有完全自主知识产权，可实现自主可控。该系统采用了工业级拾音器硬件，配备指向型工业级拾音阵列，非接触式部署安装，适应产线自动化运行，不需要中断原生产过程。讯飞利用自主研发的人工智能技术，预置多种人工智能检测模型，通过底层深度学习框架，完成模型训练、数据标注、模型测试等，快速实现算法验证及软件平台的部署。讯飞声纹质检系统如图 1 所示。

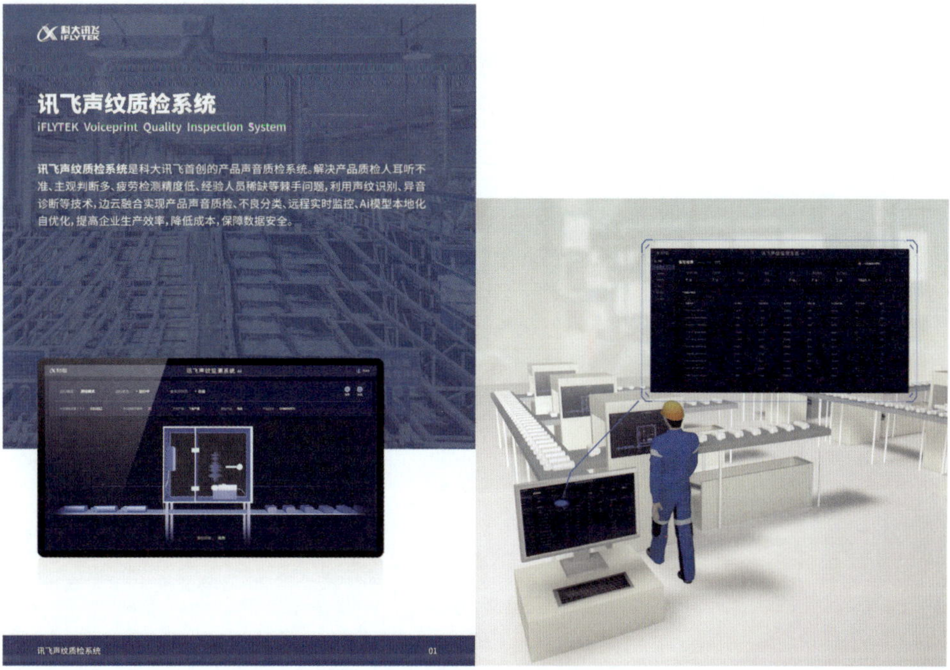

图 1　讯飞声纹质检系统

该系统通过对电机的声音进行标注和训练，形成线性驱动电机声纹库，建立的声纹库模型可对电机进行自动化检测，形成产品质检的统一标准。该系统在技术上实现了以下两个方面的创新。

① 打通工业现场协议和 IT 系统协议屏障。针对工业现场协议和 IT 系统协议无法对接的难题，该系统突破工业现场总线技术、IT 通信关键技术，构建工业通信协议统一转换技术，实现平台从智能 I/O 设备中直接采集数据，不需要另外安装协议网关来连接 IoT 应用，从而减少集成成本，支持消息队列遥测传输（Message Queuing Telemetry Transport，MQTT）、Modbus、对象链接与嵌入的过程控制

（OLE for Process Control，OPC）、BACnet 等通用协议的适配。

② 实现质检数据统一管理。针对工业声纹质检数据难留存、难分析的问题，该系统围绕工业声纹质检的数据“汇聚、存储、管理、治理、开发、共享、可视化”的发展主线，构建工业声纹质检数据应用，规范数据标准，提高数据质量，推动数据流通。

为电机行业增效搭建平台

该项目的实施为电机行业增效搭建了平台，为电机行业的创新发展注入了新动能，增强企业对新技术改革发展的意识和能力，将起到良好的示范带动作用，在建设和构建智慧工业互联网过程中有积极的推动作用。另外，从经济效益的角度来看，工业声纹质检系统可重复利用。新增改造设备有效提高了产品生产速度，让企业产品生产效率提升 15%，收益提高 30%（数据来源于电机声纹质检项目已有业绩统计），为企业的健康发展提供了坚实的保障。

“5G+AI”为陶瓷行业质检带来新飞跃

参与企业： 中国移动通信集团湖南有限公司株洲分公司（简称“株洲移动”）、爱立信（中国）通信有限公司（简称“爱立信”）、微瞳科技（深圳）有限公司、湖南银和瓷业有限公司

案例简介： “5G+AI”陶瓷云质检项目面向陶瓷制造企业数字化、智能化陶瓷产品质检需求，开发了对镜面陶瓷产品进行质量检测的云质检平台。该平台主要由云端算力系统、5G传输系统、前端云计算系统、前端自动控制系统、图像拍摄系统、图像处理系统、自动分拣系统7个分系统组成。

应用成效： 数字化智能质检在陶瓷行业的成功实施，增强了企业进行数字化转型的信心，通过数字化、智能化实现降本增效，提升了企业整体竞争力，同时满足了陶瓷采购客户对陶瓷生产过程质量监控的要求，降低了产品复检成本。

云质检平台带来降本增效

陶瓷是中华民族传统文化的重要组成部分。传统陶瓷产品的质检主要依靠人工。在数字化转型的浪潮中，爱立信携手株洲移动、湖南银和瓷业有限公司，联合打造了“5G +AI”陶瓷云质检项目。该项目面向陶瓷制造企业数字化、智能化陶瓷产品质检需求，引入了 5G 网络、AI、机器视觉、云计算等技术，开发了一个可对镜面陶瓷产品进行质量检测的云质检平台。首先，工业相机对陶瓷进行拍照，然后通过 5G 网络把图片传送到云质检平台，在云端对陶瓷的外形及内外部质量进行合格性检测，并把检测结果返回制造车间，最后现场质检设备根据返回结果进行自动分拣。

该项目实现了陶瓷成品高效质检和有效品质管控，保障成品质量，降低质检成本，提高产品质量，增强了陶瓷企业的市场竞争力。

直击陶瓷行业质检痛点

该项目是“5G +AI”在陶瓷行业的首次应用，填补了陶瓷行业“5G +AI”智能质检的空白，给醴陵陶瓷行业带来了新思路，对于 5G 行业应用具有示范作用，也为陶瓷行业进一步数字化转型奠定了基础。

“5G +AI”陶瓷云质检平台主要由云端算力系统、5G 传输系统、前端云计算系统、前端自动控制系统、图像拍摄系统、图像处理系统、自动分拣系统 7 个分系统组成。该平台采用云边协同的部署模式，在边缘侧部署轻量级软硬件设备，对基础设施要求较高的 AI 与机器视觉系统部署在云端，利用 5G 网络的低时延特性，实现云边高效协同，满足质检图像全量上传及实时分拣的业务需求，有效解决了当前的成本、效率、标准方面的问题，提高产品质量，提升生产效率，增强企业竞争力。

湖南银和瓷业有限公司使用云端产品检测数据，可以深入地分析质检数据，发现产品质量问题和共性问题，为产品研发部门解决产品问题和提高产品质量提供支持。另外，智能化产品质量检测可以帮助陶瓷企业避免客户在复检产品时发现产品质量问题而被罚款的情况。

为陶瓷行业降本增效

传统陶瓷产品的质检依靠人工，每个陶瓷成品质检线配置 10 个质检员，一年的人工成本约 50 万元，采用“5G +AI”陶瓷云质检平台后，节省质检员 6 人，一条质检线每年可节省 30 万元，湖南银和瓷业有限公司有 10 余条质检线，预计每年可节省 300 多万元。醴陵陶瓷园区内有超过 360 家陶瓷制造企业，该项目在园区推广后，预计每年可为企业节省成本约 10.8 亿元。质检平台如图 1 所示。

另外，该项目还产生了很好的示范效应，促进 5G 技术赋能中小陶瓷企业，推动中小陶瓷企业的数字化转型，推动陶瓷制造行业进行产业升级，减少环境污染，减少碳排放，推动供给侧改革。

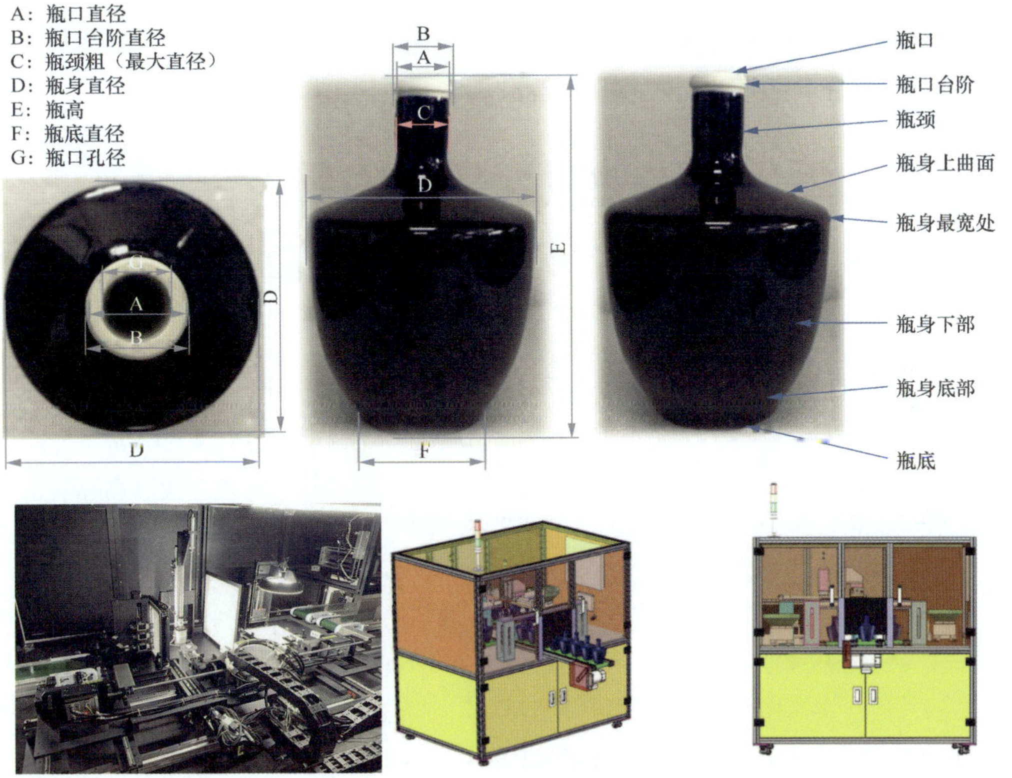
A：瓶口直径
B：瓶口台阶直径
C：瓶颈粗（最大直径）
D：瓶身直径
E：瓶高
F：瓶底直径
G：瓶口孔径
瓶口
瓶口台阶
瓶颈
瓶身上曲面
瓶身最宽处
瓶身下部
瓶身底部
瓶底

图 1　质检平台

亨通光电率先打造线缆行业“5G+ 工业互联网”智慧园区

参与企业：中国移动通信集团江苏有限公司苏州分公司（简称“苏州移动”）、华为技术有限公司

案例简介：通信线缆行业基于“5G+工业互联网”智慧园区，通过5G技术与工业互联网平台的融合应用，利用5G高速率、低时延等优势，解决了企业移动化、柔性化生产过程中有线联网不便，生产控制网络低时延要求，智能化生产大带宽要求等问题。

应用成效：“5G+工业互联网”智慧园区以“新基建”为主线，整合内外资源，为政府和企业打造面向未来的集约高效、经济适用、智能绿色、安全可靠的新型基础设施体系提供了有效支撑，为线缆行业及工业园区实施5G内网改造提供了具有可操作性、可实施性的参考样板。

充分发挥 5G 技术优势构建智慧园区

江苏亨通光电股份有限公司（简称“亨通光电”）于2018年起依托苏州移动的5G网络技术，充分利用5G高速率、低时延等优势，历时18个月，率先打造了通信线缆行业“5G＋工业互联网”智慧园区，实现通信产业链的上下游整合，积累大量的App、机理模型、微服务等。

5G网络与边缘计算及人工智能等技术的融合应用，能够整合亨通光电园区内各个生产车间、运行模块的资源，提升企业安防级别及其他园区内的公共服务质量，打造数字化、网络化、智能化及可复制的智慧园区。

园区共享数据流不落地

该项目采用 5G 共享 MEC 数据流不落地的园区网络部署方式，完成 15 万平方米的网络覆盖区域，接入终端数量 612 个，自研 3 款 5G 工业互联网网关并在项目中部署应用。该项目首次在通信线缆行业建设完成“5G + 工业互联网”八大典型应用方向和 17 个细分场景，覆盖研发设计、生产制造、运营管理、运维服务等核心生产环节，实现客户需求个性化、产品设计模块化、生产柔性化、管理透明化、系统平台化等功能，有效支撑企业数字化转型。

该项目构建了“5G + 工业互联网”高质量智能制造新生态。该项目结合通信线缆制造特点，以亨通光电工业互联网平台为基础，充分利用 5G 大带宽、低时延、大连接的网络特性，将园区内的产品数据、运营数据、价值链数据和外部数据进行互联互通，形成一个完善的园区数据闭环，实现智能分析、自我优化、持续改进的高质量智能制造新生态。“5G + 工业互联网”智慧园区项目帮助亨通光电有效实现了生产周期缩短 30%，作业文件消除 60%，产品质量提升 25%，库存降低 30%，数据录入时间减少 70%。

线缆行业内网改造的样板工程

亨通光电结合通信线缆制造特点，以工业互联网平台为基础，利用 5G 网络建立人工智能物联网，实现工厂设备无线化采集、AGV 自动运输、机器视觉等行业应用。在生产协同系统方面，高级计划与排程（Advanced Planning and Scheduling，APS）系统柔性优化生产计划并导入 MES 完成生产制造执行，亨通光电将订单数据、生产过程、采购交付、质量及 B2B[1] 客户交付在 SRM 系统上协同；搭建多维度下的产品设计、工艺与质量控制、设备数据采集、计划与调度、销售数据信息同步等具有自我学习能力的分析模型，深度挖掘产品研发设计、生产制造、销售及售后服务过程中提高质量、提升效率、降低能耗的关联因子，将亨通光电的产品数据、运营数据、价值链数据和外部数据进行互联互通，形成一个完善的工业企业数据闭环。

该项目通过试点 5G 与工业互联网、人工智能的融合，探索典型融合应用，部分典型应用（例如，5G 智能仓储物流系统、5G 质量数据采集分析、5G 人工智能综合应用等）具备跨行业、可复制、可推广的特征，目前已推广至 3 家企业。

注：1. B2B（Business to Business，企业对企业电子商务）。

整体覆盖监控如图1所示。成品仓分区定位如图2所示。

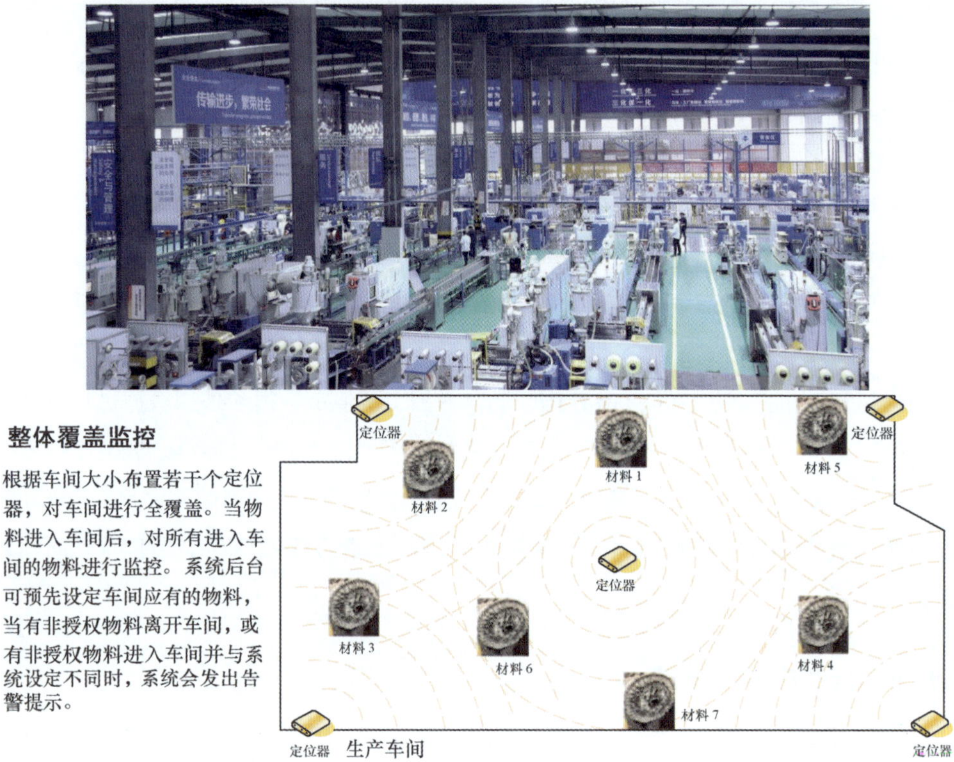

图1　整体覆盖监控

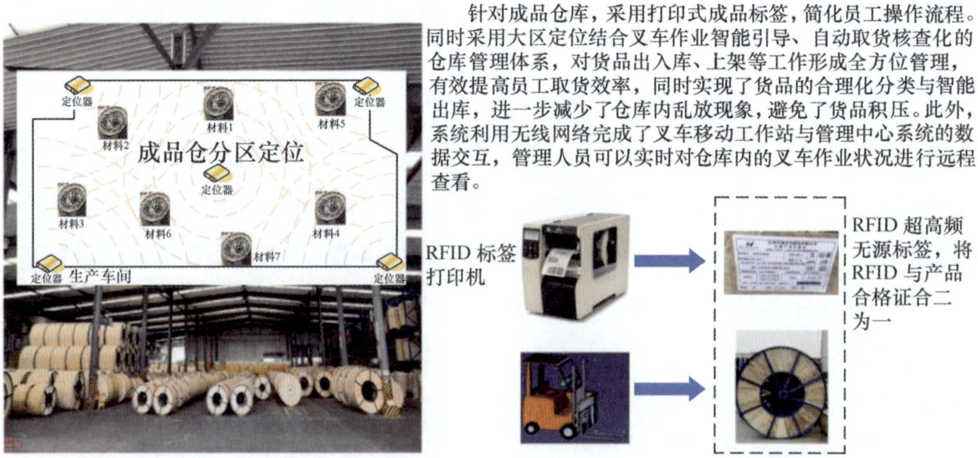

图2　成品仓分区定位

"5G+数字孪生"为光纤智能制造注入新动能

参与企业： 长飞光纤光缆股份有限公司（简称"长飞公司"）、湖北省广播电视信息网络股份有限公司、华中科技大学

案例简介： 长飞公司"5G+工业互联网"创新应用通过全工艺流程、工艺装备100%自主开发，打破了国外先进技术和装备的垄断。长飞公司利用数字孪生技术实现对设备的仿真，基于5G企业专网实现虚拟设备、筛选机、安全监控三级联动，从而使生产现场可在线监测、历史过程可重现、设备远程可控制。

应用成效： 基于"5G+工业互联网"的数字孪生光纤智能筛选项目，长飞公司对生产现场实时监控与过程重现，做到生产过程三维立体化全过程可视、可追溯，提升设备的远程监控与维护能力。智能筛选机数字孪生应用可提升筛选设备综合效率10%，提升良品率5%，实现了无人化筛选工位。

5G专网与数字孪生的完美结合

长飞公司搭建了5G企业专网，采用长飞光云工业互联网平台，实时采集生产环境全景数据。长飞光云工业互联网平台通过RFID、图片识别、视觉自动识别定位及智能筛选系统实现了智能分析光纤超标丝径、自动给出筛选段长、智能分配光纤盘号并读写、自动更换收线端光纤盘，并通过智能机器人实现料盘的快速自动换接。

基于数字孪生技术，长飞公司搭建了虚拟化生产环境，利用物理模型、传感器更新、运行历史数据等，建立筛选机、产线、车间数字孪生体，实现筛选机的虚拟制造、智能光纤筛选、自动换盘、故障预警、设备预防性维护。

历史过程可重现，设备远程可控制

数字孪生技术可实现对设备的仿真，5G 企业专网可实现虚拟设备、筛选机、安全监控三级联动，这让长飞公司的生产现场可在线监测、历史过程可重现、设备远程可控制。

其中，5G 企业专网可实现筛选机、安全监控、生产执行管理系统及仿真系统的互联互通。长飞光云工业互联网平台基于边缘计算的全光智能网关，对生产环境全景数据进行实时采集，统一状态监测与预警，实现多源异构数据智能获取、汇聚和分析。数字孪生技术则应用 3D 建模构建具有视、听、触感知的虚拟环境；通过物理实体与虚拟模型的真实映射、实时交互，实现生产在线监测与设备远程控制；历史数据导入模型，可重现生产过程，辅助生产进行质量管控与追溯，促进生产工艺与产品质量的持续优化。

实现综合效率提升和筛选工位的无人化

通过对生产现场的实时监控与过程重现，该项目能够做到生产过程三维立体化全过程可视、可追溯，提升了设备的远程监控与维护能力，仅智能筛选机数字孪生应用，就实现了筛选设备综合效率提升 10%，良品率提升 5%，并实现了无人化筛选工位。

基于“5G + 工业互联网”的数字孪生光纤智能筛选项目的成功实践，给整个行业带来很大的启示，长飞公司已开始在全国进行 5G 企业专网建设及设备智能化技改，进行“5G + 工业互联网”平台更多应用场景的实践。

技术创新与智能制造作为长飞公司在“十四五”规划期间的五大战略举措之一，基于“5G + 工业互联网”的设备仿真生产和虚拟集成的探索，为长飞公司智能制造战略落地奠定了基础。“5G + 工业互联网”创新应用的实践，为光纤市场的发展起到推动作用。

长飞公司已成立全资子公司进行智能制造业务的输出，该项目的成功实践，在 5G 技术应用上起到示范效应，有利于长飞公司将智能制造作为新的业务增长点。

光纤的智能制造流程如图 1 所示。

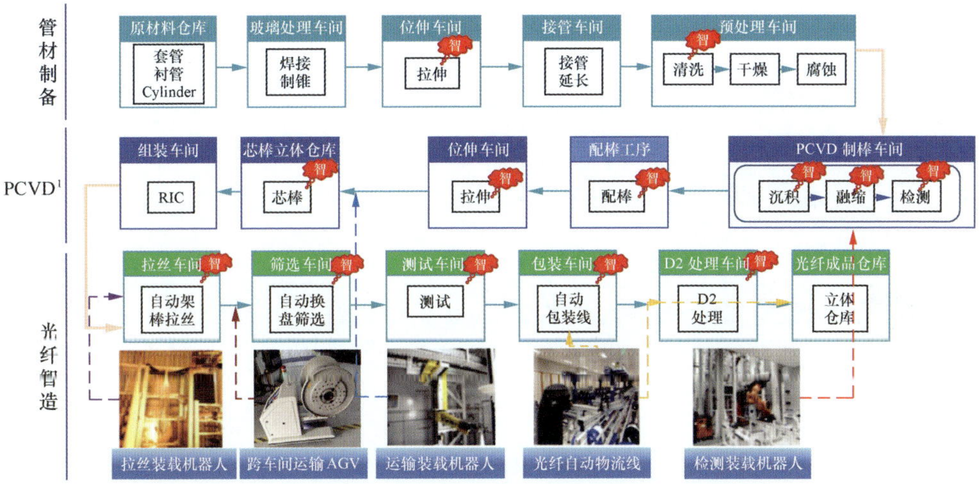

注：1. PCVD（Physical Chemical Vapor Deposition，物理化学气相沉积）。

图 1　光纤的智能制造流程

“5G+ 柔性制造”开创服装行业新格局

参与企业： 东莞市以纯集团有限公司（简称“以纯集团”）、中国联合网络通信有限公司（简称“中国联通”）

案例简介： 以纯集团作为广东省首家落地验证“5G+柔性制造”系统的工业企业，其生产场景较为全面地反映了服装行业中的典型生产场景，涵盖了服装纺织行业目前普遍存在的数字化转型痛点。“5G +柔性制造”系统根据现场实时生产资源情况通过系统算法与5G AGV结合，实现高效排产调度。

应用成效： 该项目将服装行业生产过程与5G技术深度结合，成功解决了传统服装行业在新型市场环境下信息化、柔性化水平不足的问题。以“5G+共享MEC”应用提升服装行业的自动化水平，推动5G技术在服装行业的规模化应用。

以纯集团是广东省服装行业头部企业，主要生产销售快时尚休闲服装，主要以门店销售（加盟店）和电商销售为主。近年来，服装行业所接订单不再是大批量、稳定的新订单，而是小批量、高批次和动态变化的订单，这就要求服装行业必须要实现从刚性制造到柔性制造的转型。服装行业作为传统制造业，要真正实行智能化生产来满足柔性制造。

以纯集团的信息化发展目前仍处于初级阶段，自动化程度相对较低，生产过程高度依赖人工，仍是一个劳动密集型生成模式。在网络层面，服装生产车间主要依赖有线网络和 Wi-Fi 供生产现场使用，存在有线网络组网复杂、切换断点多、移动性差等问题；在市场需求层面，以纯集团需要在生产模式上快速响应当前新的市场需求，敏捷应对任意起单量的生产需求；在内部生产方面，以纯集团需要在不影响现行生产订单的基础上，根据市场订单变化和交期要求情况柔性插入并行订单；在生产工人方面，以纯集团近年来面临着生产工人招不来、用不好、留不住等问题。针对以纯集团的数字化转型需求，中国联通协助以纯集团进行 5G 内网改造，通过“5G + 共享 MEC”方式打造云网融合车间，满足了柔性制造中 AGV、pad 等的实时、高效的数据传输，并有效提升了柔性制造系统的数据处理能力。

网络改造夯实柔性基础

在网络改造方面，中国联通负责整体项目的实施，目前项目已完成实施并交付。该项目主要使用了中国联通自研的“5G + 共享 MEC”平台，通过 5G SA 网络构建企业内部专网，支撑工厂内部设备 5G 工业互联，实现了 5G 云化 AGV 调度、控制、运营，节约了人力成本，提升了运营效率。截至目前，以纯集团已经开通了周边两个室外站点，并进行了车间的室分建设，保证网络的顺畅；搭建车间 5G 网络，为实现柔性生产奠定了网络基础，便于后续系统高效地进行相应指令的下发和及时调度。

柔性矩阵高效调度生产

传统的流水线生产模式以产线为生产单位，每条产线同一时间只能生产一款产品，这从物理层面上限制了多款式生产的需求，同时这种生产模式还具有流水线式的强链接模式特点——上一个作业人员所负责的工序完成后才能流转到下一个作业人员进行生产，如果某个中间环节发生阻塞，就会导致后续环节作业人员空闲，造成时间损耗。可以说，传统的流水线生产模式对插单、急单、催单等市场的动态需求并不友好。以插单为例，企业首先需要停掉一条产线，然后进行初次部署产线、调整生产节拍时间和工序。如果该插单是小订单，其生产周期也许只有两天，但各种损耗时间可能会超过半天，从时间利用和投入产出的角度分析是不划算的。

该项目采用了数字孪生的方式，通过数字环境结合工厂的真实生产数据进行孪生测试，降低了柔性产品引入与内部生产需求之间不匹配的风险，获得了令人满意的验证结果。在系统层面，中国联通基于“5G +AI+AGV”的智能矩阵制造技术，改变了传统产线的刚性特点，解耦并离散化工序，通过以下 5 项措施实现了工厂的柔性化改造。

一是技工、设备、物料、流程均打破了传统产线物理固定的调度方式，提升订单并行生产的能力，使同时生产的服装款式不再受物理产线的制约。生产车间如图1所示。

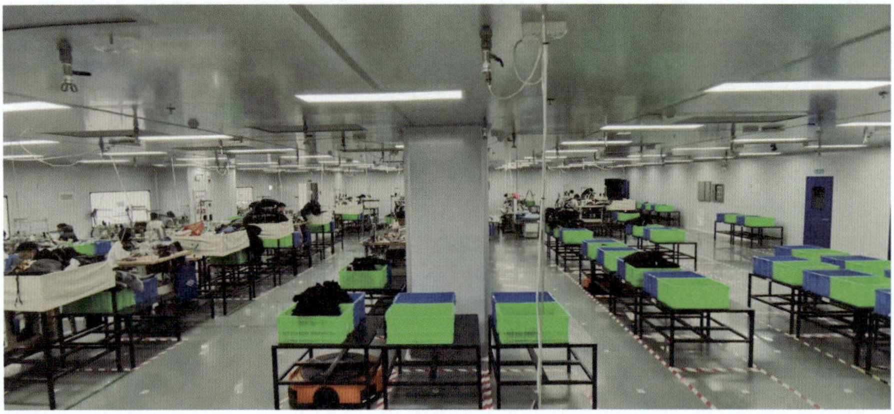

图1　生产车间

二是以人为本的智能派单，AI算法按照技工的技能优势，优先调度最擅长的工序，实现降本增效，生产效率大幅提升。AI排产调度如图2所示。

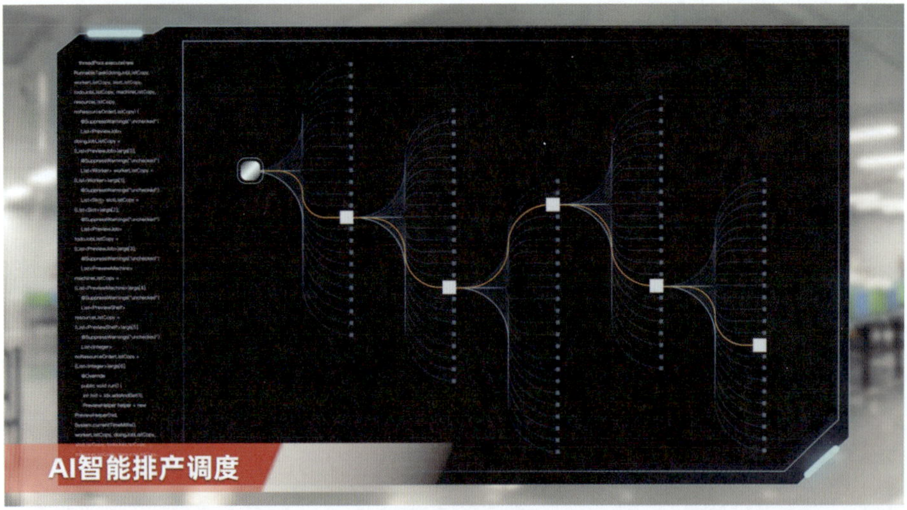

图2　AI排产调度

三是根据需要灵活设置工艺工序标准化流程，依据约定交期，合理分配生产物料，满足生产物料利用率最大化的需求。

四是针对技工等级，匹配工序难度等级，让高级技工完成难度更高的工序，简单工作匹配低等级技工，实现智能分配，合理匹配产线，优化产能，提升工作效率。

五是柔性并行生产能力，快速计算插单，极大地提升生产效率。员工技能雷达图示例如图 3 所示。

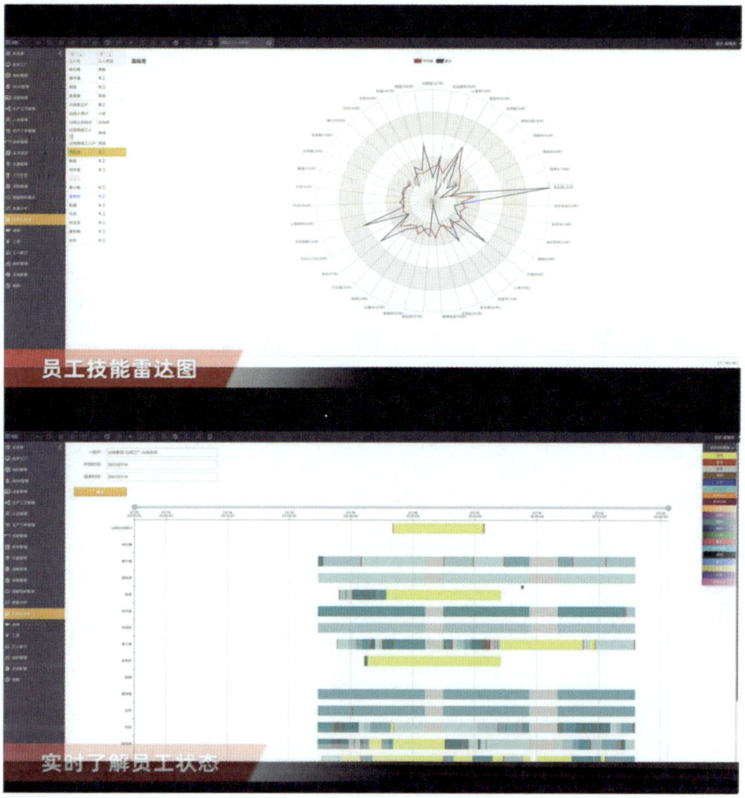

图 3　员工技能雷达图示例

精益化管控保障效率提升

该项目实施前，以纯集团的生产现场对裁片和生产辅料的管理较为粗放，辅料被运送到生产现场后基本不数片、不验片，直接上线生产，生产过程中多次出现物料不对、物料不全等情况，导致不得不停止生产在制品，这样不仅极大地延误了生产进度，还造成了严重的浪费。对此，中国联通协助以纯集团进行内部业务梳理，在上线前进行相应的物料检查，物料齐套后再上线生产。同时，在物料准备区常备

3款以上订单的物料，物料少于3款则进行预警，该措施极大地减少了错料、缺料、少料情况的出现，既提升了生产效率，又避免了物料浪费。

走出传统服装行业发展困境

该项目的成功实施解决了服装企业原来面对小批量订单时不敢接、节奏乱、乱赶工的问题，系统算法根据现场实时生产资源情况高效制订生产计划，基于5G网络特性实现AGV现场高效调度。目前，以纯集团已成为广东省首家落地验证“5G＋柔性制造”系统的工业企业。

作为服装行业的典型代表企业，以纯集团在生产过程中遇到的问题反映了当前服装纺织行业中普遍存在的数字化转型痛点，本项目的成功实施为服装纺织行业的数字化转型提供了新的思路。

对于国内的传统服装企业来说，一方面要应对全球新冠肺炎疫情持续等外部环境因素所导致的需求爆发式增长，另一方面还面临着年轻人不愿投身劳动密集型产业所导致的用工困难问题。因此，如何对现有生产资源进行高效、弹性的调度和利用，同时以人为本，为年轻人打造更具吸引力的工作环境，成为以纯集团追求的目标。

未来，以纯集团将把“5G＋柔性制造”系统逐步扩展到全国30个生产工厂，进一步通过“5G＋应用”增强企业内驱动力，携手行业伙伴走出困境，带领中国品牌扬帆起航。

附录

“5G+工业互联网”512工程推进方案

工业互联网是第四次工业革命的关键支撑，5G是新一代信息通信技术演进升级的重要方向，二者都是实现经济社会数字化转型的重要驱动力量。5G与工业互联网的融合创新发展，将推动制造业从单点、局部的信息技术应用向数字化、网络化和智能化转变，也为5G开辟更为广阔的市场空间，从而有力支撑制造强国、网络强国建设。当前，我国产业界推进5G与工业互联网融合创新的积极性不断提升，“5G＋工业互联网”内网建设改造覆盖的行业领域日趋广泛，应用范围向生产制造核心环节持续延伸，叠加倍增效应和巨大应用潜力不断释放。但是，5G与工业互联网融合创新仍处于起步期，产业基础有待进一步夯实，路径模式有待进一步探索，发展环境有待进一步完善。为推动“5G＋工业互联网”512工程加速落地，高质量推进5G与工业互联网融合创新，制定本方案。

一、发展目标

到2022年，突破一批面向工业互联网特定需求的5G关键技术，“5G＋工业互联网”的产业支撑能力显著提升；打造5个产业公共服务平台，构建创新载体和公共服务能力；加快垂直领域“5G＋工业互联网”的先导应用，内网建设改造覆盖10个重点行业；打造一批“5G＋工业互联网”内网建设改造标杆、样板工程，形成至少20大典型工业应用场景；培育形成5G与工业互联网融合叠加、互促共进、倍增发展的创新态势，促进制造业数字化、网络化、智能化升级，推动经济高质量发展。

二、提升“5G+工业互联网”网络关键技术产业能力

（一）加强“5G＋工业互联网”技术标准攻关

对标工业生产环境和现有网络体系，着力突破5G超级上行、高精度室内定位、确定性网络、高精度时间同步等新兴技术，着力突破5G在工业复杂场景下对高实

时、高可靠、高精度等工业应用的承载能力瓶颈。发挥国家工业互联网标准协调推进组、总体组和专家咨询组的作用，统筹中国通信标准化协会（CCSA）及相关行业标准化组织，研究制定“5G + 工业互联网”融合标准体系，完善融合技术、应用标准。

（二）加快“5G + 工业互联网”融合产品研发和产业化

加快工业级 5G 芯片和模组、网关，以及工业多接入边缘计算（MEC）等通信设备的研发与产业化，促进 5G 技术与可编程逻辑控制器（PLC）、分布式控制系统（DCS）等工业控制系统的融合创新，培育“5G + 工业互联网”特色产业。

（三）加快“5G + 工业互联网”网络技术和产品部署实施

深入研究工厂内 5G 网络部署架构、网络配置、业务部署、网络和数据安全、频谱分配等关键问题，形成覆盖重点行业的网络部署架构及方案。推动基础电信企业结合 5G 独立组网和应用，为具备条件的工业企业进行工业互联网内网设计、建设和管理运维，探索可持续发展的商业模式。

三、提升“5G+ 工业互联网”创新应用能力

（一）打造 5 个内网建设改造公共服务平台

依托工业互联网创新发展工程，打造 5 个工业互联网企业内 5G 网络化改造及推广服务平台，建设满足工业企业开展 5G 网络应用研发验证的网络测试环境，为中小企业提供“5G + 工业互联网”内网建设改造模板，开展应用咨询及研发培训，提升公共服务能力。

（二）遴选 10 个“5G + 工业互联网”重点行业

基于“应用相对普遍、融合程度较深、产业影响较大、产业链中上游”的原则，选择 10 个重点行业，鼓励各地建设“5G + 工业互联网”融合应用先导区，打造“5G + 工业互联网”园区网络，引领 5G 技术在垂直行业的融合创新。

（三）挖掘 20 个“5G + 工业互联网”典型应用场景

依托工业互联网创新发展工程、工业互联网试点示范，打造一批“5G + 工业互联网”内网建设改造标杆、样板工程，鼓励工业企业将生产流程优化与内网建设改造相结合，推动 5G 网络部署应用从生产外围环节向生产内部环节延伸，挖掘提炼至少 20 个可复制、可推广的典型工业应用场景，形成“5G + 工业互联网”内网建设改造示范引领效应。

（四）建设“5G + 工业互联网”测试床

鼓励企业、高校和科研机构、产业联盟等联合建设“5G + 工业互联网”技术

测试床，开展融合技术、标准、设备、解决方案的研发研制、试验验证、评估评测等工作。面向“5G + 工业互联网”10 个重点行业，鼓励各方联合建设行业应用测试床，提升垂直领域的 5G 应用创新能力。

四、提升“5G+ 工业互联网”资源供给能力

（一）打造“5G + 工业互联网”项目库

建立地方工业和信息化主管部门、通信管理局、工业互联网产业联盟和基础电信企业等多途径的“5G + 工业互联网”项目上报机制，遴选优质项目纳入项目库，全面掌握我国“5G + 工业互联网”实际建设需求和推进情况，滚动更新项目库。

（二）培育“5G + 工业互联网”解决方案供应商

通过工业互联网创新发展工程、工业互联网试点示范、国家新型工业化产业示范基地（工业互联网方向）等多种途径，支持基础电信企业、通信设备企业、工业企业等结合自身优势、立足各自主业，拓展工业互联网内网建设改造服务，培育一批既懂 5G 又懂工业的解决方案供应商。

（三）构建“5G + 工业互联网”供给资源池

遴选面向“5G + 工业互联网”的各类型优质服务提供商，构建供给资源池，并向社会公布。依托工业互联网产业联盟、5G 应用产业方阵等产业组织，促进“5G + 工业互联网”内网建设改造供需双方开展务实合作。

五、加强宣传引导和经验推广

（一）加大宣传引导力度

聚焦工业互联网内网建设改造应用，鼓励开展“5G + 工业互联网”主题研讨会、经验交流会、产业峰会等形式多样的活动，宣传展示“5G + 工业互联网”内网建设改造的重要价值和典型案例，进一步凝聚各方共识，营造良好氛围。

（二）开展经验总结推广

指导地方结合实际制定利用 5G 技术建设改造工业互联网内网的实施方案，提升地方 5G 和工业互联网发展水平，形成具有区域特色的创新应用格局。指导工业互联网产业联盟、5G 应用产业方阵编制发布《5G 与工业互联网融合应用发展白皮书》、“5G + 工业互联网”内网建设改造案例集，以及年度报告，总结适合我国产业发展实际需要的路径模式。

关于发布“5G+工业互联网”十个典型应用场景和五个重点行业实践情况的通知

各省、自治区、直辖市及计划单列市、新疆生产建设兵团工业和信息化主管部门，各省、自治区、直辖市通信管理局，各相关单位：

2019 年 11 月，工业和信息化部办公厅印发《“5G + 工业互联网”512 工程推进方案》(工信厅信管〔2019〕78 号)，推动“5G + 工业互联网”融合创新发展。一年多来，在产业各方共同努力下，“5G + 工业互联网”在建项目已超过 1500 个，覆盖 20 余个国民经济重要行业，在实体经济数字化、网络化、智能化转型升级进程中发挥了重要作用。

为系统总结发展成效，向更多行业和企业应用“5G + 工业互联网”提供具有借鉴意义的模式和经验，我局会同各省（自治区、直辖市）工业和信息化主管部门、通信管理局，经地方推荐、企业报送、专家评审等环节，总结形成《“5G + 工业互联网”十个典型应用场景和五个重点行业实践》，具体介绍十个典型场景及 5 个重点行业“5G + 工业互联网”的实际应用情况。

现将上述成果文件予以发布，供产业各方参考。后续，工业和信息化部将持续推动产业创新发展，拟于年内再发布一批“5G + 工业互联网”典型场景和重点行业。

附件：“5G + 工业互联网”十个典型应用场景和五个重点行业实践

工业和信息化部信息通信管理局

2021年5月31日

附件

“5G+工业互联网”十个典型应用场景和五个重点行业实践

一、典型场景

（一）协同研发设计

场景描述：协同研发设计主要包括远程研发实验和异地协同设计两个环节。远程研发实验是指利用5G及增强现实/虚拟现实（AR/VR）技术建设或升级企业研发实验系统，实时采集现场实验画面和实验数据，通过5G网络同步传送到分布在不同地域的科研人员；科研人员跨地域在线协同操作完成实验流程，联合攻关解决问题，加快研发进程。异地协同设计是指基于5G、数字孪生、AR/VR等技术建设协同设计系统，实时生成工业部件、设备、系统、环境等数字模型，通过5G网络同步传输设计数据，实现异地设计人员利用洞穴状自动虚拟环境（CAVE）仿真系统、头戴式5G AR/VR、5G便携式设备（Pad）等终端接入沉浸式虚拟环境，实现对2D/3D设计图纸的协同修改与完善，提高设计效率。

基础条件：企业具有较为丰富的数字化研发与设计经验、较完善的数字化管理流程，具备跨地域5G网络接入能力，以及AR/VR等基础设施的建设条件。

（二）远程设备操控

场景描述：综合利用5G、自动控制、边缘计算等技术，建设或升级设备操控系统，通过在工业设备、摄像头、传感器等数据采集终端上内置5G模组或部署5G网关等设备，实现工业设备与各类数据采集终端的网络化，设备操控员可以通过5G网络远程实时获得生产现场全景高清视频画面及各类终端数据，并通过设备操控系统实现对现场工业设备的实时精准操控，有效保证控制指令快速、准确、可靠执行。

基础条件：企业工业设备已完成自动化改造，具备开放的工业通信协议接口，具备稳定可靠的 5G 网络环境。

（三）设备协同作业

场景描述：综合利用 5G 授时定位、人工智能、软件定义网络、网络虚拟化等技术，建设或升级设备协同作业系统，在生产现场的工业设备，以及摄像头、传感器等数据采集终端上内置 5G 模组或部署 5G 网关，通过 5G 网络实时采集生产现场的设备运行轨迹、工序完成情况等相关数据，并综合运用统计、规划、模拟仿真等方法，将生产现场的多台设备按需灵活组成一个协同工作体系，对设备间协同工作方式进行优化，根据优化结果对制造执行系统（MES）、可编程逻辑控制器（PLC）等工业系统和设备下发调度策略等相关指令，实现多个设备的分工合作，减少同时在线生产设备数量，提高设备利用效率，降低生产能耗。

基础条件：企业工业设备支持远程操控，设备间协同作业流程和调度逻辑清晰，生产现场可实现 5G 网络覆盖。

（四）柔性生产制造

场景描述：数控机床和其他自动化工艺设备、物料自动储运设备通过内置 5G 模组或部署 5G 网关等设备接入 5G 网络，实现设备连接无线化，大幅减少网线布放成本、缩短生产线调整时间。通过 5G 网络与多接入边缘计算（MEC）系统结合，部署柔性生产制造应用，满足工厂在柔性生产制造过程中对实时控制、数据集成与互操作、安全与隐私保护等方面的关键需求，支持生产线根据生产要求进行快速重构，实现同一条生产线根据市场对不同产品的需求进行快速配置优化。同时，柔性生产相关应用可与企业资源计划（ERP）、制造执行系统（MES）、仓库管理系统（WMS）等系统相结合，将用户需求、产品信息、设备信息、生产计划等信息进行实时分析、处理，动态制定最优生产方案。

基础条件：企业生产设备高度自动化、智能化，生产线可根据要求进行设备自主组合和参数自动配置，现场实现 5G 网络覆盖，设备具有 5G 网络接入能力。

（五）现场辅助装配

场景描述：通过内置 5G 模组或部署 5G 网关等设备，实现 AR/VR 眼镜、智能手机、Pad 等智能终端的 5G 网络接入，采集现场图像、视频、声音等数据，通过 5G 网络实时传输至现场辅助装配系统，系统对数据进行分析处理，生成生产辅助信息，通过 5G 网络下发至现场终端，实现操作步骤的增强图像叠加、装配环节的可视化呈现，帮助现场人员进行复杂设备或精细化设备的装配。另外，专家的指导信息、设备操作说明书、图纸、文件等也可以通过5G网络实时同步到现场终端，现场装配人员简单培训后即可上岗，有效提升现场操作人员的装配水平，实现装配过程智能化，提升装配效率。

基础条件：企业具有AR/VR应用基础，具备设备数采、设备系统运维管理经验，现场可实现5G网络覆盖，智能终端具备5G网络接入能力。

（六）机器视觉质检

场景描述：在生产现场部署工业相机或激光器扫描仪等质检终端，通过内嵌5G模组或部署5G网关等设备，实现工业相机或激光扫描仪的5G网络接入，实时拍摄产品质量的高清图像，通过5G网络传输至部署在MEC上的专家系统，专家系统基于人工智能算法模型进行实时分析，对比系统中的规则或模型要求，判断物料或产品是否合格，实现缺陷实时检测与自动报警，并有效记录瑕疵信息，为质量溯源提供数据基础。同时，专家系统可进一步将数据聚合，上传到企业质量检测系统，根据周期数据流完成模型迭代，通过网络实现模型的多生产线共享。

基础条件：企业对产品/物料缺陷种类有明确定义，具有一定数量的缺陷样本用于机器算法模型训练，现场环境开阔，具备稳定的光源条件及视觉质检设备安装条件，现场可实现5G网络覆盖，质检终端具备5G网络接入能力。

（七）设备故障诊断

场景描述：在现场设备上加装功率传感器、振动传感器和高清摄像头等，并通过内置5G模组或部署5G网关等设备接入5G网络，实时采集设备数据，传输到设备故障诊断系统。设备故障诊断系统负责对采集到的设备状态数据、运行数据和现场视频数据进行全周期监测，建立设备故障知识图谱，对发生故障的设备进行诊断和定位，通过数据挖掘技术，对设备运行趋势进行动态智能分析预测，并通过网络实现报警信息、诊断信息、预测信息、统计数据等信息的智能推送。

基础条件：企业设备具备数字化、网络化基础，具备丰富的设备故障诊断知识和数据样本，现场可实现5G网络覆盖，设备具备5G网络接入能力。

（八）厂区智能物流

场景描述：厂区智能物流场景主要包括线边物流和智能仓储。线边物流是指从生产线的上游工位到下游工位、从工位到缓冲仓、从集中仓库到线边仓，实现物料定时定点定量配送。智能仓储是指通过物联网、云计算和机电一体化等技术共同实现智慧物流，降低仓储成本、提升运营效率、提升仓储管理能力。通过内置5G模组或部署 5G 网关等设备可以实现厂区内自动导航车辆（AGV）、自动移动机器人（AMR）、叉车、机械臂和无人仓视觉系统的 5G 网络接入，部署智能物流调度系统，结合 5G MEC+ 超宽带（UWB）室内高精定位技术，可以实现物流终端控制、商品入库存储、搬运、分拣等作业全流程自动化、智能化。

基础条件：企业 AGV、AMR、叉车等物流类设备已完成自动化改造，具备 5G 网络接入能力；物流调度系统具备丰富的接口，可实现各种自动化设备的对接。全厂区实现稳定可靠的 5G 网络覆盖。

（九）无人智能巡检

场景描述：通过内置 5G 模组或部署 5G 网关等设备，实现巡检机器人或无人机等移动化、智能化安防设备的 5G 网络接入，替代巡检人员进行巡逻值守，采集现场视频、语音、图片等各项数据，自动完成检测、巡航，以及记录数据、远程告警确认等工作；相关数据通过 5G 网络实时回传至智能巡检系统，智能巡检系统利用图像识别、深度学习等智能技术和算法处理，综合判断得出巡检结果，有效提升安全等级、巡检效率及安防效果。

基础条件：企业巡检设备（机器人、无人机等）已完成自动化改造，具备 5G 网络接入能力；巡检环境无明显遮挡，实现 5G 网络覆盖，网络传输环境良好。

（十）生产现场监测

场景描述：在工业园区、厂区、车间等现场，通过内置 5G 模组或部署 5G 网关等设备，各类传感器、摄像头和数据监测终端设备接入 5G 网络，采集环境、人员动作、设备运行等监测数据，回传至生产现场监测系统，对生产活动进行高精度识别、自定义报警和区域监控，实时提醒异常状态，实现对生产现场的全方位智能化监测和管理，为安全生产管理提供保障。

基础条件：企业具备精益管理基础，监测方法、监测指标明确，现场可实现 5G 网络覆盖，各类监测终端具备 5G 网络接入能力，具备整合各类垂直监测系统应用的能力。

二、重点行业

（一）电子设备制造业

电子设备制造业自动化水平高，数字化、网络化基础好，产品迭代速度快，存在降低劳动力成本、减少物料库存、严控产品质量、快速响应客户差异化要求等迫切需求，发展智能化制造、个性化定制、精益化管理等模式潜力大。

华为、海尔、格力、中兴等利用 5G 技术积极实践柔性生产制造、现场辅助装配、机器视觉质检、厂区智能物流等典型应用场景，显著提高了生产制造效率、降低了生产成本、提升了系统柔性，为电子设备制造行业实现数字化转型进行了有益探索。

案例 1：华为与中国移动合作，在广东省松山湖工厂利用 5G 技术实现了柔性生产制造场景的应用。华为松山湖工厂原有手机生产车间需要布线 9 万米，每条生产线平均拥有 186 台设备，生产线每半年随新手机机型的更新需要进行升级和调整，物料变更、工序增减等要求车间所有网线重新布放，每次调整需要停工 2 周，以每 28 秒一部手机计算，一天停工影响产值达 1000 多万。通过 5G 与工业互联网的融合应用，华为松山湖工厂把生产线现有的 108 台贴片机、回流炉、点胶机通过 5G 网络实现无线化连接，完成“剪辫子”改造，每次生产线调整时间从 2 周缩短为 2 天。同时，在手机组装过程中的点隔热胶、打螺钉、手机贴膜、打包封箱等工位部署视觉检测相机，通过 5G 网络连接，把图片或视频发送到部署在 MEC 上的（人工智能）AI 模块中进行训练，一方面多线共享样本后缩短了模型训练周期，另一方面实现了从“多步一检”到“一步一检”模式改变，及时发现产品质量问题。

案例 2：海尔与中国移动合作，在山东省青岛市利用 5G 技术实现了精密工业装备的现场辅助装配场景的应用。青岛海尔家电工厂结合海尔卡奥斯工业互联网平台，打造基于 5G +MEC 的互联工厂，开展了基于 AR 眼镜的 5G 远程辅助装配，工人通过佩戴 AR 眼镜采集关键工业装备的现场视频，同时从后台系统调取产品安装指导推送到 AR 眼镜上，实现了一边查阅操作指导一边装配的目的。当工人发现无法自行解决问题时，还可以通过 5G 网络联系远程专家，实现实时远程指导。另外，通过将算力部署在 MEC 侧，降低了 AR 眼镜算力要求与眼镜重量，实现数据的本地计算，保障视频数据不出园区，一方面解决了以往 Wi-Fi 连接产生的信号不稳定、晕眩感和 AR 眼镜偏重的困扰，另一方面也节省了维修时间和成本。

案例 3：格力与中国联通合作，在广东省利用 5G 技术部署了机器视觉质检场景的应用。在格力电器的总装车间，中国联通以一套独立 MEC 为格力打造了工业虚拟专网，实现生产控制网与生产管理网融合，在模拟场景中基于样本训练建立数据模型，在需要自动检测的工位上安装 5G 高清摄像头，与自动化生产线同频联调，在实际生产中利用 5G 网络将待检内容自动拍照，照片视频流上传至部署在 MEC

平台的机器视觉质检应用，运用图形处理单元（GPU）大算力资源与数据模型做实时比对分析检查，实现设备自动识别，检测结果以毫秒级时延返回现场端，自动化生产线与质检系统关联做出不良品分离操作。5G 虚拟专网、MEC 平台与检测系统深度融合，为机器视觉质检应用的数据传输和信息处理提供了强大保障。目前格力已在其总部总装生产线的空调外观包装、压缩机线序、空调自动电气安全测试等环节中部署了 5G 机器视觉质检应用，单车间机器视觉每年可为企业节约人工成本 160 万元。

案例 4：中兴与中国电信合作，在江苏省利用 5G 技术实现了厂区智能物流场景的应用。中兴在南京滨江 5G 智能制造基地，建设 5G 网络，自研集成 5G 模组的 AGV 载重平台，在下沉至园区的 MEC 端部署 AGV 调度管理系统，与企业既有的数字化生产和物流管理系统业务融合，实现近 40 台 AGV 的自动化调度，以及多车联动、调度指令、实时位置、任务完成等信息的稳定可靠下达。同时，利用 5G 网络的大上行改造，在部分 AGV 上使用了基于 MEC 视频云化的 AI 障碍物分析技术，实现智慧避障，在控制 AGV 硬件成本的前提下弹性扩展了 AGV 的功能。通过 5G 厂区智能物流应用，中兴南京滨江工厂一方面解决了既有 Wi-Fi 连接信号不稳定问题，使得热点切换区域掉线率降低 80% 以上，另一方面实现了制造基地物料周转的完全无人化，厂区内货物周转效率提升 15%。

（二）装备制造业

装备制造业涉及航空制造、船舶制造、汽车制造与工程机械制造等重要领域。其产品结构高度复杂、产品体型偏大，具有技术要求高、生产安全标准严格、资本投入大、劳动力密集等行业特点，对成品件、结构件、化工材料、工艺辅料和标准件等百万量级生产资源的协同设计和泛在感知需求较高。同时，面临“用工荒、高成本”的困境，需要更加精密的装配加工能力以及质量检测手段支撑企业长期发展，发展数字化研发、网络化协同、智能化制造、精益化管理等模式潜力大。

中国商飞、上海外高桥造船有限公司、三一重工、福田汽车等应用 5G 技术积极探索协同研发设计、设备协同作业、现场辅助装配、机器视觉质检、厂区智能物流等典型应用，取得明显成效，为装备制造行业的高速发展注入新动力。

案例 1：中国商飞与中国联通合作，在上海浦东新区开展了“5G＋工业互联网赋能大飞机智能制造”项目建设，搭建了 5 座宏基站和 150 余套室分小站，实现了协同研发设计与现场辅助装配场景的应用。在协同研发设计方面，中国商飞基于 5G 网络服务，通过 AR/VR 数据实时上传，支持产品研发实验阶段的跨地区实时在线协同与远程诊断，有效提升了研发设计环节的协同问题定位和快速研发迭代能力，压缩研发实验成本达到 30%。通过 AR/VR 提供的可视化、云化数据共享能力，整合研发资源，借助设计软件实现多地远程协同设计和改装，有效解决研发过程中问题处理节奏慢、跨地域联合研发信息共享不及时的问题，充分提高了企业的研发效率、破除了信息壁垒，缩短了 20% 的设计周期。在现场辅助装配方面，商飞在装配车间中存在大量飞机线缆连接器装配工作的工位，通过引入 5G +AR 辅助装配系统，工人利用 AR 虚拟信息实现虚实叠加，根据显示的指导画面完成装配操作。通过 5G 高速率和低时延特性，让工人准确、快速地对线缆连接器进行查找和装配，并保障数据的有效性，解决了传统人工作业效率低、容易出错等问题，显著提高了装配效率达 30%，每工位所需装配人员由 2 人减少为 1 人。

案例 2：上海市外高桥造船有限公司与中国联通合作，在上海市开展“5G + 工业互联网”在船舶行业的落地应用，搭建 5G 专网，融合 MEC 技术，实现了基于 5G 的机器视觉检测场景的应用。使用工业相机 + 靶点的测量模式进行大型钢结构精度测量，通过 5G 专网及边缘云，实时回传、解算现场拍摄图片，生成点位文件。基于 5G 的视觉精度测量替换了传统的全站仪离线测量方式，将测量时间从原来的 3 ～ 4 小时，缩短至 30 分钟内，测量效率提升了 400%。

案例 3：三一重工与中国电信、华为合作，在北京市三一南口产业园开展了 5G 工业互联专网项目建设，5G 技术与机械制造生产工艺流程深度结合，实现了设备协同作业场景的应用。通过 5G 技术搭建车间自组网，基于大带宽、低时延的 5G 网络传输了 AGV 的 3D 图像和状态信息，利用 5G MEC 平台和 GPU 算力集成能力，降低了 AGV 单机功能复杂度和成本，采用视觉导航替代传统激光导航，有效实现多台 AGV 协同控制，提高了 AGV 的智能化能力和标准化水平，提升生产调度效率，节约成本 80% 以上。

案例 4：福田汽车与中国联通合作，在山东省潍坊诸城打造超级卡车工厂基地，利用 5G 网络，实现了厂区智能物流场景的应用。在入厂车辆调度环节，开发集虚拟电子围栏、车辆自动识别、车辆探测等多种技术于一体的入厂协同系统，利用 5G 技术将厂区车辆泊位状态等信息实时传递到各种智能显示终端及信息系统，在物流收货时保管员扫描司机应用程序（App）上的电子发运单二维码，通过 5G 网络实现无纸化收货。

（三）钢铁行业

钢铁行业主要包括铁前、炼钢、铸钢、轧钢、仓储物流等环节。钢铁行业生产流程长、生产工艺复杂，当前主要面临设备维护效率低、生产过程不透明、下游需求碎片化、绿色生产压力大等痛点，发展智能化制造、精益化管理等模式潜力大。

华菱湘钢、鞍钢、宝钢、马钢等应用 5G 技术积极探索远程设备操控、机器视觉质检、设备故障诊断、生产现场监测等典型应用场景，覆盖钢铁生产全流程，取得了提质降本增效、绿色发展的显著效果，推动了产业升级及行业转型。

案例 1：华菱湘钢与中国移动合作，在湖南省依托 5G 技术实现天车、加渣机械臂的远程设备操控场景的应用。天车的操控通常需要两人协同操作，作业效率低，工作环境差。通过天车远程操控，利用 5G 超大上行与下载速率，为操作员提供第一视角的高清视频，操作人员可在远程操控室实时操控天车卸车、吊运装槽、配合检修等作业，保障远程操控的精准度和实时性，两人协同变为一人操控一台或多台天车。另外，加渣机械臂和控制系统可以通过 5G 网络互通，利用 5G 手机远程一键启动，自动运行，降低工人在高温锅炉旁作业风险，提升作业安全性。新冠肺炎疫情期间通过 5G +AR 远程辅助的应用，助力完成 90% 生产线装配，车间生产总效率提升 20%。

案例 2：鞍钢与中国移动合作，在辽宁省开展了“基于 5G 的机器视觉带钢表面检测平台研发与应用”项目建设，实现了机器视觉质检与生产现场监测场景的应用。在机器视觉质检方面，通过部署工业相机拍摄高清图片、采集质检数据，利用 5G 网络将采集到的冷轧现场 4K/8K 等高清图像数据回传至操作室平台，通过平台的视觉 AI 分析能力对图像进行处理分析，完成带钢表面缺陷的实时检测；同时，带钢轧制速度极高，通过带钢表面的反光斑马条纹反馈带钢的平整度，用于带钢生产质量的实时检测，为张力辊等调节提供依据。方案部署完成后，带钢常规缺陷检出率达 95% 以上，在线综合缺陷分类率超过 90%，提高成材率的同时减少了带钢缺陷造成的断带和伤辊换辊停机时间。在生产现场监测方面，炼铁厂皮带通廊粉尘大、光线昏暗、过道狭窄，人员作业危险性高，存在严重安全隐患。通过在皮带通廊部署 4K 高清摄像监控系统，覆盖皮带通廊出入口与皮带作业重点区域，利用 5G 网络实时回传人员目标及动作、环境、原料、

皮带检测等信息至云平台，实现人员作业安全检测、作业调度信息化、施工作业的安全管理，以及环境中可能出现的跑气、冒水、漏液等情况检测，保障现场工

作人员的安全。通过现场采集的图片分析，检测准确率达 99.99% 以上。同时对摄像头进行单独分析，判断摄像头是否存在大量粉尘覆盖，及时进行镜头清理，每年可节省皮带维修费约 100 万元。

案例 3：宝钢与中国联通合作，在广东省湛江市开展“流程行业 5G + 工业互联网高质量网络和公共服务平台”项目建设，利用 5G 技术实现了连铸辊、风机等设备故障诊断场景的应用。采集连铸辊编码、位置、所处区段受到的热冲击温度、所处区段的夹紧力与铸坯重力的合力等数据，通过 5G 网络实时传输至设备故障诊断等相关系统，采用人工智能和大数据技术对不同区段的连铸辊的寿命进行预测，减少了现场布线的工作量，提高了寿命预测的准确率。同时，采集风机振动、电流、电压、温度、风量等运行数据，通过 5G 网络实时传输至设备故障诊断等相关系统，实现生产作业过程中风机设备运行情况的在线监控，提前预警设备故障，通过对风机设备的在线监控，员工点检负荷率明显下降，点检效率提升 81%。

案例 4：马钢与中国联通合作，在安徽省依托 5G 技术实现了生产现场监测场景的应用。在生产现场部署 4K 高清摄像监控系统，通过 5G 网络实时将生产现场人员着装和行为动作等高清视频回传至后台系统，系统结合深度 AI 学习视觉技术，识别生产现场人员未佩戴安全帽、现场操作行为不规范等问题，进行抓拍记录、实时告警，实现对人员生产行为智能监管。解决了人工监管客观性不足、成本高等问题，预防不规范行为导致的各类安全事故，避免事故造成重大人身伤害、设备损失。

（四）采矿行业

安全生产是采矿行业的红线。在露天矿环境中，因矿山石坠落易引起开采人员伤亡，多层重叠采空区常出现塌方、滑坡、瓦斯爆炸、冲击地压等事故风险。在井工矿环境中，存在高温、高湿、粉尘等恶劣的工作环境，工人长时间高强度井下作业对健康造成较大威胁，发展智能化制造、网络化协同、精益化管理等模式潜力大。

新元煤矿、千业水泥、庞庞塔煤矿、鲍店煤矿等利用 5G 技术积极实践远程设备操控、设备协同作业、无人智能巡检、生产现场监测等典型应用场景，成效显著。

案例 1：新元煤矿与中国移动合作，在山西省开通 5G 煤矿井下网络，建成井下“超千兆上行”煤矿 5G 专用网络，实现了远程设备操控场景的应用，取得 5G 网络设备隔爆认证。5G 技术实现了对掘进机、挖煤机、液压支架等综采设备的实时远程操控，实现了对爆破全过程的高清监测与控制，解决了传统人工作业操作危险系数大、劳动强度高的问题，改善一线工人的工作环境，大幅降低安全风险，显著提升采掘效率。利用 5G 技术实现综采面无人操作，解决了井下设备运行过程中线缆维护量大、信号经常缺失等问题，有效降低危险作业区域安全事故发生率。

案例 2：千业水泥与中国移动合作，在河南省焦作市开展“千业 5G 矿山绿色智能及矿产资源综合利用”项目建设，实现了设备协同作业场景的应用。项目搭建 5G 网络，融合北斗高精度定位、车联网技术、纯电矿卡能量回收技术，实现了无人矿车的自动驾驶和协同编队、作业区域内车辆的集群调度，实现 1 人操控多台设备、运输车完全无人化操作，有效解决矿区安全驾驶问题，设备作业效率提升 10% 以上。

案例 3：庞庞塔煤矿与中国联通合作，在山西省开展“5G + 智能矿山”项目建设，实现了无人智能巡检场景的应用。项目在井下变电硐室和水泵房的排水、供电等设备远程集中监控的基础上，增加安装 5G 模组的巡检机器人，通过 5G 网络进行硐室 4K 高清视频回传、机器人监测数据回传和机器人实时控制，5G 技术支撑实现运输机、皮带等设备的无人巡检，降低运输环节的人工成本，提高巡检效率，实现了井下固定岗位无人值守和无人巡检，减少了井下作业人员，提升了作业安全性。

案例 4：鲍店煤矿与中国联通合作，在山东省济南市开展“矿用高可靠 5G 专网系统及应用”项目建设，实现了生产现场监测场景的应用。项目研发建设矿用高可靠 5G 专网系统及应用，针对极端严苛的煤矿生产控制场景，通过“5G + 机器人”“5G + 视觉识别”等手段对设备状态、气体浓度、综合环境进行实时监测，实时回传至调度指挥中心，提升危险环境下的安全生产管理能力，提高了安全生产的预测效率和管理水平。

（五）电力行业

电力行业主要涉及发电、输电、变电、配电、用电 5 个环节，存在安全管理困难大、环保要求高、“信息孤岛”、设备实时监管难、精细化管理难等痛点，面临向“清洁、低碳、高效、安全、智能”的转型挑战，发展智能化制造、精益化管理等模式潜力大。

中核集团、国家电网、南方电网等利用 5G 技术，实践在发电环节的现场辅助装配、输电环节的无人智能巡检、配电环节的设备故障诊断、用电环节的生产现场监测等典型应用场景，取得了明显成效。

案例 1：中核集团与中国移动合作，在福建省福清开展“5G + 核电”项目建设，实现了现场辅助装配场景的应用。在“华龙一号”六号机组的装配建设现场，通过

“5G 专网 +AR” 等技术，工人佩戴 AR 眼镜在专家远程指导下成功装配设备组件，解决了因疫情等因素导致专家无法到现场等问题，有力推动了专家资源共享和辅助装配效率的提升。

案例 2：国家电网与中国电信合作，在山东省青岛市开展 “5G + 北斗智能巡检无人机” 项目建设，实现了无人智能巡检场景的应用。项目新建 5G 独立组网（SA）网络，完成了 5G SA 专网的图传模块的研发，引入北斗服务，实现无人机巡检数据安全、实时、可靠回传。解决了传统输变线路巡检耗时长、耗人多、工作环境恶劣的问题，改善一线工人的工作环境，大幅降低安全风险。同时，采用图像智能识别技术，实现无人机自主巡检、图像实时传输、缺陷智能识别、辅助决策输出等功能，解决了困扰无人机巡检操作难、回传难、分析难的问题，大尺寸缺陷识别准确率达 99%、小尺寸识别准确率达 40%，工作效率提升百倍以上。

案例 3：南方电网与中国移动合作，在广东省广州市开展了 “5G + 智能电网” 项目建设，实现了设备故障诊断场景的应用。在配网差动保护应用中，利用电力专用 5G 用户前置设备（CPE）进行高精度网络授时，通过 5G 网络低时延特性，采集配电网电流相量数据，传输至配电自动化主站，及时掌握线路情况，并进行在线监测和诊断，发现故障区段后，依靠配电自动化主站进行故障隔离和供电恢复，解决了传统配电自动化故障发现时间长、故障隔离区域大的问题，将故障隔离时间大幅缩短，最大程度减少故障停电范围和时间。

案例 4：国网北京市电力公司与中国联通、中国电科院合作，在北京市开展了 “5G 虚拟测量平台” 项目建设实现了生产现场监测场景的应用。用电环节通过 5G 虚拟测量平台，以 12.8K 的采样率，对电能质量进行监测。利用 5G 大带宽、低时延技术特点，将仪表的分析部分云化部署，前端只保留采集装置，解决了传统采集装置功能复杂、成本高的问题，将仪表设备成本降低 90%。有效解决了电力运行监测成本行业性难题，有力推动了电能质量监测的规模部署。项目已在服贸会、石景山、延庆冬奥测试赛中广泛应用。

关于印发第二批“5G+工业互联网”十个典型应用场景和五个重点行业实践的通知

各省、自治区、直辖市及计划单列市、新疆生产建设兵团工业和信息化主管部门，各省、自治区、直辖市通信管理局，各相关单位：

按照《“5G + 工业互联网”512 工程推进方案》（工信厅信管〔2019〕78 号）部署，经地方推荐、企业报送、专家评审，现将“5G + 工业互联网”第二批十个典型应用场景和五个重点行业实践印发给你们。有关事项通知如下。

一、深化产业合作。请各地工业和信息化主管部门、通信管理局积极搭建产需对接合作平台，推进工业企业、基础电信企业、信息通信设备制造企业、行业解决方案供应商、科研院所、产业组织等相关单位深化交流合作，为典型场景复制推广、产业生态完善提供基础支撑，增强发展动能。

二、强化应用推广。组织各重点行业领军企业、标杆企业，立足典型场景输出应用部署方案和商业合作模式，为行业内企业应用“5G + 工业互联网”提供具体实施方案，为其他工业企业应用“5G + 工业互联网”提供参考路径，切实提升“5G + 工业互联网”应用发展水平。

三、拓展实践领域。推动各行业、各领域相关单位借鉴已发布的第一批、第二批“5G + 工业互联网”二十个典型场景和十个重点行业应用实践，紧扣行业领域特点需求，挖掘更多应用场景，推动“5G + 工业互联网”与实体经济深度融合，在数字经济发展中发挥更大作用。

附件：“5G + 工业互联网”典型应用场景和重点行业实践（第二批）

工业和信息化部办公厅

2021 年 11 月 18 日

附件

“5G+工业互联网”典型应用场景和重点行业实践

（第二批）

一、典型场景

（一）生产单元模拟

场景描述：在生产单元各类设备上设置 5G 模组或部署 5G 网关等，采集海量生产数据、设备数据、环境数据等实时上传至边缘云平台。边缘云平台利用三维（3D）建模技术建设与物理生产单元对应的虚拟生产单元，实现生产制造状态实时透明化、可视化。利用模型仿真、孪生共智等基于数字孪生模型的技术进行分析处理，实现产能预测、过程感知、转产辅助等功能。企业可将实际的生产结果与 5G 虚拟生产单元的预期结果进行比对，根据比对差异对物理生产单元进行优化，实现生产要素、生产工艺、生产活动的实时精准管控，确保生产稳定高效运行。

基础条件：企业的物理生产单元具备较好的数字化、网络化基础，企业的数字化研发与设计、设备和系统运维管理等经验较为丰富，生产现场实现 5G 网络覆盖，生产设备具备 5G 网络接入能力。

（二）精准动态作业

场景描述：利用 5G 传输和定位的技术能力，在室外场景下配合北斗定位，精确测量大型机械的位置以及偏转角、俯仰角等姿态数据；在室内场景下配合工业相机等设备，精确测量生产对象的高度、位移、角度等数据，通过 5G 网络将测量数据实时传输至控制系统。控制系统根据生产需要实时、动态调整对象的位置和姿态，提升生产作业精度和自动化水平。

基础条件：企业具备生产自动化基础，能够部署室内外定位系统，生产现场实现 5G 网络覆盖，测量设备具备 5G 网络接入能力。

（三）生产能效管控

场景描述：通过内置 5G 模块的仪器仪表，实时采集企业用电、水、燃气等各类能源消耗数据和总烃、苯系物、粉尘等污染物排放数据，实现大规模终端的海量数据秒级采集和能效状态实时监控。辅助企业降低生产能耗，减少污染物排放量，实现清洁生产。结合人工智能等算法分析，可对企业用能需求进行预测，智能制订节能计划，进一步挖掘节能潜力空间。通过对用能设备进行监控告警、远程调度等操作，配合产线排程调整和设备参数设置，实现节能减排、削峰填谷。

基础条件：生产现场实现 5G 网络覆盖，现场仪器仪表可进行 5G 采集模块改造，监测设备具备 5G 网络接入能力。

（四）工艺合规校验

场景描述：综合利用工业相机、物联网传感器、激光雷达、智能仪表等设备，全方位监测企业生产原料、半成品和成品的各项指标，实时跟踪工作区域工人手工、操作设备的流程步骤，监测投料和配料数量，通过 5G 网络将采集的指标、操作信息等同步传送至边缘云平台。边缘云平台利用人工智能、大数据、云计算等技术对工人实际操作工序、取料信息等进行分析，并与规定标准流程进行实时合规校对，分析找出颠倒顺序、危险操作和错误取料等现象，实现工艺检测自动告警。

基础条件：企业能够提供质检标准、工艺操作合规标准和自动质检基础设施建设条件，工艺具有明确的标准流程，生产现场实现 5G 网络覆盖。

（五）生产过程溯源

场景描述：将企业生产现场的扫码枪、工业相机、摄像头、刷卡机等设备接入 5G 网络，将生产过程每个工序的物料编码、作业人员、生产设备状态等信息实时传输到云平台。云平台将产品生产过程中的人、机、料信息进行关联整合形成溯源数据库，运用区块链、标识等技术，实现产品关键要素和生产过程追溯。通过实时追溯批次、品质等原料信息，可动态调整后道工序参数，提升产品质量。

基础条件：生产现场实现 5G 网络覆盖，企业工业设备已完成自动化改造，具备条形码、二维码、用户标志模块（SIM）卡或软 SIM 卡等多种标识载体，具有统一的产品标识编码规范。

（六）设备预测维护

场景描述：将企业生产现场的工业设备、摄像头、传感器等接入 5G 网络，实时传输设备的运行状态至云平台，实现工业生产设备性能和状态的实时监控，构建设备历史监测数据库。基于故障预测机理建模等人工智能技术对监测数据进行实时分析，评估设备健康状态，预判设备运行趋势，智能制订设备维护保养计划，实现设备安全预测与生产辅助决策，有效降低设备维护成本，延长设备使用寿命，确保生产过程连续、安全、高效。

基础条件：生产现场实现 5G 网络覆盖，企业工业设备具备数字化、网络化、智能化基础，具备 5G 网络接入能力。

（七）厂区智能理货

场景描述：在企业厂区、工业园区内部署基于 5G 网络的扫码枪、工业相机或网络视频录像机（NVR）等信息采集终端，将拍摄的条码数据、高清图像或视频等信息实时上传至云平台。利用光学字符识别（OCR）等人工智能技术自动识别货物标识、外观、尺寸、品相等信息，实现全厂货物的实时盘点和管理。云平台与厂区业务系统实时交互，实现按需码放货物、品质定级、实时分拣等功能的自动化和智能化，助力企业提升产品全生命周期的管理能力。

基础条件：全厂区或园区实现 5G 网络覆盖，采集设备具备 5G 网络接入能力。

（八）全域物流监测

场景描述：综合利用 5G、大数据、边缘计算、人工智能等技术，通过工业运输装备上的智能监控终端，实时采集全域运输途中的运输装备、货物、人员等的图像和视频数据，并通过 5G 网络传输至云平台。云平台对运输装备进行实时定位和轨迹回放，对货物、人员进行实时监测，实现工业运输的全过程监控，能够避免疲劳驾驶、危险驾驶等行为，有效保障冷链物流、保税品运输、危化品运输等过程中运输装备、货物和人身安全。

基础条件：运输装备能够配备接入 5G 网络的智能监控终端，运输路线中有稳定的 5G 网络覆盖。

（九）虚拟现场服务

场景描述：虚拟现场服务主要包括产品展示体验、辅助技能学习、远程运维指导三类服务。产品展示体验服务通过对工业产品的外型数据及内部结构进行立体化建模，构建虚拟数字展厅，通过 5G 网络传输至平板电脑、增强现实 / 虚拟现实（AR/VR）眼镜等智能终端，与数字模型实时互动，实现产品细节的沉浸式体验和感受。辅助技能学习服务基于 5G 和 AR/VR 融合构建贴近真实场景的全虚拟场景，进行操作技能培训和自由操作练习，提高技能学习效率。远程运维指导服务通过在全虚拟场景中，叠加远端专家指导数据形成端云协同，使端侧获得实时操作指导，提升运维服务的效率和质量。

基础条件：企业具有较为丰富的数字化研发与设计经验，具有较为完善的数字化管理流程，具备跨地域5G网络接入能力，具有AR/VR应用基础。

（十）企业协同合作

场景描述：利用“5G＋数采”技术，纵向实现上下游企业大规模关键设备联网和数据实时采集；通过“5G＋边缘计算”，横向实现制造执行系统（MES）、供应商关系管理（SRM）系统等互联互通，并统一集成至云平台实现数据共享。企业可实时追踪内部生产过程和进度，对委托外部生产的工序进行监控并实时跟踪协同流程，快速满足用户的个性化定制需求和多品类生产需求。通过平台连接供给侧和需求侧，实现供需对接与交易撮合。

基础条件：产业具有同类企业聚集或者上下游企业紧密协作的特征，企业在距离相近园区内可搭建“5G＋多接入边缘计算（MEC）平台”，具有一定的业务协作基础。

二、重点行业

（一）石化化工行业

石化化工行业在此重点包括石油、煤炭及其他燃料加工业，化学原料和化学制品制造业等相关行业，具有技术密集，规模效益明显，产品多样，以及产生的危险废物量大、种类多、成分复杂等特点。虽然行业内已有部分龙头企业率先启动数字化、网络化、智能化转型，但目前仍有较多石化化工企业存在进一步提升生产效率、提高安全生产保障能力、加快数字化转型等迫切需求，发展智能化制造、数字化管理等模式潜力大。

新华粤石化、星火有机硅、中海油、扬子石化等企业将5G技术广泛应用于生产单元模拟、生产能效管控、设备预测维护、全域物流监测等场景，显著提高了企业的生产效率，优化了生产要素配置，提升了企业安全管理水平，为行业的数字化转型起到了积极促进作用。

案例1：广东新华粤石化股份有限公司与中国电信合作，开展了“能耗在线监测”项目建设，实现了生产能效管控场景的应用。利用水表、电表、蒸汽测量仪、风速表、冷热计量表等计量设备采集企业水、电、汽、风、热等能源消耗数据，通过5G网络传输至企业综合能源管理平台，并按时按需上传到广东省能耗在线监管平台，采集频率从分钟级提升到了秒级，显著提升了数据采集的效率。综合能源管理平台可实时监测电流、电压、冷热量计量等运行参数，通过用电趋势分析、用电异常监测、用热对比分析等方法，实时掌握能耗状况。基于大数据分析技术挖掘风机、泵等耗能重点设备节能空间，进行节能改造，实现精准控制，减少无效运行时间，提高了生产能耗信息化管理水平，降低了生产成本。

案例2：江西蓝星星火有机硅有限公司与中国电信合作，打造“5G＋智能化工”项目，实现了生产单元模拟场景的应用。通过5G工业网关、智能手环、高清摄像头等载体对工厂里的人、机、物等多要素进行数据采集和汇聚，形成企业生产数据中心。利用数字孪生技术将生产过程中的各类实时数据和分析数据精准地映射到产线的三维模型，虚拟孪生有机硅化工产线完整地还原了物理产线；通过模拟生产工艺流程和设备生产关键动作，快速呈现生产状态；将采集的数据与三维模型数据进行融合，实现虚拟设备与物理设备的联动控制、静态数据查询和运行状态实时展示。项目投入运行后，星火有机硅生产管理成本降低20%。

案例3：中国海洋石油集团有限公司与中国移动合作，开展了“5G智慧海油”项目建设，实现了设备预测维护场景的应用。通过5G技术（700MHz&2.6GHz）和微波散射融合组网，支持海陆间长距离通信，为海上油田平台间的大流量高速稳定传输建立了新的通道。海上井口平台安装巡检机器人、“雷球”联动监控装置、激光甲烷检测仪、红外高清摄像头、5G移动终端等，平台周边部署无人艇、无人机等守护设备设施，通过中海油独享的5G基站远距离实时采集、传输井口平台上相关的生产设备设施的温度、压力、电压、水温、电流、损耗及零部件的磨损，耐腐蚀、密闭等实时性能状态数据至海上中心平台。海上中心平台基于设备大数据和故障模型，利用人工智能等技术，实时比对分析设备运行参数和历史健康数据，判断设备健康状态，提前预测设备故障，避免因重要元器件损坏造成设备计划外停机，变被动运维为主动运维。每年节省人工成本600万元，减少拖轮、无人艇等维修设备投入成本约4000万元。

案例4：中国石化扬子石油化工有限公司与中国联通合作，开展了“5G＋安全石化”项目建设，实现了全域物流监测场景的应用。利用“5G＋北斗”技术，实现生产区内危化品车辆的高精度定位，并实时传输至危化品运输管控平台。平台对进入扬子生产区的危化品车辆进行全过程、实时管控，基于定位数据形成行驶轨迹，进行偏离预警，有效保证危化品车辆按照规定路线行驶和在规定地点装载。通过5G网络将车载布控球拍摄的视频传输至边缘云平台进行人工智能（AI）分析，对危化品车辆危险行驶、路中障碍、前车距离过近等进行实时告警，有效保障了运输车辆和驾乘人员的安全。

（二）建材行业

建材行业在此主要指非金属矿物制品业中相关门类，其产业多、地域广，主要产品生产具有连续、流程化和能源资源消耗型特征。为了实现高质量发展，企业需要降低生产成本、提高生产经营效率、节约资源，发展智能化制造、服务化延伸、数字化管理等模式潜力大。

良瓷科技、海螺集团、陕西声威建材、泰山玻纤等企业利用 5G 技术开展了生产单元模拟、厂区智能理货、生产过程溯源、精准动态作业等典型应用场景的实践，确保产品质量稳定，提升了生产效率，效果明显。

案例 1：福建良瓷科技有限公司与中国电信合作，开展了“九牧永春 5G 智慧工厂”项目建设，实现了生产过程溯源场景的应用。自主研发标准化四码合一系统，并对卫浴陶瓷在成型、干燥、施釉、烧成、质检、包装等生产环节设备进行 5G 智能化改造。利用“5G +MEC+ 天翼云”实现云网融合，采集生产物料的一物一码、生产原料批次及过程信息等数据，实时传输至云平台，形成完整的生产过程数据链。同时，集成 MES、数据采集与监控系统（SCADA）、自动导航车辆（AGV）系统、仓库管理系统（WMS）等多个系统，可追溯到生产过程中的人、机、料、法、环等相关信息，极大地提高了生产异常等情况的追溯效率及追溯准确性。该项目上线后，生产效率提升 35%，单位产值能耗降低 7%，运营成本降低 8%，不良成本率降低 5%。

案例 2：安徽海螺集团有限责任公司与中国电信合作，开展了“5G +AI+ 智慧装船”项目建设，实现了精准动态作业场景的应用。通过搭建多视角相机，确定不同相机间同一物体的对应关系，根据三角测量原理，实时监测水泥船位置以及装船机溜筒位置和姿态，包括船舷位置、溜筒距船舷偏移比例、物料偏移度等。对数据进行 AI 分析，并通过 5G 网络将结果与预警信息传送到指挥调度中心，基于中心控制算法发送指令到装船机可编程逻辑控制器（PLC），实时控制装船机作业，避免因位置不当引起碰壁、冒灰和其他视野受限情况，实现对装船作业的全流程监控。项目实施后，生产效率提升 70%，人员安全事故数降低到 0。

案例 3：陕西声威建材集团有限公司与中国联通合作，开展 5G + 工业互联网“水泥行业皮带无人值守数字孪生系统”项目建设，实现了生产单元模拟场景的应用。综合利用多个传感器和多光谱偏振光 + 可见光摄像头进行数据采集，通过 5G

网络将水泥生产线映射到数字空间。利用时空信息重构技术和运营商统一授时技术，建立数字孪生皮带无人值守系统，实现速度、产量等生产状态的动态感知。基于人工智能等技术对数字孪生皮带进行实时分析处理，实现了矿料运输的智能控制、自动纠偏、AI 异常监控、风险智能分析和分级告警等功能，保证产线生产、设备和人员安全，以及水泥矿料输送智能化监管和精细化生产，实现提质、增效、节能、降耗，矿料工序能耗降低 13%，生产效率提升 30%，生产成本降低 12%。

案例 4：泰山玻璃纤维有限公司与中国移动合作，开展了“5G 智慧工厂”项目的建设，实现了厂区智能理货的应用场景。工厂采用助力机械手和 AGV 将纱团从拉丝工段转移到烘干工段；通过识别二维码获取纱团品种，根据品种后道工序的工艺要求自动将原丝纱车运送到烘干工段不同的工艺环节；基于 5G 网络对过程数据进行实时采集、上传和分析处理，实现了各类型纱团的自动分拣。系统根据收到的出入库单据或人工指令自动下达出入库任务至堆垛机，堆垛机对货物进行码放或提出，实现了物料及产品的自动出入库，节约了人工成本。项目实施完成后，解决了工厂原先 Wi-Fi 信号不稳定及厂内高温、微波对 Wi-Fi 信号干扰等问题，保证了拉丝、烘干、包装等重要环节的连续运行，提高了工厂整体生产运行效率。

（三）港口行业

港口行业在此指水上运输业，具有投资规模较大、资本密集、人力需求量大、机械化设备多等特点。随着港口业务量不断增长，港口行业对提升港口综合作业效率、保障安全生产、降低人工成本等方面有了新的诉求，发展智能化制造、数字化管理等模式潜力大。

妈湾港、青岛港、黄骅港、天津港等港口利用 5G 技术积极实践生产单元模拟、生产能效管控、精准动态作业、厂区智能理货等典型应用场景，提高了港口作业效率，降低了人工成本，取得了明显成效。

案例 1：招商港口与中国移动合作，开展了“5G 妈湾智慧港口”项目建设，实现了生产单元模拟场景的应用。通过采集港口集卡、岸桥、场桥、船舶和集装箱等时空数据，搭建码头全要素场景平台和 1：1 数字孪生体，利用 5G 网络实现虚拟世界与物理世界的同步感知、运行规律和物理属性的同步更新。采用数字孪生、北斗定位等技术建立港口生产管理的模拟仿真系统，通过预演未来作业，帮助码头在生产作业开始前对生产计划进行验证和评估；通过对接现场设备定位系统，实时获取、动态展示设备当前位置，对生产设备运行及作业执行情况进行全局把控；通过回放历史作业，分析和诊断生产作业过程中出现的问题，为算法调优、指令调度提供依据。通过对港口生产进行预演、实操和复盘，实现了妈湾智慧港生产最优化。项目运行后，港口综合作业效率提升 30% 以上。

案例 2：山东港口青岛港集团有限公司与中国联通合作，开展了“青岛港 5G 智慧港口”项目建设，实现了生产能效管控场景的应用。通过 5G 网络，将温感、电感、液压、烟感等传感器采集的数据实时回传到智能集成管理平台，实现船岸两端 63 个设备、350 个能耗指标的实时管控。通过大数据分析对船舶动力系统进行节能评估，动态调整船舶的经济航速，实现削峰填谷、节能减排。通过自动化采集设备运行数据，提升了危险环境下的安全生产管理能力，提高安全生产预测效率和管理水平。针对异常耗能现象进行分析研判，为设备的检修维护提供决策支持。每年节省拖轮运维费用 100 万元，节省人工检测成本 40 万元，检测效率提升 30%。

案例 3：国家能源集团黄骅港务有限责任公司与中国联通合作，开展了“黄骅港 5G 港口”项目建设，实现了精准动态作业场景的应用。自主研制“5G + 北斗”船舶高精度位姿测量设备，通过灵活调整北斗测量基线长度，融合北斗定位和惯性器件测量数据，实现对港区复杂海况条件下货轮、装船机定位漂移现象的抑制，完成大型万吨级船舶位置、航姿（俯仰角、横滚角、航向角）及装船机位置、姿态（俯仰角、回转角）连续、稳定、高精度测量（定位误差小于 3 厘米、姿态误差小于 0.1°）。基于 5G 专网实现敏感位姿数据的边缘处理，并通过对接轻量化时空服务平台与港口业务逻辑总控系统，实现“船岸协同”的无人自动化煤料装载闭环控制，支撑黄骅港完成全国首条“翻、堆、取、装”全流程无人化煤炭港口建设。装船时间缩短 25%，泊位利用率提升 15%，船舶满载率提升 20%。

案例 4：天津港（集团）有限公司与中国联通合作，开展“5G 智慧港口、绿色港口”项目建设，实现了厂区智能理货场景的应用。在天津港集装箱码头全面覆盖“5G +MEC 专网”，作业过程中抓拍高清视频，基于 OCR、目标检测等人工智能技术，在装卸船、堆放、理货、验残、提箱、出关环节对集装箱箱号、装卸提箱状态、有无铅封、箱体残损、舱位 / 拖车号等信息进行自动化、智能化识别，提升了码头装卸作业效率和理货工作效率，有效减少人机交叉作业带来的安全隐患。目前，项目已稳定运行 6 个月，人力投入减少 75%，作业效率提升 30%。

（四）纺织行业

纺织行业在此重点包括纺织业、纺织服装 / 服饰业、化学纤维制造业等相关行业，具有产业链长、市场变化快、集群化发展特征明显、产品个性化需求不断增长等特点。当前纺织行业在增强科技创新能力、适应个性化消费趋势、产业绿色转型等方面存在迫切需求，发展智能化制造、服务化延伸、网络化协同、数字化管理等模式潜力大。

雅戈尔集团、艾莱依集团、恒申集团、新凤鸣集团等企业利用 5G 技术，开展了生产单元模拟、工艺合规校验、生产过程溯源、企业协同合作等典型场景的实践，极大提高了行业的数字化水平。

案例 1：雅戈尔服装制造有限公司与中国联通合作，开展了“5G + 数字孪生”项目建设，实现了生产单元模拟场景的应用。基于数字孪生技术，在地理信息、物理信息、运行逻辑上 1：1 虚拟还原了雅戈尔西服工厂，通过数采模块对缝纫机实时数据（如缝纫机的启停、速度、故障等）、AGV 状态信息（位置、速度、配送物料等）以及巡检机器人的位置和检测结果等进行采集，利用 5G 网络上传至数字孪生系统。通过系统对生产现场特别是移动设备实时生产运行状态的监测、分析和报警，能够直观、可视化地远程掌握工厂生产、物流、设备等全局信息，解决了传统系统因信息抽象、点状、断点而导致的决策滞后和工厂异常处理不及时等问题，提高了工厂管理层的决策效率及车间层的执行效率，生产效率提升 25%，订单交付周期缩短 10%。

案例 2：艾莱依时尚股份有限公司与中国电信合作，开展“艾莱依 5G + 工业互联网云平台”项目建设，实现了工艺合规校验场景的应用。通过数采模块对缝纫机实时数据（如缝纫机的启停、速度、故障、扎针、工站时间等）进行采集，经过 5G 网络传输至艾莱依“5G + 工业互联网云平台”。云平台将采集的缝纫机实际扎针时间、非扎针时间与工厂 MES、标准工时系统的数据进行融合分析，生成设备实时针动波形图及各类生产报表。利用云平台建模，精确分析出每一个员工、每一个工作站、每一台缝纫机在任何时刻、任何地点、任意周期的工作状态，计算每台机器、每条产线的工艺精准度，及时发现异常，减少跳针、串针、针距偏差导致的串色等工艺问题。根据分析调配最优参数，进一步提升产品质量，为数字工厂的精益生产夯实基础。

案例 3：恒申集团化纤板块河南基地与中国移动合作，开展了“锦纶长丝 5G + 工业互联网平台”项目建设，实现了生产过程溯源场景的应用。采集丝锭的生产批次、生产线别、纺位等生产信息和工艺参数实时状态、卷绕报告、断丝报告、报警信息等生产过程数据，通过 5G 网络实时传输至锦纶长丝“5G + 工业互联网平台”。

在平衡间，基于“5G + 射频识别技术（RFID）”读取丝车信息，记录每一部丝车的周转位置以及时间管控情况，结合 MES 记录的质检结果、人员等信息，实现生产要素前后贯通；在包装环节，利用工业相机对产品内标二维码信息进行采集，通过 5G 网络传输至云端数据库进行校验，判断是否符合包装规格要求。通过平台的海量数据存储功能，可一键追溯单个产品的全生产过程，实现包括质量计划、过程控制、异常处理、管理决策和问题关闭等环节在内的质量闭环控制，完成产品质量追溯和销售窜货追踪等功能。

案例 4：新凤鸣集团股份有限公司与中国移动合作，搭建化纤产业“5G + 工业互联网平台”“凤平台”，实现了企业协同合作场景的应用。平台集“主数据、实时数据、企业资源计划（ERP）、MES、WMS、大数据及商务智能、应用程序（App）和标识解析”于一体，实现内外部互通互联。通过凤平台整合从市场、销售到生产物流全环节等资源，构建灵活组织能力，实现产品配送、自提一体化管理，采、产、销一体化分析和内外贸物流一体化运营，实时掌握化纤生产订单及质量数据。利用 5G 技术和 5G 工业模组、工业网关、工业 PLC 等 5G 终端，贯穿化纤产业上下游，对生产环节关键设备实现实时监控。化纤产业链上下游企业可通过平台实现资源数据共享，高效支撑企业科学运营，促进产业互惠互利。

（五）家电行业

家电行业在此重点指电气机械和器材制造业中相关门类，具有市场规模大、产品型号规格多、产品更新换代快、竞争压力和成本压力较大等特点。存在提升生产效率、适应消费升级趋势、增强行业竞争力等迫切需求，发展智能化制造、数字化管理、服务化延伸等模式潜力大。

老板电器、美的洗涤电器、海尔集团、创维集团等企业应用 5G 技术积极探索生产单元模拟、精准动态作业、虚拟现场服务等典型应用场景，显著提升企业数字化、智能化水平，推动企业生产模式和产业组织方式创新，实现提质降本增效，提升企业竞争力。

案例 1：杭州老板电器股份有限公司与中国移动合作，开展“老板电器 5G 无人工厂”项目建设，实现了生产单元模拟场景的应用。通过 5G 工业网关实时上传海量生产数据、设备状态数据，实现对厂房内工艺流程和布局的数字化建模，利用 5G 网络实时呈现车间内 12 条产线生产状态和 65 辆 AGV 位置信息。当产量即将低于标准值或影响其他生产环节时，平台可自动定位异常设备，进行弹窗预警，实现资源协同。通过数字孪生平台，实时掌握物流效率、设备负荷、瓶颈节点等关键信息，有效提升了工厂运作过程中生产效率和自动化水平。

案例 2：佛山市顺德区美的洗涤电器制造有限公司与中国联通合作，开展了“5G + 工业互联网”项目建设，实现了精准动态作业场景的应用。本地化部署定位引擎，融合 5G 蜂窝、蓝牙到达角度（AoA）等多种定位方式，提供“5G + 蓝牙 AoA”融合定位能力，并对接美的生产系统。低精度区域使用 5G 定位，室内定位精度可达 1 ～ 3 米；高精度区域使用蓝牙 AoA 与 5G 定位融合，定位精度可达 0.5 米。通过对多种技术的定位结果做最优选择和融合，输出稳定高精度定位结果，实现工厂仓库的夹抱车位姿自动化测量。通过 5G 网络将位姿信息实时传送至仓储系统，实现与实物信息联动。通过“5G + 蓝牙 AoA”融合定位赋能智能仓储，美的工厂平均找货时间缩短 80%，仓库人工成本下降 21%，装柜效率提升 55%。

案例 3：海尔集团与中国移动合作，开展了“5G 全连接园区”项目建设，实现了虚拟现场服务场景的应用。基于算法上云架构，通过 5G 网络实现 VR 内容的云端存储。根据使用需求下载对应的 VR 内容用于现场教学，真实地还原了家电装配的细节，通过文字、图片、声音、视频、3D 模型等方式引导交互式培训，帮助培训人员迅速掌握技术要领，降低了部署成本，解决了新员工培训上岗时间周期长的问题。自海尔工厂 VR 员工培训平台投入使用以来，新员工培训上岗时间同比降低 40%，上岗后误操作率降低 70%；老员工自主学习时长增加 35%，掌握多生产流程工序的产线员工数量增加 20%。

案例 4：深圳创维 –RGB 电子集团有限公司与中国电信合作，开展了“5G +8K 柔性智能工厂”项目建设，实现了虚拟现场服务场景的应用。利用自主研发的创维 8KVR 一体机设备和 5G 完美融合，形成“云管端”的整体解决方案。遇到问题时，现场运维人员佩戴创维 8KVR 一体机，根据系统投射到视野前方的信息获得可视化指导帮助。信息辅助无法解决问题时，打开远程专家支持，专家以第一视角画面清晰获知现场情况，用红框标记疑似故障点，实时反馈至 VR 眼镜。系统能够对疑似故障点进行动态跟踪，方便运维人员快速锁定故障位置。通过记录疑似故障点，自动产生复查清单列表，实现对维修过程关键点复查确认。同时，每次远程指导都以视频形式进行记录，用于案例分析或教学使用。通过应用该技术，创维现场服务的效率提升了 5 倍，彩电单线产能提升 17.64%，一线质检员工减少 40%，出口提升 71.25%。

中英文对照表

简称	中文对照	英文对照
5G	第五代移动通信技术	5th-Generation of Mobile Communication Technology
3D	三维	Three Dimensions
SIM	用户标志模块	Subscriber Identity Module
NVR	网络视频录像机	Network Video Recorder
OCR	光学字符识别	Optical Character Recognition
AR	增强现实	Augmented Reality
VR	虚拟现实	Virtual Reality
MES	制造执行系统	Manufacturing Execution System
SRM	供应商关系管理	Supplier Relationship Management
MEC	多接入边缘计算	Multi-access Edge Computing
AI	人工智能	Artificial Intelligence
SCADA	数据采集与监控系统	Supervisory Control And Data Acquisition
AGV	自动导引车	Automated Guided Vehicle
WMS	仓库管理系统	Warehouse Management System
Wi-Fi	无线保真	Wireless Fidelity
PLC	可编程逻辑控制器	Programmable Logic Controller
RFID	射频识别技术	Radio Frequency Identification
ERP	企业资源计划	Enterprise Resource Planning
App	应用程序	Application
AoA	到达角度	Angle of Arrival

后记

2021 年，在“政、产、学、研、用”各方的共同努力下，我国“5G + 工业互联网”融合创新应用加速进入规模扩张阶段，全国建设项目超 1800 个，形成 20 个典型应用场景和 10 个重点行业实践，数字赋能效果显著增强，辐射带动和倍增作用凸显。

一年来，一大批“5G + 工业互联网”典型应用不断涌现，推动了制造业从单点、局部的信息技术应用向数字化、网络化和智能化全面转变，加速了中国新型工业化进程，在为中国经济发展注入新动能的同时，也为新冠肺炎疫情影响下的世界经济创造了新的发展机遇。

回顾 2021 年，本书将其中的优秀应用案例汇编成册，以充分发挥示范带动作用，为先行者鼓劲，为后来者助力。展望 2022 年，我国“5G + 工业互联网”发展将进一步提档升级，将打造“5G + 工业互联网”512 工程升级版，深度挖掘一批产线级、车间级典型应用场景，建设 5G 全连接工厂标杆。我们将持续密切关注“5G + 工业互联网”融合应用向深层次全链条拓展延伸，发现和筛选新一批优秀应用案例，推进试点示范，促进“5G + 工业互联网”高质量发展。